マーケターの知らない「95%」

消費者の「買いたい!」を作り出す実践脳科学

A・K・プラディープ＝著
ニールセン ジャパン＝監訳
仲 達志＝訳

THE BUYING BRAIN
Secrets for Selling
to the Subconscious Mind
Dr. A. K. Pradeep

阪急コミュニケーションズ

賢さと笑い声で私の人生を喜びで満たしてくれる
愛しい子供たち、アレクシス、シェーン、デヴィンに

THE BUYING BRAIN

Secrets for Selling to the Subconscious Mind

Dr. A.K. Pradeep

序文

マーケティング戦略のプロとして、私のキャリアを通じての最大の関心事は「どうしたらお客様の心をのぞき込めるか」ということだった。

マーケターの例に漏れず、私もこの分野で何世代にもわたって親しまれてきた各種のツールを利用してきた。消費者への直接的なインタビューによる一次調査をしたり、アナリストの意見や学術研究といった二次資料に頼る調査を行ったりもした。そうした情報で武装した私は、自社のチームや広告代理店を指導して広告やウェブサイト、トレードショーの展示ブースなどを作らせ、フォーカスグループ（訳注：グループ対話形式で自由に発言してもらう手法）やA／Bテスト（訳注：複数のバージョンを用意してどれが最も効果的か利用者の反応を調べる手法）を通じてそれらの効果を測定してきた。

私は、そうした自分のやり方が正しいと信じ込んでいた——本書『マーケターの知らない「95％」』を読むまでは。

本書を読み進めるうちに、これまで自分が消費者の脳のほんの一部にしか注意を払ってこなかったことを思い知らされた。世間の大半のマーケターと同様、私も氷山の一角にこだわりすぎていた。つまり、消費者の目に見える部分、触れられる部分、そして聞こえる部分にしか注意を払っていなかったのだ。

私は消費者が心の中で「意識」している部分を探るための質問しかしてこなかった。たとえば、「この広告は好きですか」とか「このブランド名を聞いて最初に連想する動物は何ですか」とか「このボタンの色は赤と緑のどちらがいいと思いますか」といった具合に。しかし、こうした質問への答えは、消費者の脳内の「潜在意識」で起きている膨大な量の活動から知りうる内容と比較すると、まったく陳腐きわまりなく思えてしまう。

この注目すべき新著において、A・K・プラディープ博士は、脳の情報処理の最大95%は「潜在意識」によって行われている事実を論証している。そうだ、読み間違いではない。実に95%である。

マーケティング関連の書籍で、タイトルに「秘密（secret）」という言葉が使われている場合は要注意だ。よくて誇張、ひどい場合はでっち上げだと言ってもいい。しかし本書（訳注：原題は *The Buying Brain: Secrets for Selling to the Subconscious Mind*）には、そのどちらもまったく当てはまらない。私にはマーケティング関連の著作もあるし、この分野に関してそれなりの知識を有し、実践経験もあるが、本書のどの章にもまさに目からうろこが落ちるような発見があった。

たとえば、男女の脳にはマーケターにとって見過ごすことのできない重要な違いがあることもそのひとつである。また、脳は経年によって変化し、その変化の本質について知れば年齢層に応じてツボにはまったマーケティングを展開できることもそうだ。新生児の母親に対する効果的なマーケティングの手法についてさえ、この本から教えを受けた（彼女たちの脳は出産によって変化するからだ）。

プラディープ博士は、世界の最先端を行くニューロマーケティングの研究所で指導的立場にあり、世界有数の大企業や先進的な多くの企業が彼のアイデアを採用している。ニューロマーケティングとは、神経科学と市場調査を組み合わせ、脳の反応を計測することで消費者の心理や行動を把握しようという試みだ。これらの企業は神経科学における最新の研究成果を、ブランドや製品、ウェブサイト、パッケージデザイン、マーケティング・キャンペーン、店舗環境などの開発に応用している。

本書は、ニューロマーケティングが提供する強力なアイデアへの格好の入門書といえるだろう。楽しみながら読み進めるうちに、基本的な知識がすっと頭に入ってくる構成になっている。

人間の脳を理解すればよりよい製品やサービスを開発し、より効率的なマーケティングを展開して売り上げを伸ばすことができる――マーケターたちもそのことには随分前から気付いていた。しかしニューロマーケティングの登場によって、彼らはついに人間の脳全体を徹底的に理解し、その知識を応用する手段を手に入れたのだ。

デービッド・ミアマン・スコット
［ビジネスウィーク誌でベストセラー入りした
『マーケティングとPRの実践ネット戦略』著者］
www.WebInkNow.com　twitter: @dmscott

マーケターの知らない「95%」　消費者の「買いたい！」を作り出す実践脳科学

目次

序文　デービッド・ミアマン・スコット……003

第Ⅰ部　買いたくなる脳　導入編

第1章　脳の「説得」は1兆ドルの難題……016

第2章　ニューロマーケティングの技術……022

この章で学べること

●高密度の脳波計測（EEG）センサーを使って脳全体を調査の対象とすることが必要不可欠な理由。

●神経学的調査が、従来のアンケート調査やフォーカスグループよりはるかに少ない被験者の数で、より科学的に正確な結果を得られる理由。

●EEG、fMRI（機能的磁気共鳴画像法）、バイオメトリクス（生体反応測定）それぞれの特徴と違い。

第3章 **消費者の脳は10万年前と同じ** …… 036

この章で学べること

●人間の脳の一番原始的な領域に働きかける方法。
●脳がメッセージ（広告など）に注目すべきかどうかを決める中核的なメカニズム。
●脳が欲求不満を感じる3つのパターンとマーケティングでそれらを回避する方法。
●脳が好む4つのトリガー（条件付けられた行動を起こす引き金）とそれらをマーケティングで利用する方法。

第4章 **脳科学入門** …… 063

この章で学べること

●脳が機能する仕組みと、その関心を引き付けるために必要なプロセス。
●脳の構造はどんな基本原理に基づいているか。
●脳の知識は消費者の欲求やニーズの理解にどう役立つか。

第5章 **買いたくなる脳と五感の関係** …… 076

この章で学べること

●五感はどのように機能するのか。
●五感を通じて脳に強く訴えることのできる広告、製品、消費体験、コンセプトを生み出すにはどうしたらいいか。
●五感は日々どのように相互作用して私たちの現実世界を構築しているのか。
●五感に関する有益な最新情報。

第6章 高齢脳が買い物をする時……100
この章で学べること
●年齢は「買いたくなる脳」の配線にどんな影響を与えるか。
●60歳以上の消費者に最も効果的なマーケティング戦略。
●ベビーブーマー世代の高齢化によって市場がどう変化し、それに合わせてマーケティング戦略をどう見直す必要があるか。
●これまで世間一般の通念とされてきた知識を捨て、60歳以上の脳に関する新たな知識をどう活用すべきか。

第7章 女性脳が買い物をする時……116
この章で学べること
●脳の性差はなぜ、どのようにして生じたのか。
●女性の脳に刻み込まれた特有の好みに効果的に働きかけるにはどんな方法があるか。
●女性の脳を特に引き付ける広告的要素にはどんなものがあるか。
●女性の脳はどんなマーケティング手法に拒絶反応を示すか。

第8章 母親脳が買い物をする時……139
この章で学べること
●「女性脳」と「母親脳」はどこが違うか。
●なぜ母親になると脳の特定の機能が強化されるのか。
●「母親脳」の消費行動とは具体的にどのようなものか。
●母親の脳は何に魅力を感じ、何に嫌悪感を抱くか。

第9章 共感脳が買い物をする時……166
この章で学べること
●ヒトの脳が他人の行動に対して「鏡に映した」かのように反応するという画期的研究とはどのようなものか。
●消費者のミラーニューロン・システムに働きかけて、自社のブランドや製品やパッケージや広告や店舗環境を「直に」体験してもらう方法。

第II部 買いたくなる脳 実践編

第10章 ニューロマーケティングの数値と測定法……180
この章で学べること
●ニューロメトリクス（神経学的指標）の3つの基本数値（脳神経指標）とは何か。また、それらの数値をどのように組み合わせて神経学的総合効果を算出するのか。
●3つの脳神経指標から導き出される3つのマーケットパフォーマンス指標とは何か。
●深層潜在意識反応調査が、ブランドの属性を特定して数値化する手段として強力なツールになりうる理由とは何か。

この章で学べること

●消費ロードマップ・フレームワークを構成する7つのステップ。
●マーケティング・キャンペーンでこのフレームワークを活用し、特定の目的に沿って消費者を誘導するにはどうすればいいか。
●ブランド・エッセンス・フレームワークのどの要素を利用すれば効果を最大化できるか、広告の制作担当者がこのフレームワークを使って判断するにはどうすればいいか。

この章で学べること

●ブランド・エッセンス・フレームワークを構成する7つの重要な要素に基づき、ブランドを精密かつ正確に、信頼できる方法で数値化するにはどうすればいいか。
●このフレームワークを応用して既存のブランドを強化したり、ブランド拡張（既存ブランドを他の製品やカテゴリーに使用すること）を成功させたり、新ブランドの立ち上げを成功させたりするにはどうすればいいか。
●従来は手に入らなかったブランドの重要な中核的要素に関する洞察や提案が、いかにして神経学的調査から入手可能になるか。

第13章 脳と製品 …… 235

この章で学べること

●製品が消費され、体験される際に、潜在意識で生じる具体的なプロセス。
●それらのプロセスから神経学的に最高のスコアを出した部分を抽出し、製品デザインの最適化、パフォーマンスとマーケティング効果の最大化を図るために利用するにはどうすればいいか。
●新製品導入の際に神経学的調査を応用し、はまりやすい落とし穴を避け、成功の確率を高めるにはどうすればいいか。
●製品の適正価格や価格弾力性の限界や消費者が納得できる範囲について、消費者の潜在意識の深いレベルで確定するにはどうすればいいか。
●関連製品やサービスをセットにして販売するバンドリングは、神経学的観点からするとどう評価すべきか。

第14章 脳とパッケージ …… 267

この章で学べること

●すでに市場で検証済みの最先端の神経科学の原理を応用して、新しいパッケージデザインの効果を最大化し、既存のデザインを改良する方法。
●パッケージデザイン作成のプロセスで応用できる「神経学的ベストプラクティス」の具体例。
●神経学的調査を応用して、パッケージデザインをブランドポジショニングの中核的要素として利用する際の効果を最大化する方法。

第15章 脳と店舗環境……294
この章で学べること
●脳は店舗環境で何を避けて通ろうとするか。
●脳が買い物体験を整理する際に必要不可欠なフレームワーク。
●店舗環境におけるベストプラクティス。
●店頭で神経学的アイコンシグネチャー（NIS）を活性化する方法。

第16章 脳と広告……332
この章で学べること
●広告メッセージの効果増大に役立つ神経学的ベストプラクティスの具体例。
●広告効果を最大化するための基本となる神経科学の主要な4原則。
●プライミング（先行する刺激によって次の行動が影響されること）の重要性。

第17章 脳とスクリーンとソーシャルメディア……375
この章で学べること
●コンテンツや広告メッセージを従来のテレビで見るのと、インターネットや各種のモバイル端末で見るのとでは、消費者の潜在意識の反応に重大な違いが生じること。
●テレビ、インターネット、モバイル端末という3媒体で、人間の顔が同じように重要な役割を果たしていること。
●これら3つの媒体で、ビデオを使った広告の有効性を最大化する方法。
●神経学的に最も効果的なコンテンツをソーシャルメディア向けに作成する方法。

ブックデザイン　岡本健＋
ＤＴＰ・校正　朝日メディアインターナショナル

第I部

買いたくなる脳　導入編

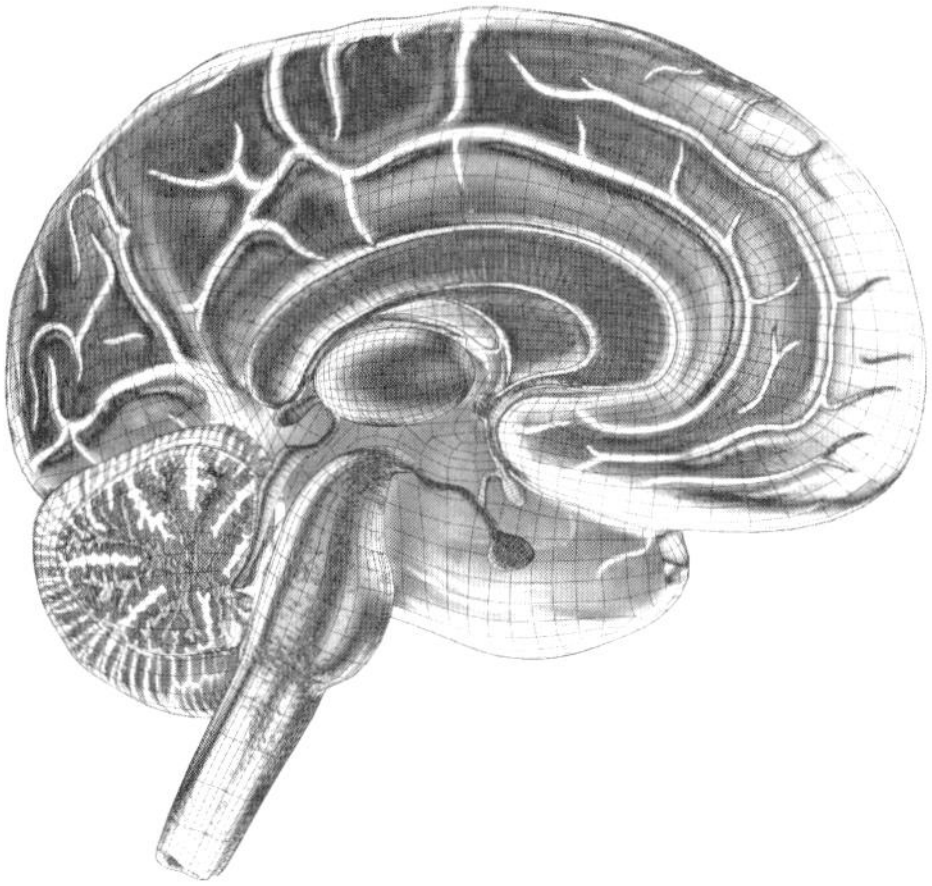

Photo by BigStock.com

人間の心を生物学的見地から解明することは
21世紀の科学の中心的課題となった

エリック・カンデル博士
(2000年にノーベル生理学・医学賞を受賞した神経科学者で、ニューロフォーカス社研究顧問のひとり)

第1章 脳の「説得」は1兆ドルの難題

今日のグローバル経済には、人間の脳と意思疎通を図り、それを説得することで仕事が成り立っている人々が何百万人もいる。その目標達成のために費やされるコストは毎年1兆ドルに上る。ところが人間の脳が働くメカニズムを本当に理解している専門家はごくわずかだ。脳は何に魅力を感じ、その好き嫌いはどう決定されるのか。また、毎日めまぐるしく提供される星の数ほどもある製品やサービスの中からどうやって買いたい物を決めているのか。

本書のテーマは、脳がどうやって買うことを決め、なぜその決定に至ったのかについての理解を深めることだ。過去数十年間に神経科学は飛躍的発展を遂げた。特にここ5年の成果は目覚ましく、すでに実業家やマーケターが実践的なアイデアを引き出すための知識の源泉となっている。これらのアイデアは、グローバル経済で「脳の説得」をなりわいとしている人々がすぐに応用できるものばかりだ。

私たちは目覚ましい技術革新の時代に生きている。科学技術が人間の能力を拡大し、実践的な問題解決の手段を提供するという百年に一度の革命的変化が起きているのだ。18世紀の化学、19世紀の物理学、20世紀の微生物学によって成し遂げられたことが、今まさに21世紀の神経科学によって現実になろうとしている。著名なジャーナリストのチャーリー・ローズは、神経科学に関する最近のインタビューでこう語っている。「過去5年間で、私たちは脳について、人類のそれまでの歴史を全部合わせたよりも多くを学んだ」

幸いなことに、私の身近には世界最高レベルの神経科学の専門家チームがいて、そうした最先端の知識を理解する手助けをしてくれている。本書ではその成果を皆さんと共有したいと考えている。

さて、その最先端の知識とは一体どんなものか？　最初に覚えておきたい基本的な事実は、人間の脳は様々な感覚器官から入力された情報の最大95％を潜在意識のレベルで処理しているということだ。これは一見、私たちの常識や直観に反しているように思える。なぜなら、私たちは自分が今何を考えているかを意識していない時、自分が「どのように考えているか」を考えることは不可能だからだ。

それでも、この基本的な事実は、膨大な量の科学的研究によって間違いなく立証されている。脳が昼夜にわたって行う活動の大半は、私たち個人の意識下で起きているのだ。たとえば、前の段落の最後の文章を理解するためにあなたの脳がどんなステップを踏んだか考えてみてほしい。実際に意識せずに行われた部分がどれだけ多いかに思い至るはずだ。

科学者たちはこれまでも多くの方法で、脳内活動における意識と潜在意識の比率を明らかにしようと試みてきた。私の一番のお気に入りは、ティモシー・ウィルソンの著作『自分を知り、自分を変える――適応的無意識の心理学』（村田光二訳、新曜社、２００５年）で偶然見つけた数字だ。

私たちの感覚全体からは毎秒1100万ビットの情報がインプットされている。その大半は視覚から入ってくるが、それ以外にも聴覚、触覚、嗅覚、味覚、それに空間知覚からも情報がもたらされる。一方、脳内の意識（私たちの思考のうち、自分で考えていることを意識している部分）で処理可能なのは最大でもせいぜい毎秒40ビットほどでしかない。それ以外はすべて潜在意識で処理されているのだ。これでは脳がしばしば謎に満ちた存在に思えるのも無理はない。

ここまでわかれば、マーケターや新製品の開発者が目指すべき目標は明白だ。それは、「どうしたら脳が意識的に考慮する毎秒40ビットの情報の中に食い込めるか」というものである。本書のテーマは、そのやり方を明らかにすることだ。

この本はマーケターや経営者らビジネスパーソンを読者として想定している。脳に関する著作で、私が「これは凄い！」と思う本は少なくない。著者は神経科学の専門家だったり社会科学者だったり心理学者だったりする。彼らの本を読むとあらためて脳という存在とその機能について驚異の念を抱かされる。しかし本書で試みているのは、それらの本とは違ったアプローチだ。それは、私が「フォーチュン500」に属するクライアントから次のような質問を受け、それに答えなくてはならないからだ。

「脳科学は確かに素晴らしい。でも、それが何だって言うんだ？　私が知りたいのは、その知識をどう使えるかだ。ニューロマーケティングを使ってわが社のブランド戦略をどう変更すべきなのか？ニューロマーケティングを使って製品デザインを変えたり価格を最適化したりするにはどうしたらいいのか？　パッケージを分析して、店舗の陳列棚で製品を確実に目立たせるにはどうしたらいいのか？消費者にわが社の製品を欲しいと思わせるために店舗の通路でできることはないのか？　確実に投資効果を期待できる広告を打つにはどうすればいいのか？」

「ついでに釘を刺しておくが」とクライアントたちは私に言う。「ニューロマーケティングを私に売り込みたいなら、『クールでなんとなく面白そうなアイデア』の寄せ集めでは困る。私の会社の日常的なワークフローに問題なく組み込めて、社員たちが違和感なく導入して積極的に活用できるような体系的なプロセスとフレームワークを備えていなければならない」

本書では、そうしたフレームワークやワークフローやプロセスを説明することで、CEOやCMO（マーケティング最高責任者）、ブランド担当VP（副社長）、インサイト（消費者分析）担当VP、マーケティングリサーチャーなどが脳科学に基づくマーケティングを企業内に導入できるようにしている。これらのフレームワークは、数千種類ものブランド、製品、デザイン、価格決定メカニズム、パッケージ、店内でのセールスプロモーションの諸要素、オンラインショップ、テレビCM、活字広告、ウェブ広告などを世界各地の神経科学研究施設で分析した結果に基づいて構築された。

本書で提示しているフレームワークや実践的なアイデアは、サプライチェーンにかかわる人々――ブランドマーケティング・コンサルタント、製品デザイナー、価格設定コンサルタント、パッケージデザイン会社、店舗専属デザイナー、ウェブデザイン会社、それに広告代理店のスタッフ――にとっても測り知れない価値があるはずだ。

製品を開発したり、それらを消費者に試してもらったり買ってもらったりする仕事をしている人たちにとって、人間の脳内における意識と潜在意識の実態は、マーケティングにおけるすべての前提を覆しかねない大問題を突き付けた。マーケターや製品開発者は長年、この点にうすうす気付いていたが確証が持てないでいたのだ。

人間は自分がどうして特定の決断や行動をするに至ったのか、原因となった大本の情報を完全に把握していなくては説明できない。つまり、**消費者が何を好きで何が嫌いかを言葉で自己申告させただけでは、状況判断を誤ることになりかねない。**その証拠に、市場に出回る新製品の80％は失敗に終わり、多大な経済コストを生じさせている。

マーケターと製品開発者にとって必要なのは、消費者が本当に必要とし欲しているものは何なのかを突き止めることだ。そして、神経科学者ならその手助けができる。

私にとって、企業のマーケティングや製品開発をお手伝いできるのは大きな歓びだ。神経科学に基づく新しいツールを使って、新製品や広告を効率化できることに深い満足感を覚えるからだ。

私がCEOを務めるニューロフォーカス社はこれまで国内・海外を問わず、大企業から中小企業まで、多数の企業と一緒に仕事をしてきた。その経験から言えるのは、すべての企業は、現在と将来の顧客に対して深い敬意を抱きつつ謙虚な姿勢でこの問題に取り組んでいるということだ。つまるところ、彼らはみんな同じことを知りたがっている。

●消費者は私たちに気付いてくれているのか？
●消費者は私たちを好いてくれているのか？
●消費者は私たちのことを覚えてくれているのか？

様々なアイデアが競合する自由市場において、誰よりも偉いのは消費者だ。それは、現在も将来も変わらない。消費者の気まぐれは大企業の命運さえも左右する。ライバルより効果的に消費者の欲求やニーズに応えられるかどうかが繁栄と没落の分かれ目になる。

本書のすべての内容は、以下の基本原理に基づいて書かれている。

●多くの競合でクラッター化（訳注：乱雑で散乱した要素が多く、消費者を混乱させる状態）した市場において、ニューロマーケティングを使えば競争で確実に優位に立てる。

●国や文化が異なれば言葉や表現の仕方が異なるのは当然だが、脳が使用する言語は人類共通なので国際規範となりうる。

●神経科学を応用したニューロマーケティングの導入によって、人類共通の心の奥の真実や美的感性に訴える製品やサービスを開発する道が開かれた。

●ニューロマーケティングの登場によって、今日のブランド、製品、パッケージ、店舗、広告はすべての面から見直しが必要となっており、それは爆発的トレンドになるだろう。

●私が自らに課したゴールは、本書を読み終わった読者が学んだことを明日から仕事に応用できるようにすることだ。

第2章 ニューロマーケティングの技術

この章で学べること

高密度の脳波計測（EEG）センサーを使って脳全体を調査の対象とすることが必要不可欠な理由。
神経学的調査が、従来のアンケート調査やフォーカスグループよりはるかに少ない被験者の数で、より科学的に正確な結果を得られる理由。
EEG、fMRI（機能的磁気共鳴画像法）、バイオメトリクス（生体反応測定）それぞれの特徴と違い。

最近ではニューロマーケティングの進歩に市場が目を奪われるあまり、この分野のそもそもの起源についてはは忘れられがちだ。そこで、この科学とマーケティングの融合が実現した理由とその原動力となった一連の要素について少し触れておきたい。

私が講演でこの話をすると意外に思う人が多いのだが、ニューロマーケティングの根底にある基礎技術で、ニューロフォーカス社で行う神経学的な検証プロセスに不可欠な脳波計測（EEG）はとりたてて目新しい技術ではない。それどころか、世界各地の神経科学研究所で行われている定番の調査なのだ。

ドイツの神経科学者ハンス・ベルガーは、人間の脳波を史上初めて記録した人物だ。彼は、脳内で自然発生している電気信号を検出するセンサーを考案し、1920年代にEEGの実践的応用に成功した。今日、私たちが脳波活動を信頼できる方法で正確に計測できるようになったのは彼の発見のおかげである。

ベルガーは自分が開発した技術が脳のごく一部だけでなく、脳全体の活動を計測するために利用できることを知っていたし、この技術は本来そう使われるべきだと最初から考えていた。約80年前の神経科学の知識がきわめて限定されたものであったことを考えると、ベルガー博士の洞察力と先見の明には目を見張らざるをえない。

だがある面において、それは時代の先端を行きすぎた研究の典型的な運命をたどった。EEGセンサーは確かに、従来は観測できなかった脳の微小な電気活動をとらえることに成功したが、それらを体系的に統合して分析する技術はまだ存在していなかった。そうなるまでには、トランジスターやマイクロプロセッサの登場、そしてかなりの年月を経てデジタル技術が開花するまで待たねばならなかった。脳の電気活動の複雑な相互作用の秘密を解くには、これらの技術を複合的に応用する必要があったのだ。ベルガー博士が、1920年代のアメリカのいわゆる「ジャズ・エイジ」に開発した技術を本格的に活用できるようになるには、脳の微小な電気信号に合わせて必要な量のマイクロチップを用意できるだけの技術力が不可欠だった。

結局、実用化されるまでには世界大恐慌からデジタル革命に至るまでの年月がかかったが、EEGを高速で記憶容量の大きいコンピューターと組み合わせることで、人類史上初めて脳の動作や機能を計測するだけでなく「理解」することが可能になった。

しかし、現代のコンピューターの処理能力をもってしても、脳の神秘はまだすべて解明されたわけではない。この驚くべき器官に関しては、いまだに日常的に新発見が報告されているのである。

大脳皮質の地図を描く

ニューロマーケティングの誕生に貢献した2つ目の要素は、脳の基本構造と機能に関する知識の増加である。今後、私は本書でこの重要な事実を何度も繰り返し強調することになると思うので、読者の皆さんには辛抱強くお付き合いいただきたい――**脳は信じられないほど複雑で密接にからみ合った一連の神経回路網（ニューラルネットワーク）で構成されている。**脳と感覚に関する各章でさらに詳しく説明するが、脳波を計測する技術の核心部分はこの事実抜きには語れない。

脳に関する統計は無数にあるが、なかでも次の数字は注目に値する。

◎人間の脳には毎秒およそ20京回の演算能力がある。つまり、私たちの頭蓋骨の中にスーパーコンピューターが格納されているようなものだ。

この圧倒的な規模の相互接続性があってこそ、ガムをかみながら直立歩行をしたり、オペラを作曲したり、脳外科手術を行ったりといった驚くほど複雑な行動が可能になるのだ。これまでの研究は、脳内の個別の領域や構造が受け持つ機能を特定することによって知識を増やしてきた。だが人間の心という偉大なる小宇宙とその意味を真に理解するためには「システムズアプローチ」と呼ばれる方法論が不可欠だ。この知識を得るために神経学的な突破口を開いたのがハンス・ベルガーだった。

◎人間が作るスーパーコンピューターの内部には延べ9万6000キロもの長さの配線があるが、人間の脳ではそれをはるかに上回る32万キロもの「配線」によって相互接続が行われている。

神経科学、医学、そしてニューロマーケティングにとって、脳の一部でなく全体を計測することがいかに重要かを示す数字がある。

◎ある医学的基準によれば、人間を臨床的に脳死と判定するには最低16個のEEGセンサーが必要とされている。

こうした理由により、ニューロフォーカス社では「高密度センサーEEG」を使って脳全体の計測を行うことにしている。脳全体を対象とする計測作業なしには、脳の複数の領域で発生する脳波活動をすべて網羅したデータをマーケターに提供できないからだ。脳が刺激にどう反応するかを理解するには、脳全体にわたる計測が不可欠だ。

神経科学とデジタル技術の結合は画期的な事件だったが、ニューロマーケティングの誕生にはさらに第3の要素が必要だった。それは、このニューロマーケティング時代の幕開けにおいて、まさに市場調査の方法論が直面している課題である。

市場調査が直面する課題と機会

今日の経済で、市場調査は多くの点で有用な役割を担っているが、それが用いる様々な方法論には当初から根本的な欠陥があった。これらの欠点は数十年にわたりクライアントとマーケティングリサーチャーの双方に頭痛の種を提供してきたが、脳に関する理解が深まらなければ、包括的な解決策を考案することはできない。

「頭痛の種」には根本的な原因が2つあった。第1に、従来の方法では脳の機能、つまり製品、サービス、店舗、広告など現代のマーケティングにかかわるすべての要素を脳がどう認識しているかを忠実に再現することは本質的に不可能だった。

第2の原因の背景には神経科学におけるきわめて興味深い発見があった。

◎ある事象にどう反応したかを質問された被験者の脳は、回答する際に本来記録してあったデータを書き換えてしまう。

つまり、従来のアンケート調査やフォーカスグループなどで被験者が「言葉で表現」したり、「自己申告」したりする回答には根本的な欠陥があることが判明したのである。この種の調査方法は、回答者が「事実」だけを答えればいい質問内容の場合にはかなりうまく機能した。しかし消費者が本当はどう感じたかとか、何を覚えているかを探ろうとした場合にはまったく駄目だった。

その理由は、人間にとって特定の刺激にどんな感情を抱いたかを正確に表現するのは困難な作業だからだ。何しろ潜在意識が記録した内容を脳の意識している部分に再現させ、時間を遡って、過去にどのように感じたか、何を覚えているかを正確な表現で言語化させようというのだから厄介だ。

従来の市場調査は、こうした構造的欠陥以外にも2つほど欠点を抱えている。フォーカスグループは声が大きく強い意見を持っている一部の参加者に影響されやすい。またアンケート調査は、個別の回答にどうしても紛れ込む「ノイズ」すなわちエラーを補うために、ある程度以上の規模の回答者数を確保しなくてはならない。これらは「言語化された回答」に依存する方法論に特有の本質的な限界といえる。

つまりニューロマーケティングの誕生につながった第3の要素とは、**市場調査の世界において、従来よりも正確で、信頼性が高く、ビジネス上の決定を下す際に有益で、すぐに応用可能な知識に対する根本的なニーズが生じたことだった。**グローバル経済における企業間の競争激化により、こうしたニーズの緊急性は高まっている。

脳に関する科学的知識の急激な増大、コンピューターの進歩、そして従来の市場調査が直面する課題という3つの要素が重なった時、ニューロマーケティングの到来はまさに起こるべくして起きたと言えるだろう。

ニューロフォーカス社でされることの多い質問の1つに被験者の数に関するものがある。幸いにも、その答えはすでに神経科学によって用意されている。

被験者の数

従来の調査方法では統計的妥当性を担保するために相当な規模の被験者を確保しておく必要があった。言語、教育レベル、文化といった要素によって、消費者の言語化された回答が影響を受ける可能性が懸念されたため、そうした変数を帳消しにするだけの人数が必要になったのだ。

これとは対照的に、神経学的調査では、はるかに少ない被験者の数でより科学的に正確で確度が高く、すぐに応用可能な結果を出せることが明らかになっている。その理由は、脳波活動の測定によって、消費者の意識下にある潜在意識の深いレベルにまで到達し、脳が最初に刺激に反応し記録した内容を引き出すことが可能になったからだ。個人の脳を比較すれば部分的に違う側面もあるが——たとえば男女間の違いや若者と高齢者の違いなど——**人間の脳には基本的に違いよりも共通点の方が多い。**私たちの脳はあまりにも似た者同士であるため、科学的に信頼性が高く徹底したニューロマーケティングの調査を行うには、従来のアンケート調査が必要とする被験者の数の1割ほどの被験者がいれば十分だ。

また、神経学的観点からすれば、人数をどれだけ増やしても、従来型の調査結果に特有の本質的な欠陥は修正しようがない。被験者の脳が実際に知覚したり記憶したりした内容は、彼らが言語化した回答の内容とはまったく別物なのだ。記憶された情報にアクセスし、それを言葉に「翻訳」する過程で、脳は当初の反応を書き換えてしまう。ニューロフォーカス社では、被験者の認識上の時系列において、この書き換えが行われてしまう前に測定を行っている。

EEG、fMRI、バイオメトリクス

どんな新分野でもそうだが、ニューロマーケティングの場合も新たな専門用語や技術や方法論が、専門外の人たちの理解を阻み、混乱させる可能性がある。複雑すぎるという印象が神秘性のオーラを与え、マーケティング的に有利に働くという考え方もできるかもしれないが、私はそうした考え方にはくみしない。私の立場は、衣料品安売り店チェーンの経営者として知られたサイ・シムズが代弁してくれている。彼は、自社広告でこう宣言した。「知識のある消費者こそ、弊社にとって最高のお客様です」

ここでは、ニューロマーケティングを支えるＥＥＧとｆＭＲＩ（機能的磁気共鳴画像法）という技術的な2本柱について手短に概要を説明しておこう。さらに、第3の方法として、神経学的な測定とはまったく無関係のバイオメトリクス（生体反応測定）についても簡単に触れておきたい。バイオメトリクスは、数値計測にこだわらない脳の専門家によって他の2つと同時に使われることが多い。

ＥＥＧ（脳波計測）

ＥＥＧは、脳波計測を意味する英語のelectroencephalographyの略語である。これは、センサー（端的に言えば、きわめて感度の高い極小マイク）によって脳波活動が生み出す微小な電気信号をキャッチする「受動的」な測定技術だ。完全に非《ひ》侵襲《しんしゅう》性《せい》の調査なので、不快感はまったくない。ＥＥＧは世界各地の神経

科学研究所で数十年前から使われている。

ＥＥＧを使った神経学的調査サービスを提供する企業で、信頼できるところは、必ず脳全体を計測対象としている。それがこの分野における唯一の科学的標準だからだ。その際、ＥＥＧセンサーは普通の水泳帽によく似た軽量のキャップに埋め込まれ、高密度で用いられる。これらのセンサーは埋め込まれた場所で、脳波活動によって毎秒最大２０００回の頻度で発生するきわめて微弱な電圧の電気信号を計測できる。

ニューロフォーカス社では「高密度センサーＥＥＧ」を用いて脳全体のモニタリングを行っている。これには複数の理由がある。脳の多くの部位は複数の機能を担当しているので、脳全体を測定しなくては、どの領域がどの刺激に対して同時に呼応し合いながら活動しているかを知ることはできないというのもその１つだ。限られた数の部位しか測定していない場合、脳内の相互連携に関する重要なデータを見逃してしまうことになる。これでは現存するどんな神経学的基準も満たせない。

センサーをどこに装着するかも重要な要素だ。ＥＥＧセンサーは感度が高いため、脳波活動以外にも、ある程度の量の乱れ（信号解析の用語で言う「ノイズ」）を感知してしまうのは避けられない。典型的な例がまぶたの瞬きによる乱れだ。瞬きのような筋肉運動は脳波活動の最大１００倍もの電圧を発生させる場合がある。そのため、分析段階でこうしたノイズをふるい落とし放棄することが必要不可欠なのである。純粋な脳波活動によるデータのみを分析対象とするため、筋肉活動やそれ以外の無関係な信号による汚染を防ぐ必要がある。

ＥＥＧセンサーを一部の限定された部位に限って装着した場合（たとえばこめかみや額など）、それらの部位における筋肉活動は、脳波活動と比べてきわめて高い比率の乱れ（ノイズ）として感知されることになる。

常に脳全体を計測対象とすれば、関連性のある脳の領域や、相互連携した領域における脳波活動を確実に測定できるようになる。また、それだけでなく、重複したデータをある程度以上取得することで、乱れを取り除いた後でも正確な分析を行うのに十分な量のデータを確保できるようになる。

脳全体を調査することの重要性は、次の事実からも見て取れるように、圧倒的なデータ量の差となって表れる。**それは、ニューロフォーカス社と、ＥＥＧデータをニューロマーケティングで利用している一部の他企業を比べると、私たちは他社が取得するデータ全体よりも多くの量のデータをノイズとして放棄しているという事実だ。**

私たちは、脳の全領域をＥＥＧの対象とする方法と、高度のアイトラッキング（視線解析）装置により被験者が特定の刺激を受けた時にどこを見ているかを正確に追跡したデータを組み合わせて使っている。まず被験者の脳が特定の刺激にどう反応しているか、私たちが採用している3つの主要ニューロメトリクス（神経学的指標）——注目、感情関与、記憶保持——に則して数値化する。そして同じ被験者の視線がその瞬間に（まさにミリ秒単位で）どこに焦点を合わせているかを調べて、両方のデータの相互関連性を明らかにするのだ。

ｆＭＲＩ（機能的磁気共鳴画像法）

ｆＭＲＩ（機能的磁気共鳴画像法）は、脳内のどの部分が活発に機能しているかを調べる手段である。怪我をして病院でＭＲＩ（核磁気共鳴画像法）の検査を受けたことがある方にはおなじみの技術だ。ＭＲＩは何年も前から医療現場で活発に利用されており、ｆＭＲＩも神経科学の調査で正当で役に立つ方法として定着している。

被験者は長く狭いチューブ状の空間に横たわり、非常に強力な磁石に囲まれた状態でスキャンされる。これらの磁石を作動させると、電場が発生し、それをコンピューターが視覚化して体内の構造を目に見える画像に変換する。ｆＭＲＩの場合は、同じ原理で脳内の機能を視覚化することが可能になる。

ｆＭＲＩとは簡単に言うと、脳内の血中酸素濃度の増加を計測する手段だ。これを使えば、脳のどの部位でいつ活動が活発化したかを正確に知ることができる。脳神経の働きが活発になると、脳は酸素を含む血液の量を増やしてその活動のエネルギー源を確保しようとする。この時にｆＭＲＩで脳をスキャンすると酸素レベルが高まっている様子が映像で確認できる。

しかし、市場調査のツールとしてのｆＭＲＩには大きな欠点がある。それは、**増加された血流が脳の特定部位に到達するまでに最大5秒かかる**という点だ。そのため、たとえばテレビＣＭへの消費者の反応を神経学的に計測しようとした場合、画面上に登場した赤い自動車に被験者は一瞬で反応するかもしれないが、脳内活動の活発化に応じて要請された追加分の血液がその活発化した部位に到達するまでには、最大で5秒もかかる可能性があるのだ。

ｆＭＲＩに依存したやり方では、脳がどの刺激――たとえば前述の赤い自動車――に対して反応したのか、両者の間に時差が生じてしまうために、正確にマッチさせることは難しい。対照的に、ＥＥＧを使った調査ではミリ秒単位で脳の反応を観察することが可能だ。

これ以外にも、今日のｆＭＲＩにはコストがかかりすぎるという欠点がある。装置そのものだけでなく、特別仕様の調査環境が必要で、スタッフの訓練にもお金がかかるため、結果的に何百万ドルもの経費が必要になる。さらに、被験者への負担も無視できない。一度に1人の被験者しかテストできないし、被験者はテストの間中うつぶせになったまじっとしていなければならない。ちょっと動いただけで調査がすべて水の泡になりかねないからだ。最悪の場合、たった3ミリ頭を動かしただけで調査結果が無効になるケースもある。

このように、fMRIは科学的に有効で医学的な診断ツールとしても利用価値が高いが、市場調査の方法としては構造的欠陥が災いして有効性も限定的なものでしかない。

それでも、技術的に改善されれば、fMRIは大きな潜在的可能性を秘めているというのが私の考えだ。ニューロフォーカス社でも、私のこの信念に従って、マーケティング調査でfMRIを神経イメージングに応用する技術の特許を取得した。

バイオメトリクス（生体反応測定）

これは感覚器を通じて外部から受けた刺激に対して被験者が示す生理学的反応を計測する検査である（脳の直接的な計測は行わない）。バイオメトリクス（生体反応測定）の数値には、心拍数や呼吸数、眼球の動き、瞬き、GSR（皮膚電気反応）、顔面筋肉の動き、身体動作などが含まれる。

一部のバイオメトリクスの数値は、主要な脳内活動を直接反映するものではなく、計測に「時差」が生じることから、市場調査には限定的な利用価値しかない。つまり、脳が体に指示を与えてから実際に生理学的な反応が起きるまでにかなりの時間が経過している可能性があるのだ。本来であれば、体が指示を実行した時間よりも、脳が指示を出した時間を知ることの方が市場調査の観点からは望ましい。

ｆＭＲＩにも同様の欠陥があるのは前述した通りだが、**この「時差」は市場調査のツールとしては決定的な欠点だ。** 人間の体内の様々なシステムは刺激に対して異なる速度（時差）で反応する。また、異なる人間の間では生理学的な反応も一様ではない。１人の人間だけを取り上げても、全体的な反応の速度は様々な要因（たとえば疲労、医学的状態、環境的影響など）によって違ってくる。

こうした時差の問題を調整し、測定可能にするために多くの労力が費やされたにもかかわらず、現時点では、被験者の体の反応と脳内で起きる最初の反応を「時間的にリンク」させる科学的に信頼できる方法は見つかっていない。最大の問題は、反応の速度があまりにもばらばらなことである。

結論から言えば、バイオメトリクスでは特定の刺激に特化した脳の反応を区別することはできない。期待できるのはせいぜい、二次的で時間的にも遅れていて、しかも混乱した反応の計測結果でしかない。つまり、それ単体では感情や知覚の信頼できる計測手段にはなりえないということだ。

だからといってバイオメトリクスに使い道がないわけではない。脳がすでに記録し反応した内容を二次的でかつ周辺的な意味で確認するためなら十分に役に立つ。しかし、神経学的な活動の一次的な観測データとしては使い物にならないことだけは間違いない。**脳内の電気活動を直接計測する手法のみがそうしたデータを提供できる。そしてＥＥＧが提供するのがまさにそれだ。** 脳内の電気活動を真の意味での思考のスピードで直接計測したデータなのである。

実は、人体の基本的な生理学的反応は、人が主体的に行う「思考」から完全に分離されている。それは昏睡状態の患者が、大きく手を叩く音などの刺激に生理学的な反応を示すことでも明らかだ。バイオメトリクス的反応は、意識レベルあるいは潜在意識レベルにおいて、必ずしも知覚された反応とは一致していない。脳の基本システムは体の肉体的システムから計測可能な反応を引き出せるかもしれないが、患者が昏睡状態にある事実は変えることができない。

脳は、受け取った刺激に対する反応が最初に形作られる場所で、それは同時に最も複雑で意味のある反応でもある。もっと具体的に言うと、脳の潜在意識レベルこそ、マーケティングを成功させるのに不可欠な要素——消費者が製品に対して最初に示す関心、購買意欲、ブランド・ロイヤルティ——が秘められている場所なのだ。

ここでは、最も正確で信頼できる計測結果は、脳全体を対象とするEEGによって脳の潜在意識レベルからしか得られない理由、そしてバイオメトリクスは脳が数秒前に行った反応に関する二次的な確認作業にしか使えない理由を説明した。

これらの基本的事実は、ニューロマーケティングの分野を正確に理解するためには欠かせない。マーケティングの分野で実現可能とされてきたことと、神経科学や科学全般で真実とされていることの間には大きなギャップがある。

第3章

消費者の脳は10万年前と同じ

この章で学べること

人間の脳の一番原始的な領域に働きかける方法。
脳がメッセージ（広告など）に注目すべきかどうかを決める中核的なメカニズム。
脳が欲求不満を感じる3つのパターンとマーケティングでそれらを回避する方法。
脳が好む4つのトリガー（条件付けられた行動を起こす引き金）とそれらをマーケティングで利用する方法。

デジタル時代の原始脳

ヒトの脳を研究する神経科学は、脳が驚異的な進化を遂げたのは人類の歴史でつい最近の出来事であるという前提からスタートした。およそ10万年前、ヒトの脳の前部にある前頭前《ぜんとうぜん》皮質《ひしつ》（脳で最も発達した領域）という領域が拡大し、現代人の脳に近い状態にまで発達した。

当時の人類にとって人生は短く、危険と暴力に満ちていた。食物をめぐる競争はすさまじく、足の速い肉食獣がいつどこで襲ってくるかわからなかった。他の動物に比べて動きが鈍く非力なヒトは、生き延びるためにある秘密兵器を発達させた。それは指先を器用に動かして細かい作業をこなせる両手だった。手を使って性能の高い道具や武器を作れるようになったヒトは、狩りをしたり、他の動物から身を守ったりすることにきわめて高い能力を発揮するようになった。

同じ頃、ヒトの喉の構造が変化し、気管が喉の下の方に下がってきて聞き取りやすい声を出せるようになった。これに伴い、コミュニケーション能力が急速に拡大した。社会制度が発達し、協力関係を築く必要性が高まると、言語によるコミュニケーションはますます重要性を増し、洗練されていった。初期の社会で決定的に重要なのは、敵と味方を見分ける能力だった。また、相手の行動（相手が嘘をつくか本当のことを言うか、こちらに協力するか攻撃してくるかなど）に対する予見力も必要不可欠な能力だった。

こうした進化はヒトに利益をもたらしたが、彼らに狩られる動物たちにとっては災難だった。ヒトは集団で協力したり、計画的に行動したり、狩りをしたり、過去を記憶したりするようになり、新しい能力に対応するために脳はますます大きくなった。これによってヒトは食物連鎖の上位に昇格していったのである。

だがこの進化は人類にとり諸刃の剣でもあった。脳が大きくなるにつれ、それを格納する頭蓋骨の容量もまた拡大する必要があったからだ。問題は、急速に進化する脳の大きさに合わせて頭蓋骨が拡大していけば、女性の骨盤もまた出産のために幅が広がらざるをえず、いずれ走ることさえままならなくなるということだった。さらに、この最新機能を備えて進化した脳は、旧バージョンに比べてはるかに大量の酸素とグルコース（ブドウ糖）と血液を必要とした。つまり、コストパフォーマンスは悪くなる一方だった。

◎実のところ、私たちの脳は代謝面だけを考えると運用コストが最も高い器官だ。体全体の3％の重さしかないのに、消費エネルギーの最大20％を食ってしまうのだから。

これは広告主にとって貴重な情報だ。脳にとって、広告メッセージの「処理能力への負担」は重大問題であることを意味するからだ。**ややこしい内容の広告はより多くの認知処理のリソースを必要とするため、脳に無視される確率が高い。**だから、複雑な内容の伝達と処理負担の軽減のどちらを重視すべきか悩んだ時は、後者に重点を置くべきだろう。

パッケージのデザイナーは、無駄を削ぎ落としたシンプルな「禅スタイル」のパッケージ（一番良い例がアップル社のデザイン）が脳に魅力的に映る点に注目すべきだ。理由は認知処理のリソースへの負担が少ないことにある。店内や店頭、それにウェブサイトを担当するデザイナーも、多数の要素が階層的に組み合わされた複雑なデザインよりも、シンプルで認知処理への負担が軽いものが好まれることを覚えておこう。「単純なパズル」程度なら脳も適度な刺激を受け、魅了される場合があるが、解くのに2、3秒以上かかるようだと脳は簡単にギブアップしてしまう。そして多くの場合、広告そのものが拒否されるだけでなく、そのブランドに対する偏見まで刷り込まれる（いわゆる「負のプライミング」）結果となる。

結局、進化は2つの妥協を行った。第1に、脳をさらに大きくする代わりに表面を折りたたんで「し

図3.1――頭蓋骨の容量は限られているため、脳の大きさを変えずに面積を増やせるように「しわ」（溝と隆起部分）が発達した

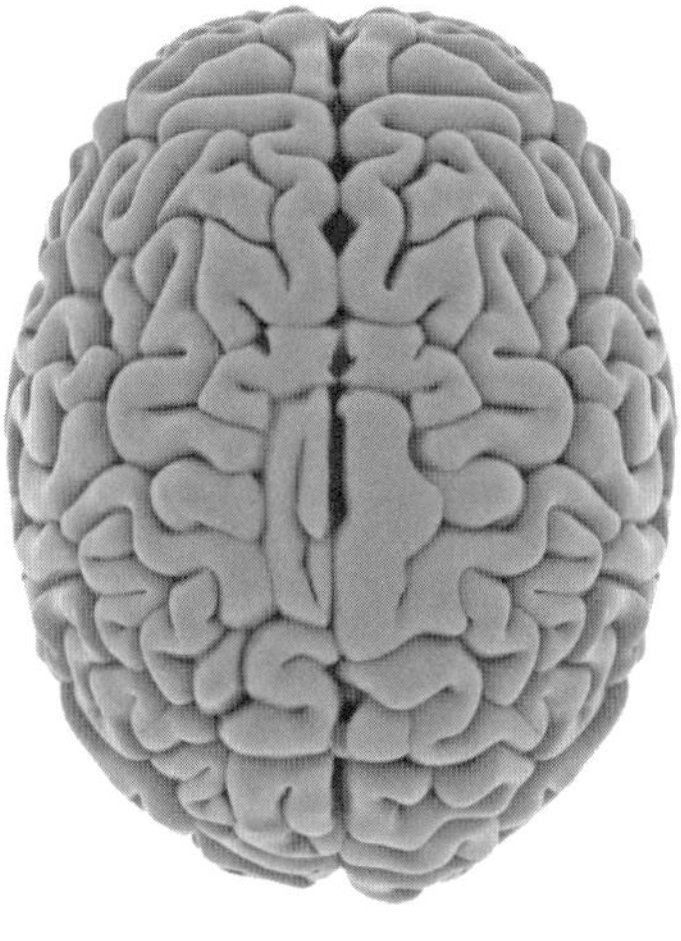

Photo used with permission from istockphoto.com

わ」を作らせた。こうすることで頭蓋骨の大きさを変えずに、脳の面積だけを広げることが可能になった（図3・1参照）。

第2に、赤ん坊が母親の骨盤を通過できるように、まだ頭が小さいうちに産まれてくるようにした。だがそれは、ヒトの新生児が外界で生存できるほど成長する前に、無力なまま誕生することを意味した。つまり少なくとも一定期間、母親がそばを離れずに面倒を見ることが必須条件だった。その間、父親は母子に食物や住まいを提供せねばならず、新しい家族を支援するために集団の協力と次第に複雑化する社会構造も必要となった。複雑な社会集団の中で機能するために、脳はさらに進化を続けて大きくなり、共感能力を発達させたり、他人をだましたり、利他的行動を取ったり、目的のために連携したりすることを覚えた。

この大きくて複雑な脳は、ヒトを地球上のあらゆる動物の中で別格の存在にしている。脳のおかげで、私たちは線形思考をしたり、複雑な言語を発展させたり、象徴やメタファー（隠喩）を理解したり、複雑な問題を解くために数学的な戦略を編み出したりできるようになった。それだけでなく、自分の意思を洗練された表現で伝えることさえできる。実に驚くべき能力だ。

ただし、大きくて複雑な脳は一部のクジラ、イルカ、大型類人猿（チンパンジー、ゴリラ、オランウータン）などでも発達している。これらの哺乳類はいずれも高度な社会性、長い寿命、長い懐胎期間と発達期間を特徴としている。また、複雑な集団を形成して一緒に狩りをしたり、生涯にわたる絆を築いたりもする。さらに、狩りをしたり、環境に適応したり、好ましい配偶者を見つけたりするために、計画的に行動したり過去を記憶する能力も必要とした。

ヒトが小さな集団の中で働き生活するようになると、自然選択によって高い知能が発達した。**私たちの脳は10万年ほど前に現在の容量と形状を獲得するまで進化を続け、知能もそれに合わせて高くなっていった。**それは社会的・環境的ニーズと絶妙にマッチした進化だった。常に肉食獣への警戒を怠らず、食物、温かい環境、住まい、さらには遺伝子を後世に伝えるために好ましい配偶者を探し続けた結果、種の存続に役立つ能力や反応がヒトの脳（もはや現代人のそれと同じバージョンと言っていい）に新しい機能として組み込まれていった。

新たな出会いは、主にヒトの持つ6つの感情（悲しみ、恐れ、怒り、嫌悪、幸福感、驚き、そして7つ目の感情があるとすれば軽蔑）によってフィルターをかけられ、分類されるようになった。前頭前皮質は、これまでと違う複雑な交響曲を奏で始めた。そこには食べ物を貯蔵したり、栽培したり、季節によって違った動物を狩ったりするといった長期的な計画を立てることも含まれていた。さらには、社会的に適切な行動を取ったり、他人と仕事を交換したりするなどの複雑な行動も含まれていた。

やがてヒトはその日1日を生き延びるだけの生活から抜け出し、あらゆる可能性が開けた世界に住むようになる。時間と空間によって隔てられた物体を、概念として思い描き、論理と感情によって自由に操れるようになった。進化した大きな脳は文化を吸収し発信できるようになり、その時点で完全に現代人の脳のレベルに到達した。造形芸術、音楽、ファッション、商取引、埋葬、そして死後の世界に関する概念なども脳の活動と切り離せなくなった。こうしてヒトの社会は「生存」から「繁栄」への道を歩み始めたのである。

伝統が形成され、いくつもの概念、アイデア、パターン、民間伝承、習慣などが何世代にもわたって受け継がれていく。最終的には、結束力の強い小さな集団が移住を始め、新たな環境を探検し、適応していく。10万年後、彼ら――つまり私たち――は地球を支配し、太陽系の他の惑星や宇宙にある他の銀河にまで探査の手を伸ばし始めている。

本質は「感情的」

10万年前も現代も変わらないのは、人間の脳が本質的に「感情的」だということだ。特に女性は男性よりも広告メッセージを感情的に処理する。だが相手の性別にかかわらず、広告を記憶させ、そのメッセージが行動(購買)に結びつくようにするには彼らの感情に働きかける必要がある。

広告主は自社の製品のどの部分が感情的なトリガーとして重要な役割を果たしうるかを突き止め、広告メッセージの中でその部分を集中して取り上げなくてはならない。パッケージデザイナーは好ましいというだけでなく、理屈抜きで感情を刺激するようなイメージや形状をデザインに注意深く盛り込んでおく必要がある。販促の担当者がリピーターを確保したいなら、買い物をする行為そのものが消費者を感情的に引き込み、それだけで満足感を得られる体験に仕立て上げておく必要がある。

ある男性の1日――10万年前

すべては約10万年前、複雑な構造をした大きな脳のデビューから始まった。

乾燥したサバンナで生活するあなたは、いつものように日の出とともに目覚める。腹を空かせ、おそらく寒さに震えているはずだ。**早速、あなたの目的指向型の脳が「食べ物を探せ！」と指令を出す。**あなたは槍をつかんで住まいの外に踏み出すが、不安レベルは高く、五感全開の警戒モードに入っている。乾燥した草をカサカサと踏みしだく足音を聞き逃すまいと、聴覚は研ぎ澄まされている。視覚は怪しい影を探して地平線を見渡し、嗅覚は動物、水、植物のにおいを嗅ぎ分けようとフル稼働している。口内はカラカラに乾き、全身の筋肉はいつでも反応できるように緊張している。呼吸は速く、心拍数は高い。

目的指向の行動とは、「体が一番必要としているものを探せ！」という前頭葉《ぜんとうよう》の指令に従うことだ。この時、脳は緊急性の高い捜索モードに突入し、すべてのエネルギーを注いで目的を達成しようとする。そして目的に合致したメッセージやイメージや、真新しい内容のものを探して、目的達成のためにそれらを利用しようとするはずだ。

そこで、マーケティングの対象が消費者の日常生活に必要不可欠な製品やメッセージだった場合、探し物がすぐ見つかるように、クラッター（消費者を混乱させる乱雑な状態）を避け、平明で正確な情報発信を心がけた方がいい。広告、パッケージ、店舗内での販促活動では、コピーに動作を表す動詞を使い、あいまいでない明確な内容のイメージを用いることで「あなたに必要なものはここにあります」と消費者の脳に強く訴えかけるのがいいだろう。


10万年前に戻ろう。

住まいを出て2時間ほどたった頃、あなたの視覚と聴覚と嗅覚が警報を発する。背の高い草の後ろで何かが動いている。はたして敵か味方か？　あなたはぴたりと動きを止め、息をひそめて相手の出方を待つ。やがて、尾を振って1匹のヒョウが姿を現し、正面からあなたと目を合わせる。ここであなたの脳は驚くべき高速処理能力を発揮し、一瞬で次に打つ手を考える。ヒョウはあなたより速く動ける。このまま背を向けて逃げるべきだろうか？　あなたの持つ槍には強い殺傷力があるし、最後に何かを口にしたのはもう何日も前のことだ。ここは闘ってみるべきでは？　**答えはミリ秒単位で弾き出される。**

そのメスヒョウもまた干ばつの影響で腹を空かせている。低くうなり声を上げ、牙をむき出しにする。その目は決意に燃えている。ヒョウはひげを震わせて高度の警戒モードに入る。身を隠していた背の高い草むらから姿を現した時点で、ヒョウはすでに生死を賭けた闘いに臨む決意を固めている。ヒョウとヒト、腹を空かした2匹の猛獣が死闘を演じようとしている。だが、生き延びるのはどちらか一方だけだ。

あなたは前に一歩踏み出す。生死がかかった状況に心臓はバクバクし、体中から汗が噴き出し、筋肉は緊張に震える。戦闘はあっという間に無慈悲な結末を迎える。自らも傷つき、出血しながら、あなたは槍を敵の急所に突き立てる。ヒョウががくりと倒れ伏すと、あなたの体内は多幸感をもたらす神経伝達物質のエンドルフィン（訳注：脳内麻薬と呼ばれることもある）で満たされ、食べ物への期待で口内には唾液があふれる。

あなたはヒョウの重たい死体を引きずり、肉を横取りしようと狙う動物たちを撃退しながら、何キロも来た道を引き返す。足を引き引き、ようやく住まいにたどり着くと、部族の者たちに歓喜の声で迎えられる。仲間たちは獲物を食べる準備に取り掛かり、あなたの傷の手当てをする。今日の成果を称えられてあなたのプライドはくすぐられ、**脳内の報酬系が活性化する。**この経験はあなたの精神に深い刻印を残し、いずれまた狩りのために遠出をしたいと思わせる。

脳が「報酬行動」（脳が再び経験したい、あるいは続けてほしいと望む行動）を経験すると、同じ行動を試させたり繰り返させたりする動機付けに大量のドーパミンを放出する。長時間にわたり報酬系を活性化する行動を繰り返すと、新たな神経経路が形成され、従来よりも簡単にかつ頻繁にそうした行動を促すことが可能になる。極端な例を挙げれば、こうした報酬系の神経回路は依存症患者から五輪出場選手のような優秀なアスリートまでその行動を左右する。

だが、この知識に使い道はあるのか？　たとえば、それは消費者にブランドや製品を試させたり、使い続けさせたりする動機付けに役立つだろう。消費者に楽しい思いをさせる強力なイメージを繰り返し提供して、報酬系を活性化させればいいのだ。製品がチョコレートならその甘い誘惑を、高級車なら革製シートのセレブ感あふれる手触りを巧みに広告の内容に織り交ぜるというのもひとつの手だ。

10万年前、ようやく1日が終わろうとしている。肉体的、感情的、そして精神的にも疲れ切ったあなたは、体力を回復するために深い眠りにつく。

そして新たな夜明けが訪れる。

ある男性の1日——現代

あなたはアラームの音で目を覚ます。部屋の中は暖かく快適だ。もはや生き延びるために食べ物を探しに出掛ける必要はない。それどころか、冷蔵庫をのぞいてどんな朝食にすればカロリー摂取量が一番少なくてすむかを考える。1日の活動で食べ物の確保が最重要課題となることはほとんどない。だが、**あなたが祖先から受け継いだ太古の脳は、今でも狩りをして偉業を成し遂げろと命じている。**進化の過程でそのように最適化された脳は、今日予定されている仕事を生死のかかった闘いのようにとらえることになる。

出掛ける前のメールチェックで、あなたは契約書にまだ法務部のサインがおりずに滞っていることを知る。サバンナで空腹に耐えていた時とまったく同じように、あなたの不安レベルは高まり、体は緊張して高度の警戒態勢に入る。あなたの脳はこの状態から早く抜け出せと指令する。

あなたは携帯電話とノートPCをつかむと、車で職場に向かう。渋滞の中で、あなたの脳は追われる獲物のような不安を感じる。大音響でクラクションが鳴らされると、扁桃体《へんとうたい》（ストレスに素早く反応する脳の一部）が活性化し、血圧が上がって呼吸が浅く速くなる。様々な広告メッセージが絶え間なくあなたに浴びせかけられ、誘惑の手を差し伸べる。ラジオが鳴っている。株式市場は下落している。あなたはまた身の危険を感じ始める。他の車が前のスペースに割り込もうとするのを見てイライラが募る。達人のようなハンドルさばきで相手を出し抜くと、もはや自分を追い抜くことは許さない。

駐車場で車を降りると、あなたはすぐに「槍」ならぬ各種のデジタル機器で武装する。オフィスに向かって歩く途中、若い男の集団が目の前に現れ、汗をかき、体を震わせながら金とデジタル機器をよこせと要求する。あなたは大声を出し、回り込んでやり過ごそうとする。必死の形相だった若い男たちはあなたの反撃に逆ギレする。もはや彼らはあなたのノートPCだけではなく、命まで奪うつもりになっている。あなたの動悸は激しくなり、筋肉は緊張に震える。ちょうどその瞬間に、警備員が曲がり角から姿を現し、男たちは走り去る。

緊張が解けたあなたはがくりと腰を落とす。だが数時間、数日、あるいは数週間たってから、あなたの脳はその場面を何度もリプレイするだろう。事件はあなたの夢の中で毎日象徴的な形で再現される。恐怖感が高まり、身の安全が脅かされていると感じる。だが今度は先ほどのあなたと違って、不安を解消するために逃げたり反撃したり歩き去ったりしない。その代わりに、あなたは自分のオフィスに入って席に座ると、日がな一日同僚たちとやり取りをする。そして社内での威信と権力をめぐって、巧妙な言葉の受け答えによる暗闘を繰り広げる。

◎「ストレスホルモン」のコルチゾールが多量に分泌されると、油断のなさが増し、パフォーマンスが改善される。

あなたは「獲物」に向かって集中力を全開させる。自分を支持する同志たちと歩調を合わせ、敵対しそうな相手の心中を探る。一瞬たりとも目的意識がぶれることはなく、目標に向けて100％神経を集中させる。

職場を後にしたあなたは、すでに夜の帳が下り、周囲には見渡す限りネオンが輝いていることに気が付く。あなたの脳は怒濤のように押し寄せる多種多様の広告メッセージを解読しようとあがく（次ページ図3・2）。

そのうち多くは無意味な内容として放棄される。だが一部の斬新なメッセージや重要と判断されたものに対しては、あなたの海馬《かいば》（記憶をつかさどる脳の一部）が反応し、大脳皮質や脳全体にわたる長期記憶として保存される。

あまりにも多くのメッセージが集中したり、一定期間内にやるべき仕事を中断させられたりした場合、脳は邪魔なメッセージやイメージを意図的に背景に追いやり、当面の仕事に集中できるようにする。それらは脳にとって耳障りな騒音にすぎず、いちいち対処してはいられないからだ。**いら立った脳は集中**

図3.2——脳は広告メッセージやイメージの意味を解読しようと絶えずもがいている
（ニューヨーク・タイムズスクエア）

Photo by Bart Penfold

力を乱されまいと、その時に受けたメッセージをすべてひっくるめて無視してしまう。

ここから学べるのは、クラッター化された環境に広告や製品を配置するのは得策ではないということだ。そもそもカテゴリー自体が飽和していてクラッターが避けられない場合は、広告、イメージ、パッケージ、製品をクリーンで明快なものにすること、そしてホワイトスペース（自社と競合のいずれも未参入の領域）をうまく使って、いら立っている脳に新鮮さをアピールできるようにシンプルで直接的なメッセージにすることが大事だ。

さて、帰宅したあなたは、テレビ、インターネット、モバイル端末という3つのスクリーンのうち1つ（あるいは3つ全部）の電源を入れて、寝るまでの時間を数々のメッセージの視聴に費やす（マルチメディアスクリーンについては第17章を参照）。眠りに落ちた後も安眠は決して訪れないが、明日を生き抜くのに役立つ重要な情報を記憶に定着させるには、睡眠は必要不可欠だ。

デジタル時代の原始脳——女性の場合

この第3章と第7章では、男女の脳には大きな違いがあることについて順を追って説明していく。これは初期の人間社会において、男女それぞれのニーズを最大限満たすために必要な進化を遂げた結果だ。ここまでは男性の脳について見てきたが、ここで公平を期すために、典型的な女性の脳が典型的な2日間——男性と同様、10万年前と現代の1日ずつ——をどう過ごすかを見てみよう。

ある女性の1日——10万年前

目覚めたあなたの体には疲労が澱《おり》のようにたまっている。腕の中には産まれたばかりの赤ん坊がいて、空腹を訴えている。赤ん坊に乳を飲ませ、汚れを拭き取ってやる。自分のために食べ物を探し始めるのはそれからだ。あなたは危険なほどやせ細っており、やたら喉が乾いている。赤ん坊のニーズを優先したために、蓄積した脂肪は削ぎ落とされてほとんど残っていない。

あなたは赤ん坊を連れて、住まいの周辺を探索に出掛ける。少したつと、部族の他の女たちや、まだ成長期の少女たち、幼い女の子たちもあなたに合流する。あなたたちは一緒に、先日ジャガイモに似た地下茎の一種や小さな果実を見つけた茂みに戻ってみる。子供たちが寝入ってしまった場合、1人か2

人の女が子供たちをあやしたり警戒に当たったりする。その間、他の女たちは穀物、木の根などを採集し、時折小さな齧歯《げっし》類やヘビにありつくこともある。

女たちの集団は身を寄せ合い、常に肉食獣への警戒を怠らない。危険が迫った場合にはいつでも身を挺《てい》して子供を守る覚悟でいる。しかし、彼女たちの方から大型の危険な動物に攻撃を仕掛けることはない。女たちの大きな前頭前皮質が心得ているように、そのような「一か八か」の攻撃は幼児から守護者を奪い、無防備にさせ、死なせることになりかねないからだ。女たちは頭で理解しているわけではないが、この用心のおかげで、「生殖」による種の繁栄という進化の過程で最も重要な目的を果たせるようになる。

女と子供の集団は食べ物を集めたり、話をしたり、お互いを支え合ったりしながら1日を過ごす（だが、自分が生き残るためや遺伝子を残すために有利になると思えば、彼女たちは平気でこずるく立ち回ったり、嘘をついたりして、仲間を裏切るだろう）。

病人の面倒を見るのも女の仕事だ。彼女たちは、男より発達した共感能力を働かせて病人が何を必要としているかを悟る。**女たちはすぐにお互いの考えや赤ん坊の考えを「読む」ことを覚える。**部族の赤ん坊たちは目線や顔の表情でしか意思を伝えることができないが、女たちにはすぐに何を望んでいるかがわかる。

能力の高い母親なら、赤ん坊が言葉を発せずともその泣き声を聞いただけでそれが空腹、怒り、恐れ、退屈、眠たさ、いらいらのどれを表しているかくらいはすぐに見抜くことができる。彼女にはそれ以外にも複数の能力がある。１日に何度も授乳する母親の体内ではオキシトシンというホルモンが放出され、気持ちが穏やかになり、軽い鎮静状態さえ引き起こされる。育児に完全に専念した献身的な状態が維持されることは言うまでもない。

女性たち、なかでも母親たちにはこの上なく発達した共感能力があり、他の人間を見て彼らが何を感じているかを知ることに秀でている。時には他の人間が何を必要としているかを感じ取ることとさえできる。女性の脳は構造的に共同体を求めるようにできており、この強化された共感能力を利用して仲間意識を育む。

つまり、マーケティング的観点からすると、主に女性を対象とする広告やパッケージ、製品、店舗環境に対して消費者の関心を引くには、女性の共感能力に訴えるのが得策だということだ。女性は「顔」に対して即座に反応する。特に、その顔が直接目と目を見合わせるアイコンタクトをしている場合にその傾向が強い。また女性は、集団で同じ行動を取っている女性のグループに好意的な反応を示す傾向がある。そして自分とアイコンタクトをしてくる赤ん坊からは目をそむけることができない。

さて、10万年前のあなただ。

夕方の影の伸びる時間になると、部族の男たちが戻ってくる。そのうち1人は大きな獲物をしとめ、家族の生存に不可欠なたんぱく質とカロリー源を確保した。女たちは彼に称賛の言葉を浴びせてその功績に報いるが、狩りに失敗して落胆している男たちのまわりではこそこそと慎重に行動する。失敗にいらいらを募らせ、けんか腰になっている体の大きな男たちを怒らせても何の得にもならないからだ。と同時に、女たちはどの男が連れ合いとして望ましいか慎重に品定めすることも忘れない。できるなら一緒になる相手は狩りのうまい男がいいので、意図的に近づいて彼らの子供をもうけようとする。

小さな集団はその日の食べ物を共有し、それを可能にした狩りの物語を聞く。あなたは寝入った赤ん坊を腕に抱いたまま、連れ合いのすぐ隣に腰を下ろす。

ある女性の1日——現代

目覚まし時計に叩き起こされたあなたは、手早くシャワーを浴び、仕事用の服に着替える。外がまだ暗いうちに1日の最初の仕事を終わらせておかなくてはならない。まず子供たちのランチと学校に持っていく荷物を用意する。彼らの予定をチェックして、校外学習の許可書の親の同意欄にサインする。それからベビーシッター向けに、息子に歯医者の予約があることと娘をサッカーの試合に連れていくことを忘れないようにとのメモを残す。

次に冷蔵庫をのぞいて足りないものをリストにする。ついでに子供たちが帰宅した後でおやつになりそうなもののリストも書いておく。もちろん、買い物に必要なお金は残しておく。それからようやく子供たちを起こし、学校に遅れないように急き立てながら送り出す。あなたの祖先が食べ物を探しながら子供たちの世話をし、友人を敵から守ったのと同じように、**あなたの脳は同時に複数の仕事をこなすマルチタスクに最適化するように進化した。**あなたの効率性の高さはまさに達人の域に達している。

女性の脳は構造的にマルチタスクに対応できるようになっている。女性の脳は典型的な男性の脳と比

図3.3——左右の大脳半球をつなぐ連結部分である脳梁(のうりょう)は、男性の脳より女性の脳の方が発達している

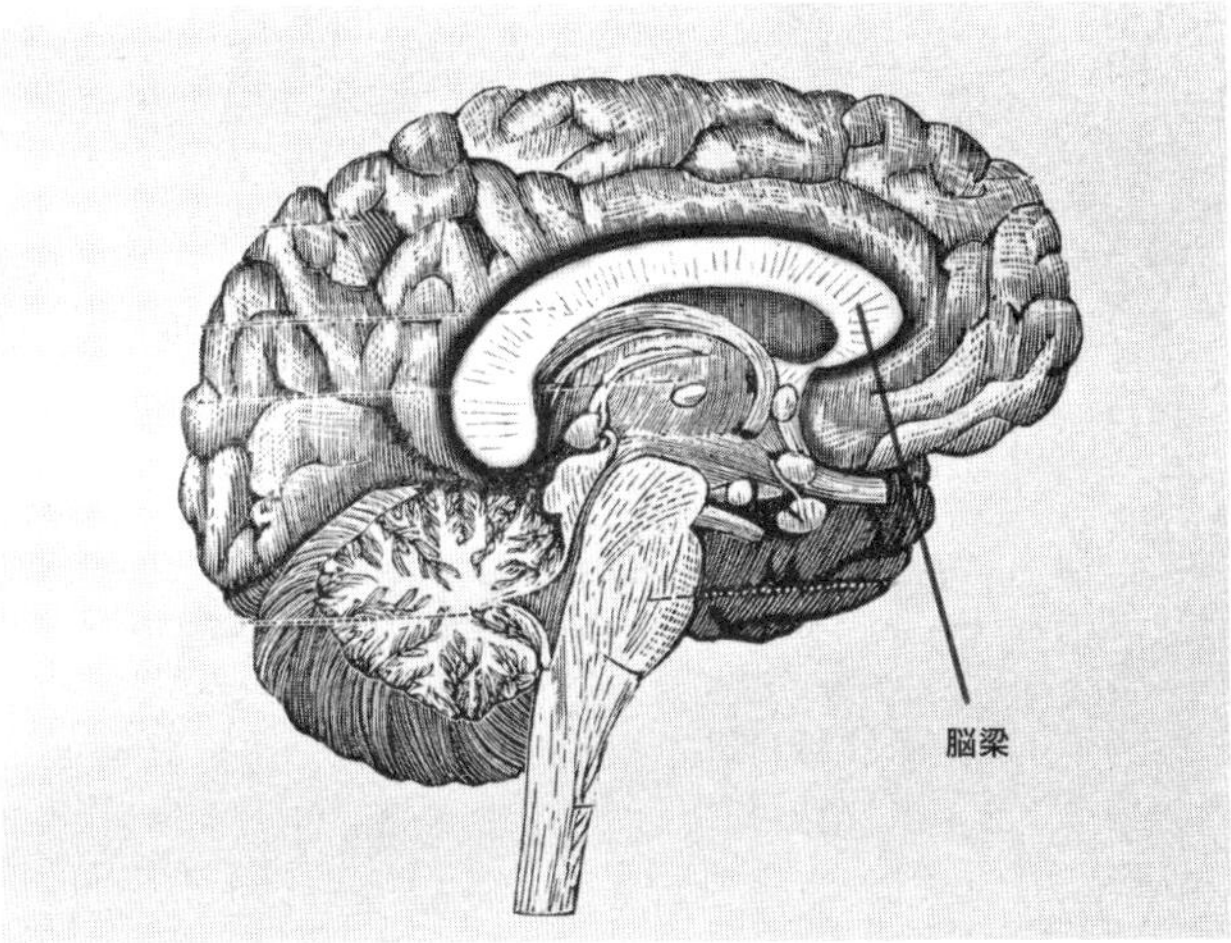

資料：Used with permission from istockphoto.com

べて、左右の大脳半球の間の接続が多い(図3・3参照)。そのため、「女性脳」は仕事や感情や論理的な情報や「ToDoリスト」などを同時に処理するマルチタスクを得意とする。

つまり、マーケティング的観点からすると、女性脳の注意を引きたいマーケターは、広告を見せたい相手が「重要任務」を複数抱えている事実を念頭に置く必要がある。彼女たちは自分の仕事を楽にしてくれるような情報には進んで耳を傾ける。女性の独立した人格を尊重し、彼女たちが仕事をこなす達人であることを称賛する内容であればなおさらだ。

子供というのは何度も声をかけないとベッドから起きてこないし、うるさく言わないと歯を磨いたり、顔を洗ったり、着替えたりしてくれないものだ。女の子は毎朝のように学校に着ていく服について大騒ぎするし、家を

出て車に乗るまで泣いたり、文句を言ったりする。しかしあなたは優れた共感能力によって娘の悩みを感じ取り、すぐに問題解決の手腕を発揮する。

携帯をつかみ、ノートPCをバッグに突っ込むと車の運転席でハンドルを握り、子供たちを学校に送る。だが到着寸前のところで今日は近所で行っている相乗り通学で自分が車を出す番だったことを思い出す。もはや遅刻は避けられないことを悟って落胆するが、近所の家を3軒回って子供たちを車で拾い上げていく。子供たちをあなたの車に乗せる母親たちは一様に憤慨しており、あなたは彼女たちの視線にじっと耐える。

学校で子供たちを降ろした後、高速道路に向かう。あなたの車線に強引に割り込もうとする車がいて、クラクションが鳴り響き、ブレーキライトが点滅する。あなたの脳はこれが命にかかわる事態であることを認識する。動悸が激しくなり、不安がこれ以上ないほど高まって、大量のコルチゾールが放出される。**あなたの脳は差し迫った危険と攻撃の可能性に対応するために、体のシステムを戦闘モードに切り換える。**あなたの脳は1日に必ず二度、自動車通勤の往復路でこの経験を繰り返す。

職場に到着すると、大急ぎで会議室に向かって走る。今日最初のミーティングにすでに遅刻して、あなたの呼吸は乱れている。同僚に向けてプレゼンを行いながら、脳の一部では子供たちのことを考えている。ランチに果物を入れるのを忘れなかったかしら？　あの子、鼻水を垂らしていたけど花粉症？　まさか風邪じゃないわよね？

気を引き締めて仕事に集中し、各種の依頼や提案をてきぱきとさばいていく。マルチタスクに最適化されたあなたの脳は左右の大脳半球のどちらにもスムースにアクセスできる。今日は少し仕事が遅れ気味なので昼食は抜くことにする。午後2時30分、ベビーシッターから電話。具合が悪いので休ませてほしいって？　あなたが急いで迎えに行かなければ、子供たちは学校で付き添いなしに長いこと待たされることになってしまう。あなたの脳はまたしても体のシステム全体にアラームを鳴り響かせる。子供たちが保護を必要としている！　あなたは帰り支度を始め、仕事を早退する。これでもう何度目になるだろう。上司やチームの同僚たちのとがめるような視線が背中に突き刺さる。

◎あなたの脳はまたしても警告を発している――集団から村八分《むらはちぶ》にされるのは大変な危険を伴うので避けるべきだ。

ノートPCや携帯を急いで車に放り込むと、いつもの帰り道を急ぐ。時間を気にするあまり、パニック状態に陥って、呼吸は浅く速くなっている。信号待ちをするたびに、あなたはいらいらして叫ぶ。「もう、早く変わってよ！」

あなたは通常より15分遅れで学校に到着する。待たされた子供たちは怒って膨れ面だ。あなたは息子を歯科医院で降ろし、娘をサッカー練習場に連れていく。それから息子を迎えに行き、その後でまた娘のところに車を回す。娘が練習する様子はまったく見ることができない。歯科医院でも息子の付き添いはできなかった。それでもあなたの脳は子供たちから受ける刺激と慰めを激しく求めている。

午後5時45分に帰宅すると、冷蔵庫が空っぽであることを思い出す。すでに起床してから12時間がたっているが、どちらの子供ともまだ15分も一緒に過ごしていない。あなたは2人を追いたてて早く宿題をすませるように言い、電話で宅配ピザを注文する。それからノートPCを開くと、中断していた午後の仕事に戻る。夕食を10分ですませた後、あなたと子供たちはそれぞれ別の部屋に移動し、残った宿題と仕事に取り掛かる。あなたは人とのかかわりを大切にする人間なので、今朝起きてから子供たちとも、夫とも、友人ともまったく交流していないことに不安を覚える。あなたの幸せは彼らの共感を得ることで成り立っている部分が大きいからだ。

午後9時、あなたは宿題をチェックしてから子供たちを寝かしつける。洗濯機に大量の汚れものを突っ込んでスタートさせた後、近所の別の母親に電話をかけて相乗り通学の当番を替わってくれないかと（またしても）頼み込む。その間に夫が帰宅し、それぞれ雑務をする前に（ごく簡単に）その日の出来事を報告し合う。あなたが食器洗い機から食器を取り出している間に、夫は食料品店に買い出しに出掛ける。疲れ果ててベッドに倒れ込む頃にはもう午前0時になっている。あなたが夢の中で象徴的な脅威と攻撃にさらされている間にも、あなたの脳は今日あった出来事から意味を引き出そうともがき続ける。

現代の女性の脳は、大昔の祖先と比べてはるかに多くの課題を処理する必要に迫られている。友人や家族のネットワークと毎日緊密に連絡を取り合うことは、長時間通勤を強いる現代社会ではもはや困難になっている。しかも、多くの家族は共働きで、共同体は「ベッドタウン」化しているのが現状だ。

この状況を現在と将来の顧客に対するマーケティングでうまく活用するには、ブランドや製品や店舗がネットワーク形成のハブとなるような仕組みを作るのがいいだろう。女性顧客向けにツイッターやフェイスブックで最新情報や関連サイトへのリンクを提供したり、店内で料理教室を開いたり、チャットルームを作ったりして、彼女たちをそのネットワーク——と同時に、あなたの会社のブランドや製品とも——と緊密につながっている気分になるようにサポートしてあげてはどうだろうか。

原始的な脳に働きかける

これらのエピソードが明らかにしているように、**10万年前に生まれた脳が現代に適応するのは生易しいことではない。**あらゆる脅威や危険や攻撃に対応するように精巧な進化を遂げた私たちの脳は、ペテンにかからないように嘘と真実を見分ける能力も備えている。それでも現代の生活が要求するペースの速さと大量の刺激に「緊急モード」に入ってしまうことが多い。

それどころか、私たちの脳がなぜ自らが適応しにくい環境を作ってしまったのか、首をひねる専門家もいる。たとえば、ここまで高度に進化し生き延びることに成功したヒト科の生物が、よりによってこれほどストレスに満ちた社会を作り出したのはどうしてなのか。

私の考えでは、答えは私たちの野心と創造性にある。人間は現状に安住することに満足しない生き物であり、常に状況を好転させる解決策を探しているのだ。自分たちが創造したものに対して高い対価を払わされたという見方もできるかもしれないが、大きな恩恵を受けたことも確かだ。多くの病気が根絶され、偉大な芸術作品が生まれた。ヒトゲノム解析が完了し、世界のどこに住んでいようと誰とでも数秒でコミュニケーションを取れるようになった。

そこで問題は、現代人の行動に深くかかわっている「原始的な脳」にどうしたら働きかけることがで

きるかということだ。この脳を懐柔し誘惑するには、どうしたらいいのか？　どうしたら広告に関心を持たせ、記憶してもらえるのか？　五感が受け取る信じられないほど大量の刺激の中で、どう差別化したら脳が価値を認めて受け入れる唯一の製品やブランドになれるのか？　脳は自然が生んだ奇跡の器官だが、あまりにも疑い深いのが玉に瑕《きず》だ。この堅物にもう少し気楽で楽しい人生の過ごし方を教えてやれないものだろうか？　だが、これらの疑問以上に大切な問題がある。それは、高い知能を持ち、驚くべき進化を遂げた存在である消費者に対して、それにふさわしい扱いをするにはどうしたらいいかということだ。私たちは常に消費者を尊敬と威厳をもって遇し、気遣いと思いやりの精神で接しなくてはならない。そしてむやみに刺激したり警戒させたりするのではなく、無理のない方法で誘いかけ、関心を持ってもらう手段を確立する必要がある。

ごく最近まで、私たちは広告、製品、パッケージ、そして店舗環境について「脳がどう感じているか」を知る手段を持っていなかった。だがEEGや、コンピューターのアルゴリズムと解析能力が飛躍的に向上した結果、この分野における知識と経験が一気に膨れ上がり、脳が何に好感を抱き、何に嫌悪感を抱くかを正確に知ることが可能になった。

たとえば、脳は次のような場合に欲求不満やいらだちを感じる。

●終わるまでに長くかかりすぎる作業
●クラッター（消費者を混乱させる乱雑な状態）
●自分に無関係か注意が散るだけの広告メッセージ

脳の注意を引く3つの要素

感情の一番中核的な部分において、現代人の脳は著しく似通っている。重要な刺激に同じように反応するし、広告への反応の仕方もよく似ている。私たちの脳の最も原始的で感情的な領域は、ミリ秒単位で、純粋に生物学的なレベルで反応する。これらの領域は嘘をつかず、あいまいなところもなく、言語、教育、文化などに影響されることがない。脳波活動を観察して分析すれば高度に正確な予測を行い、具体的な結論を出すことができるが、それは人間の脳に共通する普遍性が可能にするのだ。

また、脳は以下の3つの要素からは目をそむけることができない。

脳の注意を引くのに、新奇性（目新しさ）**ほど効果的な要素はない。**目新しい物を認識する能力は、生き残る手段としてすべての霊長類の脳に組み込まれている。食べるための獲物やベリー類、あるいは望ましい配偶者などを探す際、私たちの脳は群を抜いて品質が高そうで、しかも見たことのない新たな対象に注目する傾向がある。食物の場合、周囲から際立って見えるもの、とりわけ美味に見えるものに視線が向いてしまうのだ。

つまり、マーケティング的観点からすると、新奇性を強調した広告、製品、パッケージ、レイアウトであれば、常に多忙で好みがうるさい潜在意識にも注目される可能性があるということだ。その結果、クラッターから一歩抜け出すことができれば、自社製品を店舗の陳列棚で目立たせたり、競合他社のアイコンや文字が無数に浮かぶ大海で自社のロゴマークだけに注目を集めたりすることが可能になる。もちろん、そのためには消費者がそれらを確実に目にするような接点を事前に確立しておく必要がある

（「新奇性」を実現するにはどうすればいいか、そしてそれは脳にとってどんな意味を持つのかについては第10章で詳しく説明する）。

社会的動物であるヒトにとって、目と目を合わせるアイコンタクトはきわめて重要な意味を持つ。プレゼンの仕方によっては挑戦的に見える場合も、共感を誘う場合もあるが、目をイメージとして使うのは脳の注意を引く手段としては間違いなく有効である。

脳にとって快感や報酬を表すイメージには抗いがたい魅力がある。問題は、具体的に何によってそれらを表現すべきか、そしてターゲット消費者にどんな形で提示するのが理想的かを正確に知る必要があることだ。これに関しても、ＥＥＧの応用で、ないものねだりの世界から実現可能な目標に一歩ずつ近づいている。

本書では、これ以外にもすぐに実行に移せるマーケティング上の戦術――いずれも長年にわたる脳の研究に基づき、あらゆるカテゴリーにわたって消費者の脳の秘密を明らかにしている――がいくつも紹介されているので参考にしていただきたい。

だが、その前にまず脳が機能する仕組みについて理解しておく必要がある。これについては、次章で必要な知識を得られるはずだ。

滅亡の危機と奇跡のカムバック

ほんの7万年ほど前、人類の人口が男女の配偶者2000組ほどにまで激減した時期があった。東アフリカで起きた深刻な干ばつによって、絶滅の危機に瀕したのだ。この時期は人類の遺伝子の多様性が急速に失われたため、進化の「ボトルネック」の時代とされている。危機に瀕した人類は数百キロの範囲にわたって拡散し、新しい環境に適応して生き残るために様々な革新的試みに挑戦した。

長い時間を経て人口がある程度まで回復すると、孤立した小さな部族同士が再び合流し、支援し合ったり、争い合ったりする複数の大きな集団を形成した。それらの集団も激動の時代や沈滞期を経て均衡状態を実現し、今日では全人類の人口は66億人に達し、地球全土に広がっている（宇宙空間に滞在中の数人も忘れてはならない）。

この章で学んだこと

●原始的な脳の関心を引き付けるには、脳の貴重な資源――限られた処理能力と限定された集中力と注意力――を浪費させない工夫が必要だ。脳は限られた資源を簡単に使わせたりしないので、興味深くて明快な内容で瞬時に脳を魅了する必要がある。
●内容の面白さは必須。脳はパズルやユーモアを好む。
●消費者、特に女性の共感を得るには感情に訴えるのがいい。
●広告のクラッター化を避ける。特に競合が多くて騒がしいカテゴリーの製品の場合は、ホワイトスペースを上手に使い、イメージやコピーは明快でシンプルなものが効果的。
●あなたのブランドや製品が「目的指向の行動」に使われるタイプなら、動作動詞を使って脳を直接その目的に素早く誘導してやるのが効果的。
●あなたのブランドや製品が快感や報酬の回路を活性化するタイプなら、脳にとって官能的で深い快楽を引き出せるような広告、イメージ、ディスプレイ、店舗環境を使って存分に楽しませてやるのが効果的。

●女性の消費者向けには、女性がマルチタスクの達人であることを称賛する内容のイメージやコピーが効果的。

●女性の消費者のために、自社のブランド、製品、店舗環境などを利用してネットワークを形成する機会を提供せよ。

第4章 脳科学入門

この章で学べること

脳が機能する仕組みと、その関心を引き付けるために必要なプロセス。

脳の構造はどんな基本原理に基づいているか。

脳の知識は消費者の欲求やニーズの理解にどう役立つか。

神経科学（つまり脳科学）を消費者マーケティングに応用するためには、まず脳そのものの理解を深める必要がある。脳は間違いなく体の器官の中で最も複雑な構造をしており、宇宙で最も複雑なシステムのひとつだ。脳の神秘を解き明かすには何冊もの長大な解説書が必要だろう。しかし本書では、普段の生活や人間関係やビジネスにかかわる状況で脳がどう機能しているか、そして**消費者がどんな理由で何をどのように買うかに、脳がどう関与するか**といった基本的な理解に必要な知識を紹介するだけにとどめておきたい。

米連邦議会が「脳の10年」と定めたのは１９９０年代だったが、その直後の10年間に、脳の機能についてはかなり多くのことがわかった。もちろん、まだ解明されていない部分も少なくない。たとえば、脳は人間の個性や性格や才能という素晴らしい特徴をどのように形作っているのか。「私」という概念はどこで始まるのか。「あなた」という概念はどこから入ってくるのか。

人間の脳内では、こうした高尚な疑問だけでなく、買い物リストや靴ひもの結び方といったありふれた知識も猛烈なスピードで駆け巡っている。すべての行動、すべての目的、すべての夢は脳を出発点としているのだ。

脳細胞

脳を理解する旅の最初の停車駅として脳細胞ほどふさわしい場所はあるまい。ヒトの脳は約１０００億個の神経細胞（ニューロン）で構成されたネットワークだ。相互に複雑にからみ合ったニューロンはすべて電気を帯びている。イメージとしては、雲のない冷えた夜空に輝く無数の星に近いかもしれないが、それは比喩としては不完全だ。それらの無数の星がすべて電気的に興奮し、他の太陽系と電気信号や神経伝達物質を媒介して意思の疎通を図っているところを想像してみてほしい。また、それらの星が信号を送った先の太陽系に引っ張られて宇宙の所定の場所に移動したと考えてみよう。さらに、そうして活性化されて目的を与えられた太陽系にはあなたという人間を人間たらしめているすべての特徴——呼吸の仕方や体のバランスの取り方から、創造性や洞察力、そして慈悲の心から愛情まで——を発動させる力があるのだ。

ヒトを他の種とは別格の存在にしているこの特徴のおかげで、私たちは月面に着陸したり、交響曲を作曲したり、ソネット（抒情詩）を書いたり、恋に落ちたり、宇宙について思い巡らしたりできるようになった。

◎ニューロンは脳と中枢神経系の機能上の基本単位で、他の神経や筋肉や腺細胞（訳注：上皮に由来する分泌機能を有する細胞）への情報伝達に特化した機能を持つ。

ニューロンは細胞体、樹状突起、軸索の3つの部分によって構成されている（次ページ図4・1参照）。細胞体は核と細胞質から成る。電気信号を出力する軸索は細胞体から他のニューロンに向かって延びており、しばしば先端が小さく枝分かれしている。樹状突起は、細胞体から木の枝のように分岐しながら広がり、他のニューロンから信号を受け取る。

ニューロン間で情報のやり取りが行われる接合部位をシナプスと呼ぶ。ニューロンや神経システムは一方通行の道路のようなもので、信号は細胞体から遠ざかる方向に伝わり逆戻りしない。他のニューロンから受け取った電気信号は軸索を通って別のニューロンへと送られていくが、その際にニューロンの細胞膜内外で電位変化が生じ、これが神経インパルス（活動電位）となって軸索の末端にまで伝わっていく。軸索の長さは数ミリほどのものから数十センチに達するものまである。

時に混乱しノイズを含むこともあるが、電位は規則的に変化を見せる。**このわずかな電位変化を計測することによって、脳が各種の刺激――病気その他の医学的状態からマーケティングのメッセージま**

図4.1——脳の基本的な機能単位である神経細胞（ニューロン）

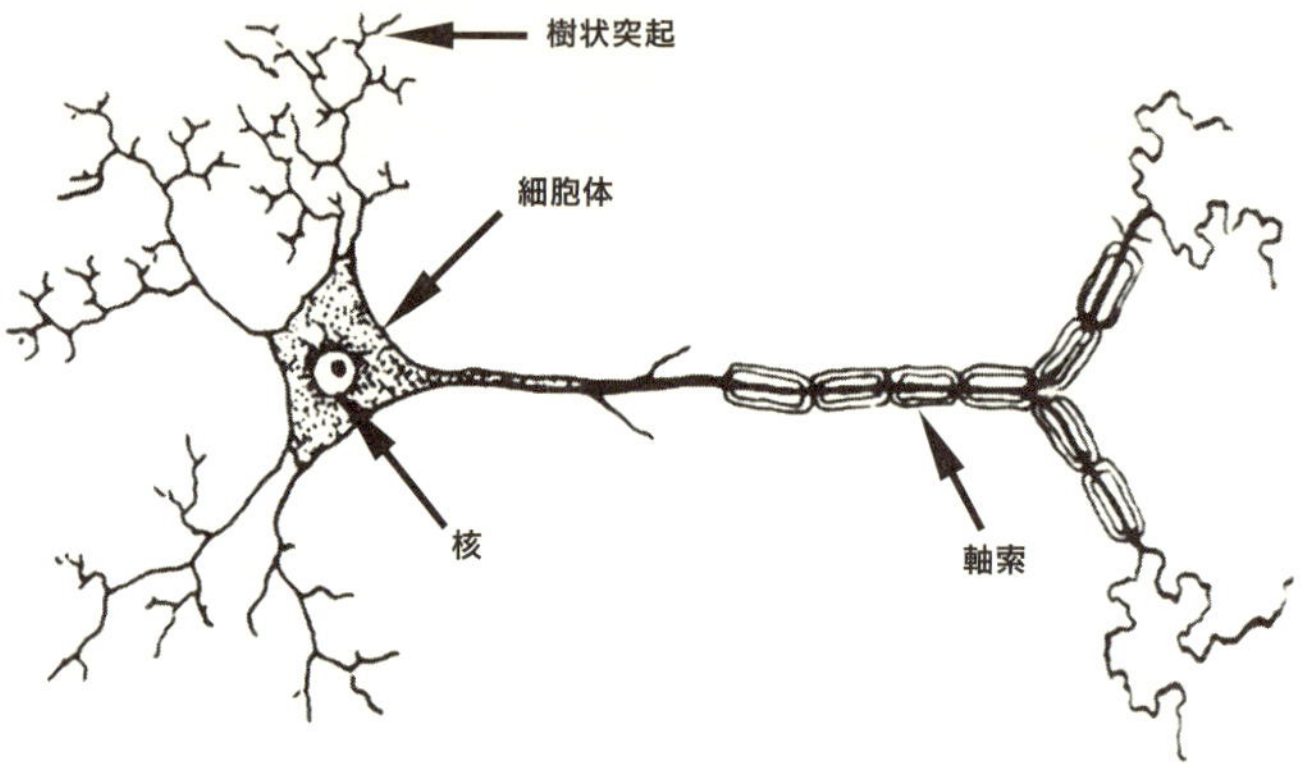

資料：NeuroFocus, Inc.

で——にどう反応したかをかなり高い精度で数値化することが可能になった。この点については後に詳しく説明するが、ここでは脳科学の飛躍的進歩によって明らかになった最新の知識についてもう少し学んでおこう。

ニューロンで神経インパルスが発生すると、細胞膜内外で一過性の劇的な電位変化が生じる。これが膜の内側がマイナスからプラスに変化する「活動電位」と呼ばれるものだ。活動電位は軸索の膜に沿って伝達され、伝導速度は速いもので時速１６０キロにもなる。これほどの猛スピードになると、ニューロンは最大で１秒に１０００回も神経インパルスを「発火」させることが可能な計算になる。

インパルスが軸索の末端に到達すると神経伝達物質が分泌される。これは脳が情報を伝えるために使う化学物質だ。神経伝達物質が次のニューロンの受容体に結合すると、受容体はオンとオフを切り替えるスイッチとして機能する。1個のニューロンとつながっており、それぞれが次のニューロンに変更を加えようとする。そのためニューロンはつながっているすべての細胞から入力された情報を処理しなくてはならない。数万ものつながりから生じる膨大なオン・オフ情報がアルゴリズムによって毎秒1000件ものスピードで高速処理されていく。まさに驚異的な性能だ。

ニューロンの分化と移動のプロセス

ニューロンは互いにつながっているだけでなく、離れた場所にある筋肉や腺細胞にも信号を送っている。そして何兆種類もの具体的なパターンから成るネットワークを形成し、生涯にわたって再生したり成長したり移動したりし続けるのだ。

ニューロンの分化と移動の壮大なドラマはヒトの胎児期からすでに始まっている。まず神経幹細胞が多数分裂して増殖し、遺伝的に決定された役割を果たすために多くのニューロンが生まれる。その後、それらは脳を構成する機能単位を形成するために所定の場所に移動する。最終的な目的地に到着すると（それは元いた場所から数センチから数十センチ離れた場所かもしれない）、ニューロンは軸索や樹状突起を伸ばして相互に連結し合う。

◎その後できわめて興味深い現象が起きる。軸索は後にコントロールすることになる体の部位その

ものに誘導され、その方向に伸びていくのだ。

たとえば、できたばかりのニューロンが脳の運動野《うんどうや》に移動したとしよう。その後で、そのニューロンは軸索を脊髄の底部に伸ばしてそこで別の運動ニューロンと連結する。その運動ニューロンの役割は足の親指を動かす筋肉をコントロールすることだ。標的細胞によってうまく軸索の誘導が行われ、神経回路が形成されれば、神経伝達物質を介したパートナーシップが成立し、脳から足の親指までスムースな連携プレーが可能になる。

ニューロンの発達過程

受胎から約4週間後、胎児の神経板上の隆起は丸く折りたたまれ、閉じて中空の神経管になる。この原始的な構造が成長し進化していく様子はまさに劇的で、胎児の脳は毎日約25万個もの細胞を新たに作り出すことさえある。成熟した神経系はニューロンだけでなくグリア細胞によっても構成されている。グリア細胞は、放出された神経伝達物質を除去したり、移動するニューロンを誘導したり、「血液脳関門」を形成して脳細胞を血液に含まれる毒素から守るフィルターの役割を果たしたりする。

ニューロンは次々に増殖して脳の複雑な構造を形作っていく。そして役割に応じて特定の神経伝達方式を習得し、外部から刺激を受け反応するといった環境との相互作用を処理したり制御したりするための独特の方式を身に付ける。その中には運動をしたり（ボールを投げるなど）、複雑な内容を記憶したり（潜水艦を操縦するなど）といった機能も含まれる。

胎児期における劇的な成長期間を過ぎると、神経回路は効率性を高めるために不要な部分を縮小していく。他のニューロンとの生存競争に敗れたニューロンは、標的組織によって分泌される生命維持に必要な化学物質を受け取れずに死滅する。つまり多くの場合、ニューロンを引き寄せた標的細胞そのものがそれらの息の根を止めてしまうわけだ。**ヒトの幼児の脳に実際には成人より多くの脳細胞が存在するのは、この選択と淘汰の過程に原因がある。**

こうした余分な脳細胞は当初、相互に余計なつながりを作りすぎてしまう。ヒトや他の霊長類の幼児の脳ではニューロン間の結合の数が成人の倍もある。たとえば両目の神経と脳のつながりは最初のうちは重複しているが、そのうちに移動して片方の目がそれぞれ脳の別々の領域に独立して結合するようになる。電気活動を発生させて機能し続ける結合部分は生き残るが、活動をほとんどかまったくしていない細胞はいつの間にか消えていく。このように、成人の脳内の神経回路は（少なくとも部分的には）不適切あるいは未使用の結合部分を排除し適切なものだけ残すことによって形成される。脳において「使わなければ失われる」はまさに基本原則なのだ。

こうして成人期に達する頃には、1000億個のニューロンで無駄なく組織された神経回路が運動や感覚や感情や思考をつかさどることになる。

ニューロンが脳内の最終目的地にまで移動すると、視覚や聴覚といった特定の機能を果たすために適切な結合を行って神経回路を形成する必要がある。これは細胞体から伸びている軸索を通じて行われる。軸索は細胞体の1000倍以上もの長さに伸びて脳の端から端までつなげてしまうことさえある。軸索の大半は他のニューロンの樹状突起に遭遇した時点で「旅」を終える。軸索の先端には膨張した成長円錐という構造があり、標的の正しい位置を確認するために周囲の環境を積極的に調べて伸展方向を決定する。

軸索が標的に到達するとシナプスが形成され、軸索を通じて伝わった電気信号が次のニューロンに伝達される。そこで新しい信号が誘発される場合もあるし抑制される場合もある。どのニューロンもそれぞれ何千ものシナプスを形成しており、脳の驚異的な情報処理能力はシナプスを通じて伝達される膨大な量の電気信号をオンにしたりオフにしたりすることで機能する。

◎ヒトをヒトたらしめているのはヒトの脳である。

すべてのニューロンには標的がある

どのニューロンも成長し体内を移動する過程で、特定の標的と正確な場所でシナプス接続を行う。不思議なことにそれ以外の場所で立ち止まることも誤った標的を選ぶこともなく、あらかじめ決められたそのニューロン固有の標的にたどり着くのだ。

神経回路が形成された後、ニューロンの細胞膜には刺激に応じて活動電位が生じ、これが軸索を伝わる電気信号となって情報を伝達する。発生するのは数マイクロボルトのわずかな電圧にすぎず、スピードは最高で秒速100メートルに達することもあれば、強力で長い時間持続するケースもある。

細胞体は受け取ったすべての情報から新たな電気活動を発生させるか抑制するかを決め、前者であれば、ニューロンは活動電位を発生させ、あとは標的までまっしぐらに進むだけだ。活動電位は同じ電圧を維持したまま目標まで突き進む。つまり、この活動電位を測定することで広告やブランドのロゴなどの特定の刺激に脳がどう反応するか重大なヒントが得られるということだ。

脳の領域と機能

ニューロンは成長、移動、余分な細胞の死滅という過程を経て、脳内の適切な部位にたどり着く。それぞれの細胞は相互に依存しながら精密機械のような正確さで肉体と精神の双方の機能をつかさどる。

ここでは、脳の外側の部位から順を追って取り上げていきたい。まず、最初に登場するのは表層部分にある大脳皮質だ。大脳皮質は解剖学的に4つに区分けされた「葉《よう》」と呼ばれる大きな領域で構成される。前頭葉、頭頂葉、側頭葉、後頭葉の4つだ(次ページ図4・2参照)。

視覚、聴覚、言語などの機能的役割は各領域に配分されているが、一部の領域は複数の機能を担っている。つまり特定の領域が特定の機能をつかさどっていると科学的に精密に区分けできるわけではない。ヒトは個体によって微妙に異なるし、私たちの脳もそうした個性を反映しているからだ。たとえば事故などで手足を切断した患者では、直後にまだその手足が存在するかのように感じる現象(幻肢)が起きる。これは手足が失われたにもかかわらず、その機能を担当するニューロンがまだ脳に残っているためだ。時間の経過とともに他の残った手足の機能が脳のその部分に移動し、こうした感覚は消えていく。

図4.2――脳の主要な領域

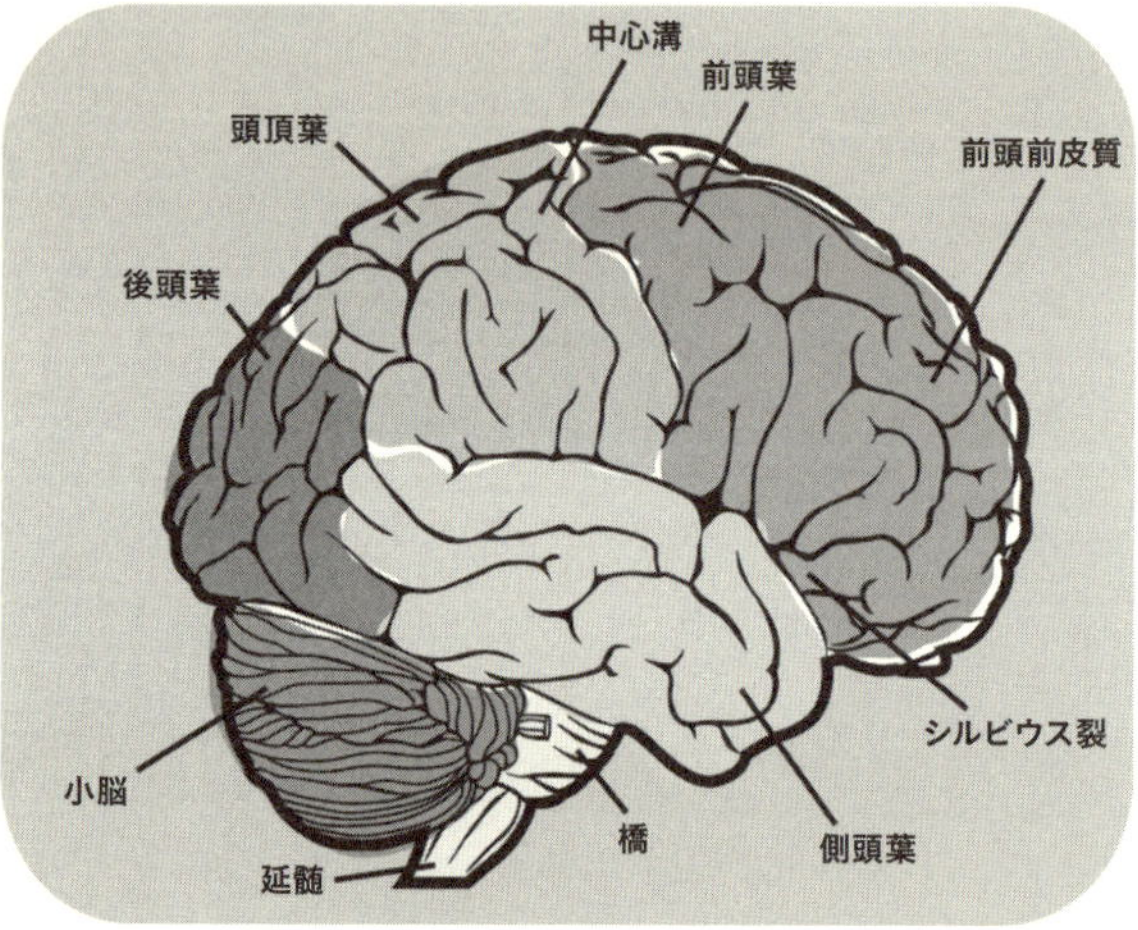

資料：Courtesy by Acxiom Corporation, Wellsphere.com

大脳皮質は言語、思考、計画、問題解決といった脳の高次機能をつかさどる。また、記憶にかかわるのは脳の海馬と呼ばれる器官だ。脳にインプットされる情報の大部分は視《し》床《しょう》という領域に中継される。体内調節系（自律神経・ホルモン）――すなわち体温調節、摂食・飲水行動、性行動――の中枢でもある視床下部のニューロンは、神経系から入力された情報を監視し、それらの神経や下垂体ホルモンの調整を通じて体に指令を出す。

中脳の後ろ側には四《し》丘体《きゅうたい》と呼ばれる2対の隆起があり、視覚や聴覚などの感覚入力の中継点として機能している。また後脳は呼吸や心臓の鼓動のリズムに関係している延髄や橋《きょう》、それに精密なタイミングを要する運動（平衡感覚など）や認知過程の調節を行う小脳で構成されている。

脳にまつわる最も興味深い疑問の1つは

「記憶はどこに保存されるのか」というものだろう。ヒトや他の動物の記憶に関する多くの研究の結果、**研究者たちは脳内に単一の記憶中枢があるわけではないという結論に達した。**

おそらく記憶は、脳内の各所に分散された複数の情報処理システムに蓄積されているものと考えられる。このシステムは、学習行動の際の知覚、情報処理、分析などにもかかわっている。つまり脳の多くの部分が長期記憶の保存にかかわっているということだ。たとえば海馬、海馬傍回《ぼうかい》、そして大脳皮質（前頭葉の前部にある前頭前皮質も含む）は電話番号を覚えるといった陳述的記憶（言葉で表現できる記憶）をサポートするシステムを構成している。ボールの投げ方を覚えるといった体で覚える種類の運動記憶は扁桃体、線条体、小脳によって支えられている。

言語能力の制御は複雑なシステム

人間の最も重要な能力の1つである言語は、感覚・運動機能や記憶システムを含む多くの構成要素がかかわる複雑なシステムだ。言語発達の神経学的基盤はまだ十分に解明されたとはいえないが、脳の言語機能に関しては、脳梗塞や外傷性脳損傷で言語能力を失った患者の研究や、健常者の脳のイメージング研究によってかなり多くのことが明らかになりつつある。たとえば右利きの人では多くの場合、大脳左半球の部位を損傷すると失語症を含む様々な言語障害が起きるというのは長年知られてきた事実だ。

かつて研究者の間では言語能力をすべての面で制御しているのは大脳左半球だと考えられていた。だが現在では、言語音や単語の認識には左右両方の側頭葉がかかわっていることが判明している。対照的に、言語の発声機能自体では主に左脳に優位性がある。しかし声の抑揚による感情表現は主に右脳（感情脳）の機能といっていい。

脳の各部位の相互依存・相互作用

脳は複数の領域を通じて多くの精神機能を担っている。たとえば言葉を読む際に使われる脳内回路は、言葉を聞いたり話したりする際の回路とは異なっている。さらに、言葉の意味を理解するにはさらに別の回路が必要になる。かかわる回路の数が増えるほど、その行為は複雑さを増す。韻律《いんりつ》（話す時に自分が幸せか、悲しいか、興奮しているかなどの状態を表現するために使われる声の抑揚や音調など）は右脳で処理されるが、言語の論理的内容（たとえば「そのトラックの色は赤い」など）は左脳によって処理される。

実のところ、あらゆる精神機能は互いに依存し合う副次機能に分類することが可能だ。意識や自我は、こうした相互依存の関係によって形作られている。知覚、言語、思考、運動、記憶といった機能はすべて脳の複数の領域とかかわっている。つまり脳が考えていることを真に理解するには脳全体を計測して、各領域がお互いに連絡したり反応し合ったりする時に発生する電気インパルスを観測する必要があるということだ。

私たちの脳内ツアーも終わりに近づいているが、最後に紹介しておきたいのは脳の各部位と近くの部位との間で相互作用が生じているという事実だ。この発見により、科学者は脳の地形図を描いて病変や異常を見つけることが可能になった。

最後にもうひとつ、重要で興味深い事実がある。脳の片側にある機能は体の反対側を制御する。つまり左半身の感覚・運動機能の活性化は右脳の媒介によって行われるということだ。

この章では、脳の壮大さ、美しさに対する称賛の思いもお伝えしたつもりだ。神経回路、機能中枢、そして左右の大脳半球で構成されるそれは、まさに大自然が生み出した芸術作品。だが脳科学の知識に触れ、交響曲やダンスのように華麗に展開される電気活動の実態を知った今、あなたは次の事実を悟ったはずだ――**人間の行動は脳が作り出している。**

脳は毎日、ミリ秒ごとにあなたの世界を創造し、あなたの消費者の世界を創造している。何に注意を払い、何を記憶に残し、何に行動に移す価値があるか、脳だけがすべてを決定しているのだ。つまり、あなたは脳に関する知識を深め、その知識に基づいてより効果的なメッセージを作成し、それを脳に伝達しなくてはならない。あなたのブランドや製品やパッケージや広告や消費体験が、この「神のごとき存在」への拝謁《はいえつ》を許されることを保証できる方法は、それ以外には存在しないのである。

第5章 買いたくなる脳と五感の関係

この章で学べること

五感はどのように機能するのか。
五感を通じて脳に強く訴えることのできる広告、製品、消費体験、コンセプトを生み出すにはどうしたらいいか。
五感は日々どのように相互作用して私たちの現実世界を構築しているのか。
五感に関する有益な最新情報。

私たちの味覚や聴覚や嗅覚を刺激してやまないこの世界は、なんと魅力的で活気に満ちあふれていることだろう。人間の脳はこの青い惑星で受け取れるあらゆる感覚情報を最大限に楽しめるように美しく進化を遂げた。

確かに人間より鋭敏な感覚を持つ動物はいる。高い空を舞いながら地上の獲物を狙うハヤブサの視力には敵わないし、わずかなにおいも嗅ぎ分けてしまう犬の嗅覚にも太刀打ちできない。イルカの聴覚は人間の耳では決して聞くことのできない音も感知してしまうし、身近に生息するネコやネズミにも同様の能力がある。

これだけ聞くと、ヒトの五感とはそれほど大したものではないように思えるかもしれない。だが人間の感覚の優れている点は、五感のすべてから情報を受け取れることだ。多くの動物では1種類の感覚機能だけがずば抜けて発達しているが、それは他の感覚の欠如を埋め合わせる必要があるからだ。たとえばモグラにはヒトの6倍もの数の皮膚感覚の受容器があるが、視覚は退化している。ハヤブサはくちばしと爪でしか物に「触れる」ことができず、ネコの味覚はヒトに比べて哀れなほど未発達だ。

つまりヒトの感覚機能における第1の長所はゼネラリストであることだ。第2の長所は、人間とは快楽を追求する動物であり、感覚はその欲求を満たしてくれることだ。私たち人間は感覚がもたらす歓びにふけるために絵画や音楽を創作し、そのあまりの美しさに畏怖の念に打たれることさえある。そして、歓びにひたればひたるほど新たな神経回路が形成され、その数が増えていく。神経回路が増えれば快楽のレベルは上がり、さらに歓びが増す。私たちはまさに快楽の無限ループの中で生きているのだ。

すべては感覚を通じて

私たちの知識や洞察はすべて感覚を通じて獲得され、私たちの感情や気持ちはすべて感覚を通じて表現される。

◎私たちが出会うすべての物事は感覚を通じて理解可能になる。

この章では、人間の五感がどう機能し、「買いたくなる脳」にどんな影響を及ぼしているのかについて概略から始めて細部に至るまでつぶさに見ていきたい。

視覚

私たちが目にする物に注意を払わざるをえない理由は、ヒトの進化と深い関係がある。**ヒトの脳の25%から50%は視覚情報の処理にあてられている。**つまり他のどの感覚よりもはるかに多くの資源が割かれていることになる。

ヒトの体の感覚受容器の約70%は目に集中している。私たちの世界認識は視覚に依存している部分が圧倒的に大きいのだ。つまり脳の注意を引くには、素晴らしいビジュアルを用意するのが最も容易で成功する確率が高い方法ということになる。

ヒトは他の感覚よりも視覚を優先するように進化してきたため、他の要素はビジュアルの陰に隠れてしまう傾向がある。たとえば映像と音声が同時に流された場合、脳は映像部分により多くの信頼を置き影響も受けやすい。そのため、テレビCMで音声と映像が同期されずに音ずれが生じた場合、脳は音声部分を無視してしまう。

◎興味深いことに、視覚は目ではなく脳で生じる。

眼球は焦点を調整して外界から光を集めるが、その情報に意味付けして、色、形、顔の表情、風景などを認識するのは脳の役割だ。私たちが何年か前の情景を詳細に至るまで鮮明に思い出せるのはそのためでもある。目覚めた状態で現実と区別がつかないほどリアルな白昼夢を「見る」ことがあるのも、睡眠中にしばしば現実よりよほど「現実味」を帯びた生々しい夢を見るのもそのためだ。

視覚による記憶がピークに達するのはおよそ15歳から30歳までの間だ。70代の人たちに特定の単語や画像を見せて過去の記憶から何を連想するか尋ねると、大抵は自分が15～30歳だった時の記憶から回答するという。その理由の1つに、大半の人にとってその期間はきわめて活動的な年代だということがある。実家を離れて独立したり、最初の結婚をしたり、音楽や文学の好みがはっきりして自分の個性を確立するのもこの年代だ。

また、色というものは脳が認識しているだけで、物理世界には存在しないということも覚えておこう。人間の目に見える可視光線が物に当たると、一部は吸収され、残りは反射して目に入る。脳は反射光に含まれる波長を「色」として認識し、違う波長は違う色として認識する。色の見え方には個人差があり、色覚障害の人もいれば色覚が非常に発達した人もいる。19世紀のフランスの画家ポール・セザンヌは次のように書いたことがある。「同じ対象を違った角度から観察するのはきわめて興味深い研究テーマだ。あまりにも多くの角度から見ることができるので、自分は場所を移動せずに右や左に体を曲げるだけで何ヵ月も過ごせるだろうと思えるほどだ」

二足歩行がもたらした能力

ヒトが最初に四足歩行から二足歩行に移行した瞬間から、鋭敏な視覚は私たちの感覚機能の最も際立った特徴となった。私たちの祖先の鼻は突然、獲物や肉食獣や同じ部族の仲間が地上に残したにおいから引き離されてしまい、嗅覚に関しては不利になった。だがそれと引き換えに突然もたらされた新たな利点があった。それは四方に広がるサバンナを見渡し、動物の動きを目でとらえたり、追跡したらどの辺で追いつけるかを視覚的に予測したりする能力だった。

今日、私たちは広範囲を見渡して目標に狙いをつけたり合流地点を予測したりという能力をごく日常的に使いこなしている。それは時にプロスポーツの現場で劇的なプレーを生む場合もある。たとえばアメリカンフットボールで、クォーターバックがパスを投げるとレシーバーが落下地点に魔法のように現れてボールを受け取ったり、アイスホッケーの選手がパックを超ハイスピードで弾くと、チームメートのスティックの先に絶妙のタイミングで届いたりする瞬間がまさにそれである。

ヒトが四方を見渡して目標を探知したり、3次元で物を見てその位置を確認したり、その物体が何秒か何分か後にどこに移動しているかを予測したりする能力は、脳内に先天的に組み込まれている。この知識をマーケティング的観点から活用する方法はいくつか考えられる。

たとえば、売場のレイアウトや棚割を決める際には、脳の四方を見渡す能力や3次元知覚のことを念頭に置く必要がある。**何かがお客様の視界を遮り、探している商品を見えなくしているような状況は絶**

対に避けなくてはならない。陳列棚が高すぎて後ろが見えなかったり、案内のサインが文字だらけで一目でわかるビジュアルがついていなかったり、店内の通路が狭くて切り立った崖に挟まれた深い谷のようだったりすれば、脳はせっかく身に付けた高度な能力を発揮できず、欲求不満に陥ることだろう。

ヒトも含めてすべての霊長類は、両方の目を使った両眼視機能を高度に発達させている。それぞれの目から送られる視覚信号は約１００万の神経線維から成る視神経を伝わって脳に送られる。視神経は途中で「交叉《こうさ》」し、右目の神経の半分は左脳に、左目の神経の半分は右脳につながっている。つまり脳のどちらの半球も両目から信号を受け取れる構造になっているわけだ。その結果、視野の右半分の情報は両眼の網膜の左側に投影されて左脳（視覚野の左側）で処理され、視野の左半分の情報は両眼の網膜の右側に投影されて右脳（視覚野の右側）で処理される。

捕食動物の目線

自分の顔を鏡で眺めてみよう。あるいは朝食の席で配偶者の目をじっと見つめたり、子供たちとにらめっこをしたりするのもいいかもしれない。いずれのケースでも、あなたが正面から見ているのは危険な捕食動物（プレデター）の顔である。

ヒトの両目は顔の正面に位置しているため、獲物を探したり追跡したりするのに理想的だ。正面方向に焦点を合わせられるので、遠近感をとらえる能力も秀でている。これは動物の動きを追うのに有利だ。ヒトの目には光を集め、獲物などがもたらす新しい視覚情報に注目し、その位置関係を空間的な情報として認識し、さらに逃げた獲物の後を追うという一連の行動を支える個別のメカニズムが備わっている。

一方、獲物になるシカやリスといった動物の目は頭部側面に配置されているため、敵の動きを察知する周辺視に優れている。顔の側面にあるので視野が広がるという利点もあるが、そのために遠近感をとらえる能力を犠牲にした。この目の位置は何かがひそかに近づいてきた場合にいち早く察知するのに適している。もちろん、獲物の動きを予測して相手に先回りして捕獲するような行動には不向きだが、シカやリスはそもそもそれを目的としていない。

受ける印象は外見次第

視覚への依存度がきわめて高い種としては当然予想できたことだが、ヒトが出会った相手に受ける印象は外見のよしあしに大きく左右される。

たとえば、男性は目の大きな女性を好む傾向があるが、これは性的興奮時に瞳孔が開くことと関係している。ルネサンス時代のヨーロッパの女性は瞳孔を開かせるために猛毒を含むベラドンナを少量点眼したことが知られている。彼女たちはまた結婚相手になりそうな男性の気を引こうと、美白のために肌にヒ素を塗ったという。「美は犠牲を伴う」という言葉をこれほど履き違えた行為もあるまい。

これ以外にも興味深い例をいくつか紹介しておこう。

●魅力的な外見をしている犯罪者は刑期が短くてすむ。
●可愛い顔をした赤ん坊は保育士にえこひいきされる。

●求職者の履歴書に優劣がつけられない場合、より魅力的な外見をしている候補が採用される。
●可愛い子供は大体において学校の成績も優秀だが、それは小さい頃からほめられて自信がついているからだと考えられる。

視覚とマーケティング

消費者の購買行動に一番大きな影響を与えるのは、広告や店舗環境で視覚に訴える要素だ。
●クラッター化を避けるために、消費者の関心を引きたい物を目の高さに来るように配置し、すっきりしたレイアウトを心がける。
●「カテドラル（大聖堂）効果」を利用する。キリスト教の大聖堂に入ると、私たちはまず視線を上げて建物内部を見上げる格好になる。そこで店内のサイン、屋外広告、紙媒体の広告などでは、消費者に見てほしい商品を広告の一番上部に配置する。
●脳の関心を引き、歓ばせるために簡単に解けるパズルを用意する。

嗅覚

嗅神経から受け取った嗅覚情報の処理にかかわる「嗅球」と呼ばれる神経組織は、実は大脳辺縁系の一部だ。大脳辺縁系は脳の最も古くて原始的な部位で、最も深い層にある。嗅球は記憶や情動をつかさどる扁桃体からシナプス2つ分しか離れておらず、記憶の保存にかかわる脳の器官である海馬からもシナプス6つの距離にある。

この知識をマーケティングに応用するには、自社製品と永久に結びつけて記憶されるような「香り」を用意すればいい。どんな香りにするかはもちろん慎重に検討する必要があるが、嗅覚の影響力を決して侮ってはならない。子供用の小麦粘土「プレイ・ドー」やマウスウォッシュの「リステリン」はどちらも特徴的な香りがするが、互いの香りを入れ替えたらどうだろう。もはや誰にも見向きもされなくなるに違いない。

実は、嗅覚には注目すべき利点がある。**他の感覚機能と違い、嗅覚だけは脳に至るまでに乗り換えや引き継ぎを重ねて長く遠い道のりを旅する必要がない。**それどころか情動や記憶の中枢への直通ルートさえ設けられているのだ。

ところが、情動に訴える強力な感覚機能であるにもかかわらず、ヒトの嗅覚は五感の中ではおそらく最も優先度が低い。脳の25％から50％は視覚情報の処理に使われているのに対し、嗅覚はたったの1％

にすぎない。つまり、嗅覚は五感の中で最も必要性が低く、鋭敏な嗅覚の持ち主だったヘレン・ケラーでさえ五感の中の「堕天使」と呼んで格下の存在と見なしたほどだった。

嗅覚はどう機能するか

私たちは呼吸をするたびに、鼻孔を通じてにおいの原因となる微粒子を吸い込んでいる。微粒子は鼻腔内の繊毛によって奥に取り込まれ、感知された情報は直接嗅球まで運ばれる。嗅球に着くとそれはただちに脳に伝えられる。

過去に嗅いだことのある香りや、何らかの感情を呼び起こす香りに出会った時、その最初の経験の記憶は扁桃体と海馬でフルに再現される。たとえば、ある女性の友人は、農家の納屋に足を踏み入れるたびに、頭の中はすぐに子供時代にタイムスリップしてしまうと話している。祖母の家の納屋で遊んだ思い出、温かくて土のような香りがするわらと馬、ぶんぶん飛び回る虫、振る舞われるはずのレモネードなどの記憶がすべてよみがえってくるというのだ。もうひとりの友人は、ある種のマカロンを食べると少しの間パリの街角に戻ったような気になるという。焼き立てのペストリーの甘い香りに混じって、少し銅が混じったような金属臭がする。それは石畳の通りに振り落ちる雨のにおいだ。

進化的観点からすると、狩りをする動物にとって獲物のにおいが好ましいのは不思議でも何でもない（ステーキはその好例だ）。反対に、獲物にとって捕食動物からはとても嫌なにおいがする（動物園でライオンなどのネコ科の猛獣や腐肉を漁るハイエナのそばに行けばわかるが、その体臭や口臭、あるいはそのどちらかを嗅ぐだけで体が緊張し、胸が悪くなることさえあるはずだ）。

ヒトにとって嗅覚は種の存続に必要不可欠な機能だった。人類の黎明期に、それは食料を探したり、自分とは違う遺伝子を持つ健康的な配偶者を見つけたり、暗闇の中で自分の子供たちを探し当てたりするために活躍した。

医療が未発達だった時代には、それは一部の病気を診断する役に立った。たとえば糖尿病患者は甘いにおいがするし、はしかにかかると鳥の羽根のにおいがする。また訓練された犬はメラノーマ（悪性黒色腫）、てんかん発作、低血糖症、心筋梗塞などの症状を鋭い嗅覚で嗅ぎ分けることができる。現在、医学界では最も早期の段階で犬が症状を探知できるようにする技術の開発に大きな関心が持たれている。何しろ、この四足歩行の哺乳類は抜群に優れた嗅覚を持っているのだ。嗅細胞の数も、ヒトが約500万個なのに対し、牧羊犬の中には2億2000万個持つ犬種もある。

香りの記憶に関する秘密

あなたが過去の思い出の中で経験した感覚はエピソード記憶に刻まれる。記憶はそれ以外にも様々なタイプに分類されており、手続き記憶、意味記憶、短期記憶、長期記憶などがある。

エピソード記憶はまさに「心のタイムマシン」と呼ぶのがふさわしく、「いつ、何を、どこで」の記憶を保存する。この記憶は他の記憶よりも複雑で、進化の過程で発達した時期も遅い。動物の中ではヒトで最も発達した機能だ。

エピソード記憶は通常、子供が5歳になるまでは十分に発達しない。それまでは子供が何らかのエピソードを覚えていたとしても、特定の場所や時間と結びつけることはできない。

消費者の購買意欲を刺激するには、幼少期の懐かしい思い出――たとえば、雨に濡れた夏草、シナモン、海辺の潮風――がよみがえるような香りが効果的だ。そうした心地よい記憶を呼び覚ませば、「買いたくなる脳」は懐かしい思い出とブランドや製品や売場環境とを結びつけて、好感度もきっとアップするはずだ。

視覚や聴覚を通じたヒトの記憶で一番長く持続するのは15歳から30歳までの経験だ（思春期の音楽体験が後々まで強い影響を及ぼすのはそのためだ）。それとは対照的に、嗅覚にかかわる一番強い記憶は幼少期に乗馬体験したポニーのにおいだったりする。**ヒトの嗅覚が最も鋭敏になるのは5歳から10歳の間だということで多くの研究は一致している。**つまり私たちは時間的余裕に恵まれた幼少期に多くのにおいを初めて経験し、同時にそれらがもたらす歓びを味わう機会を得るわけだ。

香りとマーケティング

ヒトはにおいにその場ですぐに反応し、感情的に深いレベルで体験の記憶と結びつける。だから消費者の脳を歓ばせて関心を引きたければ、香りを利用するのはうまいやり方といえるだろう。

ニューロフォーカス社の研究顧問でもあるジェラルド・ザルトマンは、著書『心脳マーケティング――顧客の無意識を解き明かす』（藤川佳則・阿久津聡訳、ダイヤモンド社、２００５年）において「嗅覚や他の知覚キューは、感情をつかさどる脳の辺縁系を活発化し、鮮明な記憶を呼び起こす」と説明している。つまり、特定の香りの記憶が個人の脳に刻まれると、それを連想させる視覚的な何かを見ただけで過去の記憶が呼び覚まされ、その香りを「追体験」できるようになる。ザルトマンによれば、「TV広告の中で、だれかが淹れたてのコーヒーの匂いを嗅いでいる姿を見せることによって、視聴者に同じような感覚を喚起することができる」という（「ミラーニューロン」による刺激で脳がこうした反応を起こすメカニズムについては第9章で詳しく説明する）。

ザルトマンは、香りを使ってマーケティングを強化する方法をいくつか提案している。その1つは、香りを見覚えのあるブランドを思い出させる「記憶マーカー」として利用することだ。

なかには、消費者の情報処理プロセスに直接影響を及ぼすことのできる香りもある。たとえば、レモンには集中力を増す効果がある。ザルトマンによれば、この種の香りは新しい製品を市場に導入する際に役立つだろうという。今やEEGを使えば、どの香りがどんな環境で一番役に立つか、いくらでも検証できる時代になった。

ブランドの香りマーケティング

香りを使った高度なマーケティングを最初に展開したのは各種のブランドだろう。たとえば、スターバックスの店内の香りは目を閉じていても間違えようがない。また、アパレルブランド「トミーバハマ」の店舗にはサンタンローション風のココナッツの香りが漂っていて、レジにたどり着く前にすでに常夏のビーチにいるような気分になる。ジョンソン・エンド・ジョンソンの微香性のベビーパウダーに強力な癒やし効果があることは誰もが認めるだろうし、人気の洗剤ブランド「ゲイン」の香りが好きだというファンも少なくない。

問題は、あなたのブランドを連想させるような独特な香りがあるかどうかだ。脳の深層にまで刻み込まれた香りのトリガーで、顧客があなたの製品を知らず知らずのうちに楽しさや喜びの記憶と結びつけるようになれば、ブランドマーケティングとしては上々と言えるだろう。

製品の香りマーケティング

地元スーパーのローストチキンコーナーのそばをうろついていたら、祖母がいつも作ってくれたチキンとポテトのグリルにそっくりの懐かしいにおいに誘われて、つい財布のひもを緩めてしまった——似たような経験は誰にでもあるはずだ。

スーパーがコーヒーの最新ブレンドの香りを誇示するかのように、コーヒー売場の目立つ場所に豆を挽くグラインダーを設置しているのは偶然ではない。カフェやビストロや大型スーパーでアップルスパイスケーキのシナモンの香りが漂っていたら、思わず注文してしまう人もいるだろう。海外で泊まったホテルのベッドシーツが洗濯後のすがすがしいにおいをさせていたら、自宅のベッドに潜り込むような気分になって旅の疲れも吹き飛ぶのではないだろうか。

こうした例を挙げるまでもなく、成功するためには、常に商品の香りをマーケティング戦略の一部とすべきなのだ。たとえば、ある食品分野で最高の味覚を提供していたとしても、パッケージで失敗してまがいものかビニールのようなにおいをさせたりすれば、市場で受け入れられることはまずないだろう。

ちなみに、女性は男性より嗅覚が優れており、香りについて的確な感想を述べるのが得意だ。一方、男性は愛する人の香りにはとりわけ敏感に反応する。

店舗環境の香りマーケティング

たとえば、私たちはレモンのさわやかな香りがシーフードレストランの売り上げを伸ばすことを知っている。乳製品が置かれた通路の周辺にかすかな牧草のにおいをさせておくと、消費者は何の不安もなく過ごした幼少期を思い出し、潜在意識で産地の牧場ののどかな風景を思い描くかもしれない。高級車や旅行かばんを売る店では、上質の本革の香りが高級感たっぷりに消費者を誘い、ぜいたくでリラックスできて充実した体験を期待させる。アパレルショップでも、さわやかな潮風の香りや、バラやスミレをミックスしたロマンチックな香りで店内を満たせば、嗅覚が呼び起こす記憶と買い物をする行為が結びついて、それ自体が忘れがたい体験となる。また不動産業者は、焼き立てのクッキーの香りには、消費者に家の資産価値よりも愛着を感じられるかどうかを重視させる効果があることを知っている。

プルーストのマドレーヌ

嗅覚と味覚による記憶のフラッシュバックで最も引用されることが多いのは、フランスの作家マルセル・プルーストが『失われた時を求めて』に記した有名なエピソードだろう。自伝的要素の強いこの小説で、幼少期に口にしたマドレーヌの味と香りをきっかけに過去の記憶が鮮明によみがえり、プルーストは文学的使命に目覚めることになる。

「……とまさに、お菓子のかけらのまじったひと口の紅茶が口蓋に触れた瞬間、私のなかで尋常でないことが起こっていることに気がつき、私は思わず身震いをした。……そのとき突然、思い出が姿を現した。これは日曜の朝、コンブレーで……、レオニ叔母の部屋へおはようを言いに行ったときに、叔母がいつも飲んでいる紅茶か菩提樹《ティユール》のハーブティーに浸して私に差し出してくれたマドレーヌの味だった。見ているだけで味わうことがなければ、プチット・マドレーヌは私に何も思い出させることはなかった。」（『失われた時を求めて』第一篇「スワン家のほうへI」、光文社、高遠弘美訳）

味覚

ヒトが生まれて最初に味を知るのは、ほとんどの場合、母乳である。その体験から私たちには甘くて温かい食べ物を好む性質が植え付けられる。理想的な温度で提供される母乳は愛情をはじめとする多くのスパイスで味付けされている。赤ん坊は安心感に包まれて優しく揺すられ、なでられ、笑いかけられ、優しくささやかれる。これから一生付き合っていかなければいけない感覚世界への洗礼としては、これ以上快適なデビューはあるまい。

地球上のすべての生物は摂食機能を備えており、ヒトの場合には口がその役割を果たす。それ以外にも、口には舌という粘膜でおおわれた厚くて平べったい筋肉の塊を格納するという重要な役割がある。

ヒトや一部の高等生物では、口はさらに高度の機能を担っている。それは私たちに交響曲に匹敵するほど複雑な味覚の世界を体験させることだ。高級ワインの最初のひと口に感じる驚き、最高級チョコレートをかんだ時のしびれるような快感、絶妙にスパイスがブレンドされたカレーを味わう時の顔がほころぶほどの悦楽。味覚にはまた、強い不快感によって口にしてはいけない食物への拒否反応を起こさせる強力な抑止作用もある。

味覚と嗅覚

味覚と嗅覚はそれぞれ独立した受容器を持つ別々の感覚だが、目的は共通しているのでしばしばタッグを組むことがある。たとえば、味覚は食べ物を構成する化学物質、嗅覚は空気中に漂う化学物質を感知するので、両者が協力し合うことで何千種類もの風味を識別することが可能になるのだ。

嗅覚を失うと統一感のある味覚体験（風味）が大幅に鈍化するが、これは味覚と嗅覚の密接な関係を考えれば不思議ではない。食べ物の風味を最大限引き出すには両者の連携プレーが不可欠だ。

舌にある味細胞が味覚情報を受け取ると、それを電気信号に変換して神経線維の末端に伝える。そこから脳神経、脳幹、視床を経由して大脳皮質の味覚野に送られ、そこで初めて「味」が意識的に感知される。

私たちは味より先に、においを感知する傾向がある。においを嗅いだだけで口内に唾液がたまるのもそのためで、先行するのは常に嗅覚の方だ。嗅覚情報はきわめて迅速に脳に伝達される。チェリーパイのにおいを感知するには、味覚が必要とする量の2万5000分の1の分子があれば十分だ。

欲望を刺激するもの

まず、アイスクリームには何の罪もない。悪いのは神経伝達物質である。ある種の食べ物はエンドルフィンの分泌を刺激する。これはモルヒネに似た作用を示す神経伝達物質で、気分を鎮めて快感をもたらすので「脳内麻薬」と呼ばれることがある。塩辛い食べ物や脂っこい食べ物、それに甘いお菓子類にもこの物質を分泌させる性質がある。

ご飯やパンなどの炭水化物を食べたくて仕方がなくなるのは、脳内のセロトニンのレベルが低下している時だ。この神経伝達物資には気分を落ち着かせる作用がある。炭水化物への激しい欲求には遺伝が関連している可能性もある。誕生後別々に暮らしていた一卵性双生児（同じ遺伝情報を持つ）は同じ欲求を持つのに、二卵性双生児の場合にはそうした傾向は見られないからだ。

味覚とマーケティング

味覚は五感の中でも、特にミラーニューロン（訳注：自分が行動する時と他者が行動するのを見る時の両方で活動電位を発生させる神経細胞）の影響を受けやすい。食欲をそそる製品を宣伝したい時には、必ずそれが誰かの口に入る場面を消費者に見せるようにすべきだ。これは消費者の欲求を刺激するだけでなく、購買行動を誘うための重要なステップとなる（これについては第9章の「サル真似」に関するエピソードで詳しく説明する）。

食べ物や飲み物を宣伝する際には、みずみずしいビジュアルを使って消費者を魅了した方がいい。「大きなグラスに泡立つビール」など、私たちは商品を描写するのに言葉に依存しすぎるケースが多いが、百聞は一見に如かずというように大抵は写真を1枚用意すれば事足りる。

聴覚

聴覚は生存に不可欠な感覚機能で、たとえば接近する自動車や消防車の音を感知して危険を知らせてくれたりする。だが、聴覚が私たちの生活で果たす重要な役割はそれだけにとどまらない。それは音とかかわりのある感情的で懐かしい過去の記憶を心の奥底から呼び覚ます。

たとえば、子守唄には実際に赤ん坊を寝付かせる効果があるし、さらに幼い赤ん坊は母親の腕に抱かれて心臓の鼓動や呼吸の音を聞くだけで安心する。成長してからも、聴覚は脳にとって素晴らしい体験を提供し続ける。恋人と一緒に聞く思い出の曲、誰の耳にも快く聞こえる子供のあどけない笑い声、窓際で聞こえる小鳥のさえずり、ロックの最高峰であるローリング・ストーンズのコンサートなど……。また私たちは結婚式、葬儀、卒業式といった伝統的習慣や一定の作法にのっとった行事では必ず音楽を流して、記憶にとどめようとする。

私たちが歌を歌う時、瞳孔は拡大し、エンドルフィンが分泌される。歌に癒やし効果があることは科学的にも検証されている。昏睡状態の患者も音楽に反応するし、死期が迫った患者も音楽を聞くと安らかな気持ちになる。

製品が出す音や売場環境で消費者の耳に入る「ノイズ」は、その製品の神経学的アイコンシグネチャー（NIS：Neurological Iconic Signature　製品の使用体験の中で最高に脳が反応するその製品の特徴）**を構成する重要な**

要素だ。脳が発泡性飲料の泡がはじける音やポテトチップがパリッと割れる音、あるいは誰かがコーヒーをする音を聞くと、「ミラーニューロン」が大あわてで反応し、「あれが欲しい！　あれ買って！」と騒ぎ出す。

最も楽しい体験をしている時に聞こえる音は、その体験を楽しむためにも、そしてそれを記憶するためにも重要な要素だ。アメリカのカジノで当たりが出てもコインが落ちる金属音がしないスロットマシンが導入された時、ギャンブルの醍醐味は半減したのではあるまいか。見物人にとってもその音を聞いて勝者の興奮を共有する楽しみがなくなってしまった。5セントのコインがアルミの受け皿にジャラジャラ落ちる不協和音に胸をわくわくさせるのと、稼いだ金額を入金するからカードを挿入しろと機械に無言で催促されるのと、あなたならどちらを選ぶだろうか。

皮膚感覚

ヒトには捕食活動に適した視力が備わっているが、これは比較的最近になって発達した感覚機能の1つだ。また、嗅覚はもっと原始的な感覚で、五感の中で一番直接的に感情とつながっている。一方、皮膚感覚はヒトの持つ感覚の中で最も古いだけでなく、最も緊急性が高く、私たちの生存や進化に最も不可欠だ。皮膚感覚以外の感覚にはいずれも対応する器官がある。嗅覚には鼻、視覚には目、味覚には口、聴覚には耳がある。だが、**皮膚感覚に対応する「器官」は体全体の皮膚表面だ。**

考えてみてほしい。皮膚感覚が快感をもたらさなければ配偶者や恋人との関係は長続きしないだろうし、子孫を残すことも難しくなる。幸運なことに進化のおかげで私たちはそんな悲劇を避けられた。胎児は聴覚を発達させて母体の心臓の鼓動を「聞く」前から、自分を温かく包み込む子宮の体温を感じることができるし、彼女の呼吸運動によって安心感を得る。穏やかな気分にさせてくれる密閉された揺りかごの中で、母親のゆったりした動作に揺られながら、胎児は眠ったり起きたりを繰り返す。

私たちの祖先のうち「触れ合い」を大事にした者たちは長く円満な夫婦関係を築き、より健康的な子供を産み、その子供たちも「触れ合い」の癒やす力を活用するように育てられた。セックスが皮膚感覚を通じて得られる最大の快楽であるのは決して偶然ではない。種の存続という生物の究極の目的が同時に最大の快楽を約束するとは、進化はなんと素晴らしいグランドデザインを用意してくれたのだろう！

ヒトは触れ合うことによる安心感を強く求める動物だ。その欲求のあまりの強さに、触れ合い体験が欠如した幼児の脳はしばしば機能の一部が損なわれてしまう。『「感覚」の博物誌』（岩崎徹・原田大介訳、河出書房新社、１９９６年）の著者でナチュラリストのダイアン・アッカーマンによれば、幼児が母親から短時間遠ざけられただけで「心拍数、体温、脳波パターン、睡眠パターン、免疫機能に変化が見られた」。母親の元に戻されると、幼児は心理的ストレスから解放されて正常に戻ったが、肉体的なダメージや病気に対する抵抗力の低下などの後遺症が見られたという。「この実験から得られた結論は、［母親との］肉体的接触の欠如は全身の健康を長期にわたって害する可能性があるということだ」とアッカーマンは書いている。

皮膚は最大の感覚器官

皮膚は私たちの体を外界から隔てる防壁として機能する。体に形を与え、侵入者から守り、暑い時は体を冷まし、寒い時は温める。ビタミンDを合成し、体液を保持し、傷ついた箇所を素早く元に戻す損傷修復機能を常時維持している。皮膚は人体で最大の器官であり、2・7キロから4・5キロほどの重量がある。皮膚は間違いなくヒトの性的衝動に重要な役割を果たしている。ヒトを含む霊長類には、視覚と皮膚感覚を組み合わせて3次元空間における物体の位置を的確に判断する能力が備わっている。皮膚感覚は視覚で「見た」物に実際に「触れる」ことで具体性を与えている。

私たちの指先や舌には背中より高い感受性がある。くすぐったがりの部分、かゆがりの部分、震えやすい部分、鳥肌が立ちやすい部分など場所によって様々な特徴がある。体の一番毛深い部分は皮膚に加わる圧力への感受性も一番高いが、それは毛根周辺に多くの感覚受容器があるためだ。毛でおおわれた部分は皮膚が一番薄い場所でもある。

人体の異なる部分では感覚受容器の数や分布の仕方が違うために接触感覚(触覚)や痛覚の鋭敏さも異なる。たとえば、唇には鋭敏な触覚があるが前腕にはない。痛覚ほど緊急性の高い反応を起こす感覚はなく、そのため皮膚感覚の受容器の多くは痛みを感じたり避けたりすることに特化し、個人の生存だけでなく種の存続にも重要な役割を果たしている。

皮膚感覚とマーケティング

人体で最も感覚が鋭敏なのは両手、唇、顔、首、舌、指先、それに両足(足首から先の部分)である。この知識をマーケティングでうまく利用するには、これらの部分に直接触れる機会のある製品に官能的で、快適で、癒やし効果があり、触り心地がよさそうな特性を持たせて、皮膚感覚を効果的に刺激するのがいいだろう。

この章の前半部分で触れたように、人体のあらゆる部分には感覚受容器が備わっているが、場所によって分布にばらつきがある。たとえば、舌は味を受容する味蕾《みらい》でおおわれているが、背中にある受容器の数はそれとは比較にならないほど少ない。指先でジャケットに触れればそれがどんな素材でできているか、ボタンはどんな形をしているか、着た時にどれくらい暖かいかまで一瞬で判断できる。その一方で尻には今座っている椅子がどれだけ固いかをざっくりと感知できるくらいの感覚しかない。大脳皮質の体性感覚野の地図で指先が胴体より100倍もの面積を占めているのはそのためだ。

製品やサービスを脳に売り込みたいなら、感覚に訴える力がどれだけあるか真剣に検討する必要がある。触覚への依存度が高い製品やサービスなら、指先を使って楽しめる要素をふんだんに盛り込む必要があるし、唇で体験する部分を強化するのもいいかもしれない。

この章では、人体の五感に含まれるそれぞれの感覚をどう活用すれば「買いたくなる脳」を魅了できるかについて学んできた。内容を簡単におさらいしておこう。

●視覚は五感で最も重要な感覚であり、脳は視覚的な刺激と一致しない情報は割り引いて考える。
●嗅覚は感情と脳内の記憶に直結する最短ルートを提供する。製品とそれに特有の快いにおいを結びつけさせることができれば、市場で成功する確率は大幅に高まる。

●聴覚は本人に関心のある音にだけ同調し、集中する。集中力を乱したり不快にさせたりするノイズ（とそれに関連づけられた広告）は脳にあっさりと無視されてしまう可能性が大きい。

●味覚は脳にとって最大の快楽の一つを提供し、嗅覚と密接に連携している。特定の製品の味はその製品の持つ「神経学的アイコンシグネチャー（NIS）」の影響を受ける。

●皮膚感覚は五感の中で最も古い感覚だ。ヒトは官能的な生き物で、触れられることに快感を覚える。消費者が直に触れて使うタイプの製品やサービスは、顧客に対して最大限刺激的で魅力的な触覚体験を提供する必要がある。

●複数の感覚を同時に刺激してそれらを統合したりシナジー効果を生んだりできれば、より豊かな体験を通じて消費者に強力に働きかけることが可能になる。

●人体の動きを広告に取り入れるのもいいかもしれない。脳は最も楽しい感覚体験や運動体験を想像したり、見たりするのが好きだからだ。

第6章

高齢脳が買い物をする時

この章で学べること

年齢は「買いたくなる脳」の配線にどんな影響を与えるか。
60歳以上の消費者に最も効果的なマーケティング戦略。
ベビーブーマー世代の高齢化によって市場がどう変化し、それに合わせてマーケティング戦略をどう見直す必要があるか。
これまで世間一般の通念とされてきた知識を捨て、60歳以上の脳に関する新たな知識をどう活用すべきか。

年齢や性別は、脳の配線に直接影響を与える。特定の個人がどう考え、どう感じるかは、その人の生い立ち、教育、文化、体験に影響されるが、これらの個人的特性はすべて後天的なものだ。一方、年齢と性別はそうではない。これらは「買いたくなる脳」の行動に大きな影響をもたらすので、詳しく見ておく必要がある。この章ではまず「高齢脳」（本書では60歳以上と定義する）を取り上げることにしたい。「女

性脳」に関しては第7章で詳しく触れる。

過去1世紀の間に、医療の発展、栄養状態や衛生環境の改善によってヒトの生活はすっかり様変わりした。**それまで人類の大半は、高齢化する前に死ぬのが当たり前だった。**私たちの社会は、いまだに人口の急激な増加や高齢化にどう対処すべきかを「学習」している最中だ。とりわけ脳機能の研究は主に疾患や機能障害に集中し、健康的な脳が自然に老化した場合に起きる変化についてはなかなか研究が進まなかった。

しかしこの10年ほどで状況は一変した。神経科学の研究者たちは、異なる年齢層の正常な脳が各種の多様な刺激（マーケティングによるものも含む）にどう反応するか、リアルタイムイメージングによる画像解析を行うようになった。加齢による変化がどういうもので、その知識を使って製品や広告に対する高齢脳の反応をどうテストするか——そこまでわかれば、熟年世代に関する時代遅れの考え方にしがみついている競合他社の一歩も二歩も先に行けるはずだ。この章では、そこに到達するために必要な知識を紹介し、詳しい実践方法については第Ⅱ部で説明する。

ヒトの脳は違う年代に達するたびに、ある意味で根本的に違った脳に変化していく。そして、ある特定の個人がどこでどんな広告にどういう理由で注目するかは、その人物が誰で、人生で今どんなステージに立っているかによって確実に影響されている。

産まれてから最初の2、3年間で、脳は世界とのかかわり方そのものが根本から覆されるような変化を何度も経験する。

11歳から14歳までの間に、脳はさらに大きく成長し発達する。これらの変化は次第に脳に定着し、細部において改良を繰り返していくが、18歳になる頃までには脳は安定期に入り始め、自分の個人的アイデンティティが確立される。そして、その後数十年は比較的安定した状態が続く。アメリカでは18歳を法的な成人年齢とすることによってこの変化を社会的に認知している。つまり10代の若者たちが突拍子もない行動に出るのは、まさに彼らが10代の若者であり、脳が活発な発達過程にあるからにすぎない。彼らの行動がしばしば先見の明をまったく欠いているのも、まさしくそこに原因がある。

20代前半から60歳くらいまでの期間、脳は、最初はゆっくりと、後になるとより急速に変化し続ける。この間、正常に機能している男女のそれぞれの脳には、性差を別とすれば、大した違いは見られない。つまり、本当に重要なのは60歳でいきなり脳がどう変化するかではなく、22歳で最盛期を迎えた脳がその後時間をかけてどれだけ変化していくかだ。

マーケターはこの違いをしっかりと認識しておく必要がある。私たちは60歳で魔法のように別の人格に変わってしまうわけではない。私たちの脳は時間をかけて変化する。変化は時に急激に生じる（たとえば出産や月経閉止によって）こともあれば、もっとゆっくりとしたペースで起きることもある。いずれにせよ、60歳を超える年齢になる頃には脳内にはかなりの変化が蓄積されていることになる。成人の消費者に向けた広告を作成する際には、この変化のプロセスを念頭に置く必要がある。彼らの個人的アイデンティティはすでに確立しているが、脳はいまだに変化し発達し続けている。そのために情報処理プロセス自体もかなり変わってしまった可能性がある。この点については以下に詳しく説明しよう。

60歳を過ぎると、それまで脳に少しずつ生じてきた変化は一見して明らかになる。アメリカでベビーブーマー世代の巨大な人口集団が50代や60代を迎えたことは、マーケターにとって市場で地殻変動が起きていることを意味する。この史上最大の世代集団は、人口ピラミッドで「大蛇に呑み込まれたブタ」のように膨れ上がったコブを形成し、高齢化とともにそのコブが人口ピラミッド図内をスライドしてきた。**現在46歳から64歳の間の年齢層に属する4400万人のベビーブーマーすべてが、近い将来（すでにそうしていなければの話だが）、その成熟した脳を使って、あなたのブランド、製品、パッケージ、広告、そして売場環境に対する評価を下すことになる。**

ベビーブーマーはアメリカ社会のあらゆる側面で革命的変化の担い手となってきたが、今後は高齢化のプロセスに関しても同様の影響力を行使するだろう。つまり、オーバー60へのマーケティング戦略も、この革命的変化に乗り遅れないようにする必要があるということだ。ベビーブーマーが赤ん坊だった頃、スポック博士の育児法というものが大流行し、育児に対する社会的関心が高まるきっかけとなった。その後、彼らの世代からは土曜朝のアニメ番組、フラフープ、ロックンロール、ウッドストック、反戦デモ、ヤッピーなど様々な流行や社会現象が生まれた。現在では、子供が巣立った後の家に2人だけで生活する老夫婦や第一線を退いた退職者の巨大集団として市場に新たなインパクトを与えようとしている。

ある調査によれば、これらの新しい熟年消費者は従来の高齢者とは違った購買パターンを示しているという。たとえば、祖父母が親以上に子供用おもちゃに多くの金を使うケースは珍しくない。オーバー60の消費者を対象に玩具のマーケティングを展開するなどという発想は、高齢脳の優先事項を熟知しているマーケター以外にはできない芸当だ。

同じ熟年世代でも、新しい60代は古い60代と随分毛色が違う。かつては、65歳で定年を迎える（ちなみにこれは平均寿命が62歳だった時代に決められた制度だ）と、ロッキングチェアに揺られて数年過ごした後でぽっくり逝くというのがお定まりのパターンだった。ところが今や健康意識の高まりやベビーブーマーの圧倒的な人数と行動力のおかげで、「オーバー60の常識」そのものが書き換えられてしまった。

忘れてならないのは、ベビーブーマーは歴史上最も裕福な世代集団でもあるという事実だ。彼らの3分の2以上は少なくともある程度自由に使える収入があり、2009年の平均可処分所得は2万9754ドルでどの世代よりも高かった。つまり、ベビーブーマー全員で合計10兆ドル以上もの可処分所得があったということになる。またベビーブーマーは米国内の全金融資産の77％を管理し、クレジットカードの約半数を利用している。また1人当たりの自由裁量支出の金額は全国平均の約2・5倍に上る。要するに、売りたい製品やサービスがあるのにまだ高齢脳へのマーケティングを展開していないなら、今すぐ始めた方がよさそうだ。

高齢脳の注意を引く

神経科学者たちを数十年にわたり悩ませてきたある問題が、ついに解き明かされようとしている。それはどうして私たちの記憶力は加齢とともに衰退するのかという疑問だ。長年、脳の長期記憶に情報を保存する能力が年齢とともに劣化するからだという単純な説明が仮説として受け入れられてきた。しかし2005年、カリフォルニア大学サンフランシスコ校の脳イメージングセンター所長で、ニューロフォーカス社の研究顧問でもあるアダム・ガッザレイ博士が、ある画期的研究で新説を展開した。人間の記憶力は注意散漫になるのを抑制する能力に影響されるが、加齢とともに衰える様々な能力の中にこの能力も含まれていた。つまりオーバー60の人々は必ずしも「忘れっぽく」なるのではなく、注意力を散漫にする要素をはねのける力が衰えるというのだ。

この新発見はマーケターにとって重要な意味を持つだけでなく、大きな機会を提供している。**高齢の消費者とコミュニケーションを取る際には、注意散漫になるような要素をなるべく排除する必要があるということだ。**メッセージは単刀直入で理解しやすいものに、文章（コピー）や画像もクラッター化していないクリーンな印象のものを用意するのがいい。広告の周辺には空白のスペースを用いて「ゆとり」を持たせ、音声を追加したり、複数の画面を表示したり、クイックタイム動画を流したりする誘惑に負けてはならない。これらの要素はベビーブーマーたちを注意散漫にするだけでなく、肝心の内容が高齢脳の「入口」で拒絶されてしまうことにすらなりかねない。ティーンエージャーなら複数の画面やスピーディーな展開に興味をそそられるかもしれないが、お祖父ちゃん、お祖母ちゃんたちは目をうつろにさせるだけだ。

高齢脳に関する新事実

私たちは誰でも、年を取ることについて何らかの固定観念を抱いており、それは人間らしさの証明でもある。しかし、最近までそうした固定観念を否定する科学的根拠はなかった。この状況を激変させたのが神経科学だ。神経科学は消費行動のあらゆる側面について新事実を明らかにしてきたが、今また、加齢とともに脳に起きる変化の謎を解明しようとしている。今や、私たちは高齢者の脳が刺激にどう反応するかを計測することさえ可能になった。もはや、祖父母の世代が抱いていたような陳腐化した考えに依存する必要はない（あるいは、祖父母はこう考えていたはずだとあやふやな記憶に基づいて思い込んでいただけかもしれない。そんな危うい仮定に基づいてブランドや製品やパッケージや広告や売場環境に関する企画を立てることがいかに危険な行為か指摘するまでもないだろう）。

開発途上の分野とはいえ（まだわかっていないことも多い）、毎日のように新たな知識が追加されており、これまでに明らかになった新事実だけを見ても次の点は明白だ。それは、高齢者の脳は若い脳と比べて明らかな長所を持っているが、同時にいくつかの短所もあるということ。たとえば、65歳以上のアメリカ人の13％はアルツハイマー病にかかるという恐ろしい事実がある。その一方で、健康的な成人の脳が年を重ねることは想像されていたほど悪いことばかりではないこともわかってきた。

年を取ってからの方が幸せ

高齢化とともに生じる明らかな認識力の低下や病理学的な衰えにもかかわらず、正常で健康的な高齢者には若者とはまったく違う方法で自分の感情をコントロールするスキルがある――最近になって、この説を科学的に裏付けるデータがそろいつつある。高齢者には、否定的な感情を経験する頻度が少ないだけでなく、実際に否定的な感情が不可避な場合でもそれをうまくコントロールする能力があるというのだ。同様に重要なのは、**高齢者の脳には感情の微妙なニュアンスを感じ取ってバランスを取る複雑な**

調整機能があり、彼らはそれを活用して素早く逆境から立ち直ろうとすることだ。実際に、熟年世代は感情的な均衡を保つことを重視し、それが彼らの情報処理プロセスにも影響を与えている。

高齢脳の最大の利点には、機能再構築の能力、強化された補償戦略、効果的な介入ツールなどが挙げられる。パトリシア・A・ロイター＝ロレンツとシンディ・ラスティズによれば、高齢脳ではこれらの要素が結合して「若い脳より楽観的な感情バイアス」をもたらしているという。別の言い方をすれば、「賢さ、分別」とか「EQ（こころの知能指数）」などと呼ばれる概念を神経学的にかつ経験的に検証することが可能になるかもしれない。

人生経験が豊富な高齢者にとって、挫折は世界の終わりを意味しない。特に大きな挫折に直面すると、彼らは自分の感情をうまくコントロールして適応するすべを身に付けている。そうして一度危機を乗り越えると、次回はそんなに怖くなくなるものだ。

ここで重要なのは、高齢脳に対してマーケティングを行う際には「楽観的要素を強調する」ことが適切なだけでなく効果的であるということだ。熟年世代の共感を得るには、希望のなさや見通しの暗さに言及するのは賢いやり方とはいえない。もちろん、短い老後に暗たんたる結末が待っているなどとにおわせるのはもってのほかだ。それよりも、年配の消費者が身に付けたウィットや知恵にうまく乗っかれるようなアプローチが必要だ。まず、彼らの目線で世の中を見て、明るい面に注目してみよう。

若者の扁桃体（脳において恐怖、怒り、幸福感などの原始的な感情をつかさどる領域）は、ポジティブな刺激とネガティブな刺激のいずれを受けても活性化することが複数の研究で明らかになっている。だが同じ研究によって、**高齢者の扁桃体はポジティブなイメージを見た場合にしか活性化しない**ことも確認されている。つまり、彼らは長年の経験から、少なくとも自分に直接影響が及ばない限り、ネガティブな情報には目をつぶることを学んだわけだ。

別の見方をすれば、若い脳は未来の不確実性にどう対処すべきかわからず、なんとか将来を予測して備えを固めようとする。ネガティブな情報にしがみつき、その意味を何度も繰り返し検討するのはそのためだ。

一方、高齢脳は長い人生経験において多くのポジティブな（あるいは、少なくとも大惨事には至らなかった）体験を積み重ねており、そこから得た教訓を生かすことができる。彼らはもはや人生のネガティブな面にとらわれる必要はないし、どちらかというと否定的な側面から「顔をそむける」傾向があるかもしれない。つまり、高齢者の脳には情報をポジティブに偏向させる傾向があり、それを長年の経験で培った生活技能として発展させてきたということだ。これは年輪を経た脳だからこそ到達できる境地で、決して現実逃避のナイーブな視点ではない。

高齢化とともに「ポジティブ偏向」が現れるもうひとつの理由は、高齢者が若い人たちより自分の感情を大切にしたいと考えているせいかもしれない。高齢者には人生に意味を見いだそうという強いモチベーションが働いている。その実現のために、彼らは自分を心地よい気分にさせてくれたり、自己評価を高めたりしてくれるようなアイデアや行動や仲間を重視するようになるのだ。

そこで、熟年世代に対して何らかのメッセージを示したい場合にはポジティブな表現を心がけると同時に、それが間違いなく彼ら自身にポジティブな形ではね返ってくる内容にする必要がある。高齢者には、自分や自分がこれまでに成し遂げてきたことを肯定してほしいという願望がある。そこで、彼ら自身や彼らが築いてきた肯定的な自己像をポジティブな形で再確認できる内容の広告にすれば、必ず関心を向けてくれるはずだ。

一方、ポジティブ偏向とは正反対に、高齢脳には前述したようにネガティブな側面から目をそらすという興味深い傾向がある。これはある種の情報が「優遇措置」を受ける現象で、複数の論文でテーマとして取り上げられている（詳細は巻末の「情報ソースと参考文献」を参照）。**高齢者の脳は警告ラベルや広告などからネガティブなメッセージを示されると、時間の経過とともに否定的内容（「しては駄目」）を「削除」して肯定的内容（「やってよし」）に置き換えてしまうケースがある。**つまり「ジュースと一緒に服用しないでください」という注意書きを何度か繰り返し目にしているうちに、それが「ジュースと一緒に服用してください」として記憶される可能性があるというわけだ。本人が注意書きをかなり注意深く読んでいる場合でも、こうした現象は起きるという。

こうした情報が介護士のような立場の人にしか役に立たないと思ったら大間違いだ。たとえば、安定した老後を送りたい高齢者が「ＩＲＡ（個人退職年金プラン）を忘れないで」というメッセージを反対の意味に取ってしまったら大変なことになる。また、もっと日常的なケースでは、牛乳を「買ってくるのを忘れないで」が「買ってこないで」に置き換えられて奥方にこっぴどくしかられるご老人もいるかもしれない。

幸運なことに、この厄介な現象には簡単な解決方法がある。高齢脳を対象とする場合には、ネガティブな表現ではなく、ポジティブな表現を心がければいい。たとえば前述のようなケースで、ミルクやIRAのことを記憶してほしい場合には「ミルクを忘れないで」「IRAを忘れないで」ではなく「ミルクを覚えておいて」「IRAを覚えておいて」と言えばいいのだ。この知識は、高齢者向けのブランドの広告にも応用可能だ。

ネガティブな感情からの回復力

年輪を重ねた脳を持つもうひとつの利点はその回復力にある。高齢脳の持ち主は、すでに酸いも甘いもかみ分けた年代に達しているはずだ。もちろん、その人物が常に逆境をはね返してきたとは限らない。20代の頃、「自分は上司に気に入られているだろうか?」「会議でもっと発言して積極性を示すべきではなかったか?」などと、仕事の悩みで夜も眠れぬ日々を過ごしたこともあるだろう。今から振り返れば、いずれも取るに足らない悩みだったと思うに違いない。高齢者の強みは「小さなことにくよくよしない」知恵を身に付けていることだ。悟りの境地に達しているほどの人なら、「大抵のことは小さなことだ」と言うかもしれない。

熟年世代を対象としたマーケティングでは、「小さなことにくよくよするな」を基本コンセプトにメッセージを作成すれば大抵うまくいくはずだ。製品やサービスについていちいち細かく説明しなくても受け入れてくれる可能性が高いからだ。彼らはとっくの昔に自分の行動を正当化する必要性を感じなくなっている。だから情報を提示する際にも詳細にこだわらず、一般的でポジティブな表現を使うといい。また、小さいことにこだわらない高齢脳は「今買わないと損しますよ」といった脅迫じみたセールストークには乗ってこないか、まったく気にもとめないかのどちらかだということも覚えておこう。

持続する注意力

高齢者の脳は記憶力で劣る面があるかもしれない。たとえば、喉元まで出かかった名前や言葉が思い出せないという「ＴＯＴ現象（tip of the tongue）」などもその１例だが、そうした欠点を補って余りある長所も備えている。

複数の研究によれば、高齢者の脳は若い人の脳より注意力が持続するため、特定の状況や広告や会話の内容からより多くの情報を吸収できる可能性があるという。別の言い方をすれば、辛抱強いということだ。注意力が持続するため、彼らは広告の微妙なニュアンスに気付いて、その意味について考える時間を割いてくれる。ここで重要な役割を演じるのが熟年世代の「知恵」だ。彼らは特定の状況ややり取りをより大きなコンテキスト（前後の文脈や状況・背景）の中で理解することに長けている。そのコンテキストを長い人生で培った知識や体験と結びつけることで、状況を解読してその重要性を判断する能力を身に付けているのだ。

一方、高齢脳の弱点としては、一連のやり取りで受け取った情報の詳細を思い出せない（ＴＯＴ現象）ということがあるかもしれない。たとえば、広告がどういうコンテキストで展開され、それが全体的に何を意味するかは理解できても、広告の登場人物がメアリーだったかテリーだったかは思い出せないというようなケースだ。

こういう時、高齢者はしばしば脳が衰えたと誤解して悩むのだが、それは思い違いにすぎない。実際には、彼らは注意力を持続させ、人生経験をフルに生かして状況をより大きなコンテキストで理解しようとしているにすぎない。だから、なくしたと思った家の鍵が冷蔵庫のフリーザーの中で見つかるといった体験が増えたからといって気に病む必要はない。その見返りとして、日常的なやり取りをより大きなコンテキストで理解するという素晴らしい能力を手に入れたのだから。

熟年世代を対象としたキャンペーンや広告を作成する際には、注意力が持続するという彼らの脳の特性がカギとなる可能性が大きい。若い層と違って、高齢者の注意を引くには短時間でめまぐるしく変化するコンテンツは必要ない。彼らにはたったの1行の見出しよりも深い内容を知りたいと望むだけの精神的余裕があるし、広告に自分たちの認知能力や人生経験を尊重してくれる内容があると知れば、それを記憶してより大きなコンテキストで理解しようとするはずだ。

TOT現象への対処

前述したように、高齢者にとって一番悩ましい脳の変化は、喉元まで出かかった名前や言葉が思い出せないというTOT現象だ。ほとんどの人は、自分にもそういう経験があるか、そうなった人を知っているはずだ。たとえば、素晴らしい映画を見たばかりなのに、内容は思い出せても主演男優の名前を思い出せないという経験はないだろうか。「トム? マイク? ブラッド?」。イライラしたあなたはどもりつつ記憶を探るが、結局恥ずかしそうに話題を変えるしかない。この決して珍しくない現象に関しては、次の4点を指摘しておきたい。

1 この悩みを抱えているのはあなた一人ではない。
2 これはまったく正常な現象である。
3 その見返りとして、あなたは持続する注意力とよりポジティブな生活態度を身に付けた。
4 解決方法はある。

製品やブランドを記憶するには、記憶のトリガーとなるような何かと結びつけるといい。もしあなたが映画の主演俳優がブラッド・ピットだったことを忘れないようにしたいなら、頭の中でその映画とサクランボを結びつけるのもひとつの手だ。サクランボ（cherry）→サクランボの種（cherry pit）という連想から、次はもっと楽に思い出せるだろう。それと同じ方法が、企業のコンセプトや主張を簡潔に示すタグラインにも使える。コカ・コーラのロゴの横に「it's the real thing（これこそ本物）」と書かれているのを見た消費者は、後で「本物」→コカ・コーラと連想するようになる。米保険大手オールステートの「You are in good hands（安心しておまかせください）」も同様に、「安心してまかせる」→オールステートと覚えてもらうためのコピーだし、マクドナルドの「i'm lovin' it（それがたまらなく好き）」も「それ」→マクドナルドの製品と消費者の記憶に刻みつけたはずだ。

繰り返し伝えれば……それは事実になる

高齢化した脳が記憶関連で抱えるもうひとつの欠陥は、過去に接した情報が真実であると信じ込む傾向があることだ。脳は既知の情報に接すると「これは以前に聞いたことがあるから、きっと本当だろう」と判断してしまう。だが、高齢者の脳が事実でないことを事実だと繰り返し判断すれば、明らかな落とし穴が待っている。それがきっかけで、単なる噂が事実として伝えられることもあるだろう。

興味深いことに、高齢者に「それは事実と違うからだまされるな」と何度も警告すると逆効果になる場合があるという。嘘のバージョンを何度も聞かされているうちに、頭の中で「事実」のファイルに仕分けされてしまうからだ。デービッド・リチャードソンは、事実誤認を指摘することが、反対にそれに「お墨付き」を与えてしまう危険性について指摘している。より効果的な戦略は、記憶してほしい内容をなるべくシンプルに表現し、テレビ、ラジオ、新聞や雑誌、バナー広告といった様々な媒体で何度も繰り返し見せることだ。前述したように、高齢脳にとって大事なのは露出頻度なのだから。

「繰り返し伝えれば、それは事実になる」というパラダイムは、消費者に一貫性のあるストーリーを提示したいブランドにとっては高い利用価値がある。ストーリーが繰り返されると、高齢者の脳はそれを事実と受け止める傾向がある。だから同じストーリーを何度も流し続け、熟年消費者が気分よくなれるような広告でそれを補強し、ポジティブな物の見方で彼らの脳をあなたのブランドの味方につけてしまおう。

ベビーブーマーの果てしないパワー

この章の冒頭でも触れたように、高齢者に対して効果的にマーケティングを展開するには、脳の加齢に伴う自然な変化について知るだけでは不十分だ。全体像を理解するには、ベビーブーマーの購買力に秘められた圧倒的な潜在能力についてもっと学ぶ必要がある。彼らは市場に対する考え方を根本から変えてしまうような巨大集団だ。最大の課題は、彼らに対するマーケティングの効果をいかに最大化するかである。

そのためには、以下のステップが有効だろう。まず、神経学的調査を使って、広告がターゲットに最適化されているかどうか確認する。そして、ベビーブーマーたちの高齢脳が実際に自社製品にどう反応するかを調べる。その結果から、ブランドを消費者にとって信頼できるアドバイザーや親友に匹敵する存在にするにはどうすべきか、また消費者の店内体験をポジティブで自己評価を高められる内容のものにするにはどうしたらいいか突き止める。ブランド・エッセンス・フレームワーク（第12章参照）を使った調査を行うことで、潜在意識のレベルでブランドが高齢脳にどう感知されているかを見極める。総合的消費者体験（第13章参照）調査を使って、自社製品が高齢者の脳に呼び覚ます神経学的アイコンシグネチャー（第13章参照）が何かを確認する。さらに、高齢者の脳に神経学的調査を行い、潜在意識の深いレベルで自社ブランドや製品のどんな具体的特性に反応しているかを確認する。ニューロマーケティングで実際に行われているこれらの調査方法については、第Ⅱ部で詳しく説明する。

高齢脳には、あなたからのメッセージをいつでも受け入れる用意がある。これまでとは違う独自の方法で呼びかけてもらうのを待ち望んでいるのだ。

第7章

女性脳が買い物をする時

この章で学べること

脳の性差はなぜ、どのようにして生じたのか。
女性の脳に刻み込まれた特有の好みに効果的に働きかけるにはどんな方法があるか。
女性の脳を特に引き付ける広告的要素にはどんなものがあるか。
女性の脳はどんなマーケティング手法に拒絶反応を示すか。

ヒトの脳に関して1つだけ断言できるのは、何らかの損傷や異常がない限り、ほとんどの脳はきわめて似通っているということだ。第4章で説明したように、すべての脳は同じ機能を備えている。どの脳も同じ情報処理速度を持ち、原始的な刺激に対してもハードウエアに刻み込まれた同じ反応を示すようにできている。ただし、重要な例外が2つある。第1に、前章で見たように、脳は加齢とともに変化する。第2に、女性の脳と男性の脳ではハードウエアの配線が異なっている。本章では、この第2の例外について詳細に見ていきたい。

女性脳について学ぶ

女性の脳の驚異的な複雑さに1章を丸ごと費やすのは、何もフェミニズム的な意図があってのことではない。女性を重点的に取り上げるのは、消費者としての購買力と影響力という点で無視できない存在だからだ。

現代はアメリカの歴史上初めて、女性のフルタイム労働者数が男性を上回った時代だ。ニューヨークタイムズ紙によれば、女性の労働人口がほぼ安定していたのに比べ、2009年の不況で失職した労働者の82%は不況業種の製造業や建設業の男性労働者だったことにその原因があるという。

加えて、今やアメリカの全世帯の3分の1では独身女性が世帯主を務めている。女性が家族で唯一の稼ぎ手で、製品購買の意思決定を下しているケースも少なくない。**世界の女性人口の収入総額は、中国とインドの合計GDP**（国内総生産）**よりも多いという2009年のある研究によれば、全**（次ページ図7・1参照）。女性の平均収入はいまだに男性の80%しかないことを考えると、これは驚異的な数字だ。

実のところ、今日の女性は「不況以前」の女性とはまったく違った存在であると言っていい。サブプライム問題に端を発する経済危機によって大打撃を受けたという点では、女性も男性と変わらない。だが後述するように、女性の脳は構造的に、より大きな不安をより長く抱えるようにできているため、女性の体、精神、仕事、家庭生活に有害な影響がもたらされた可能性がある。不況によって住む世界が一変した今、女性の生存戦略も、製品やサービスを探して選択する手段も、今後長期にわたって変化して

図7.1——女性の収入総額は中国＋インドの GDP（国内総生産）よりも多い

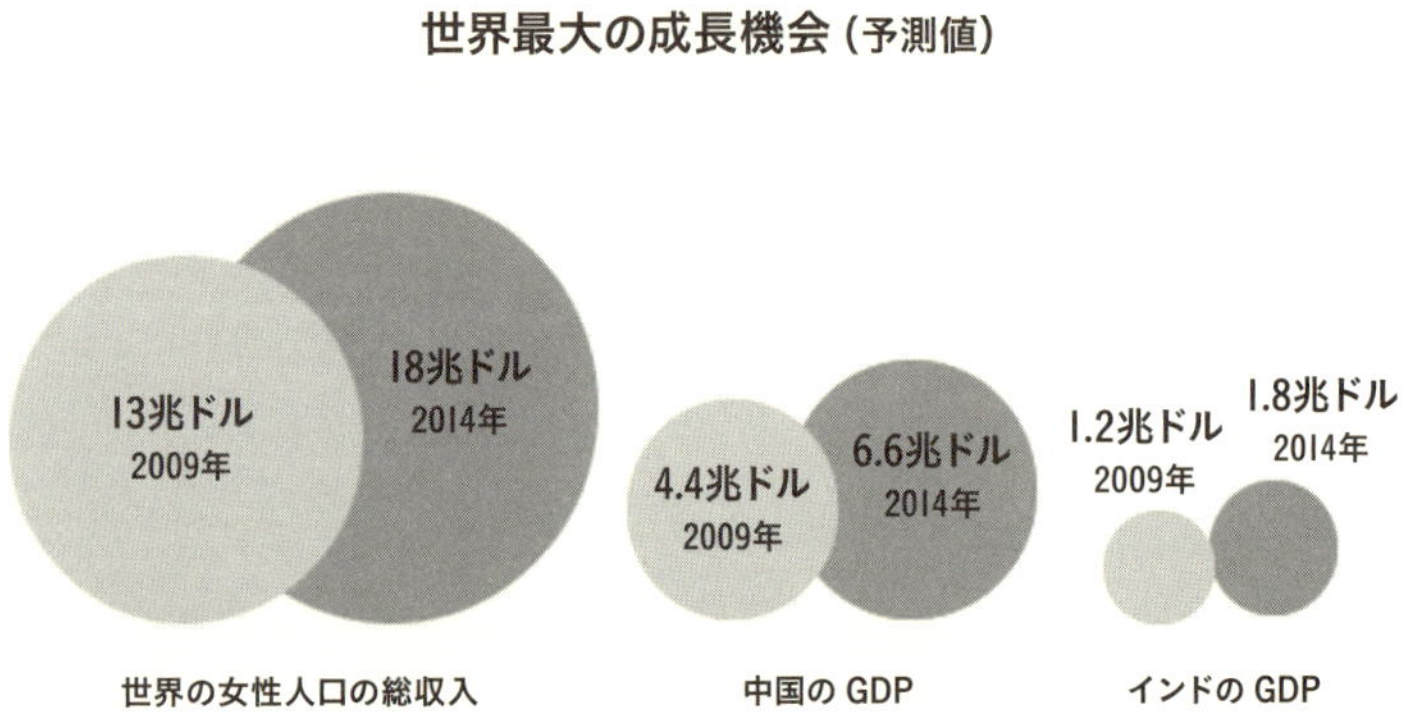

資料：*The Harvard Business Review*, September 2009

いくことになるだろう。

女性はアメリカ全体の可処分所得の80％以上を握っている。女性が購買の意思決定にかかわっているのは高額なところでは住宅や乗用車、生活必需品では電話や家電、日常的な商品では食料品から衣料品までと、きわめて多岐にわたっている。

ニューロフォーカス社では長年にわたり、考えられる限りのあらゆる消費財やサービスのカテゴリーにおいて、男女の脳が具体的な要素にどう反応するかを調べてきた。**私たちは文字通り何千回ものテストを行い、調査結果の90％で否定しようのない性差が表れていることを確認した。**

たとえば、保険カテゴリーにおける神経学的調査では、女性は保険会社が起用している広告のスポークスマンに男性より強く反応し、男性は保険料の金額に反応した。スナック菓子の軽いノリの広告では、男性はどたばた喜劇風のユーモアに反応したが、女性は無視していた。自動車のＣＭでは、男性は車の性能ばかり気にしていたが、女性は荷台スペースの大きさや安全性能に関心があるようだった。実際に調査を行ったアナリストたちは、しばらくたつと回答を聞いただけで被験者の性別を当てられるようになった。私たちは当然、そこから一歩進んで、「男性脳」と「女性脳」には好みの違いがあるのか、記憶の符号化の仕方は別々なのか、そして従来と違う方法で情報を保存しているのかといったテーマを追求するようになった。

ケーススタディ――化粧品コーナーでの対決

近年、小売店などが独自に展開するプライベートブランド（ＰＢ）の売り上げが好調だが、その背景には複数の要因がある。そこには、小売流通業者とメーカーの間の競争激化、製品の品質に大差がないかほぼ同等であるとの認識が消費者に広がっていること、そしてマクロ経済的状況によって消費者があらゆるカテゴリーで低価格商品へ流れていることなどが含まれる。いずれにせよ、ＰＢの地位は確実に向上しており、一部ではナショナルブランドと同等の評価を得ているケースさえある。

そのため、自社ＰＢ製品の刷新、品質改善、マーケティングを強力に推進しているあるグローバルな小売大手がニューロフォーカス社に協力を求めてきた時、私たちはそれをまったく意外とは思わなかった。この企業はある化粧品に対するてこ入れを計画中で、具体的には同社の乳液のブランドを強化したいと考えていた。

同社は、実に興味深い質問を私たちに呈示してきた。

●乳液のトップブランドと同社のPB製品の間で消費者がどういう視点で差異を知覚しているかを正確に知る方法はあるか。

●同社のパッケージは、製品の品質がトップブランドと同等であるという印象を与えているか。

●価格の最低ラインをどこまで下げれば、消費者の品質と効果に対する信頼性に悪影響が出始めるかを知ることは可能か。

女性へのインタビュー調査で得られた回答は、同社の製品開発とマーケティングの担当者を混乱に陥れた。とりわけ不可解だったのは価格に関する調査結果だ。設定価格をどこまで下げれば消費者が強い反応を示すか、明白な答えは得られなかった。

これらの質問への回答を得るために私たちが使ったツールについては第Ⅱ部で詳細に説明する予定だが、ここでも簡単に触れておこう。

まず、私たちは消費者が潜在意識レベルでPB製品とトップブランドをどう差別化しているかを探るために、総合的消費者体験（TCE：Total Consumer Experience）調査を2回にわたって実施した。そのうち1回は女性にPB製品を試してもらい、もう1回はトップブランドを使ってもらった。TCEでは消費者がそれぞれの製品を使用する全過程をいくつかのステップに分割して調査を行う。そのため、消費者が複数の感覚を通じて2つの製品をどう体験したか、秒単位で比較した結果を報告することが可能だ。

深層潜在意識反応（ＤＳＲ：Deep Subconscious Response）調査では、消費者が知覚した、それぞれの製品の具体的な特性の詳細なデータが得られた。ＴＣＥで行われたアイトラッキングとＥＥＧの結果をＤＳＲのデータと組み合わせることで、２つの製品の違いが明白に表れた数値が得られた。

さらに、私たちはＤＳＲを使って消費者の価格弾力性に対する考え方を確認した。その結果、クライアントは、消費者のＰＢ製品に対する信頼や購買意欲を低下させることなく柔軟に価格調整ができる上限値と下限値を正確に知ることができた。

クライアントは自社製品がどう知覚されているのか、すなわち実際の消費プロセスで神経学的に最も高い数値を計測した場面、被験者の潜在意識が反応を示したパッケージの具体的特性、そして消費者にとって理想的な価格範囲（スイートスポット）の正確な数値について、深い理解を得られた。それだけでなく、競合のトップブランドに関しても同じ情報を得た。

男女の被験者を対象に行ったＴＣＥで、反応に性差があることは大量の脳波データによって確認された。だが私たちは同時に、仮説の正当性を裏付けるために関連する医学文献を探す必要があった。すると意外なことに、女性の脳に関する研究は圧倒的に貧弱で、文献の数も限られていることが判明した。

実際のところ、米国では１９９５年に女性を臨床研究の対象に含める権利が法制化されるまで、女性を対象とした医学研究は全体の17％にすぎなかった。その理由は、女性の体の毎月のサイクルにあった。状態が頻繁に変化するので、基本数値を決めておくことが難しいのだ。その結果この分野に生じた大きな空白のおかげで、女性脳は今になって数多くの新しい研究テーマを生み、マーケティング技術の進歩に貢献するという意味でも有望視されている。

この分野は女性向けのブランド、製品、広告を展開したい企業にまったく新たな地平を開拓する機会を提供している。そうした企業は、この章と第Ⅱ部で紹介されている情報に触れることで、他社に先行することができるだろう。

さて、女性消費者の「買いたくなる脳」の世界にどっぷり浸かる前に、ひと言お断りしておきたいことがある。それは、ここで紹介している数値が平均的な男女の脳から取られているということだ。これらは決して絶対的なものではないし、すべての個人にそのまま当てはまるわけでもない。たとえば、一般論として男性は女性より身長が高いと言うことは可能だが、現実には標準的な男性より背の高い女性など珍しくない。それと同様に、すべての男性が典型的な男性脳を持っているとは限らないし、すべての女性が典型的な女性脳を持っているとも限らない。それでも、大半の男性は男性脳を持っている可能性が高いし、女性が女性脳を持っている確率は男性よりはるかに高い。この点を理解した上で、次に進むことにしよう。

女性脳の世界

数値の問題については理解していただいたと思うので、次は脳の性差について語ろう。進化の過程で生じた他のどんな変化にも言えることだが、ヒト（あるいは他のどんな生物でもいい）の脳の構造が変化した唯一の理由は、子孫を優位に立たせ、種の存続を確保するためだった。

それではヒトの脳にはどうして性差が生じたのか。その答えはいたって単純で、かつて男性と女性は異なる活動に従事していたからだ。原始時代に生きていたホモ・サピエンスの男女は、それぞれまったく異なる「選択圧」（訳注：進化の過程で生存率を左右する環境の圧力）にさらされていた（進化の初期段階における男女の日常については第3章を参照）。

たとえば、男性は道具や武器を発明し、作成し、実際に使用するために不可欠な能力——つまり体系的な思考能力や材料を加工して器具を作成する能力——を急速に発達させる必要があった。その一方で、男性にとって高度な共感能力は重要なスキルではなかった。

◎敵は感情を交えずにさっさと殺してしまうに限る。何があったのか相手とよく話し合って、落ち着かせようとするのは時間の無駄だ。

長時間にわたり単独で狩りに出る必要があった男性にとっては、緊密な社会的ネットワークを形成する能力も優先度が低かった。また、部族内の階層における地位が対立と戦闘によって決定されたこの時代には、男性は他の男性との友情をさほど重視しなかった。配偶者や所有物を守るために、生涯の友と誓った相手をいつ殺害する必要に迫られるかわからないからだ。**その代わりに、当時の男性が目指した最高の栄誉は「自立」することだった。**それは、他の男性たちになるべく依存せずに行動し、配偶者を見つけ、子をもうけ、狩りをし、生活することを意味した。

一方、同時代に生きた女性たちは、子育てを成功させるために役立つ高度な共感能力を身に付けた。

高度に共感的な脳は、まだ話せない幼児が何を必要としているか予測し理解することを可能にした。また、女性の脳は高度な社会適応力を発達させたが、そのおかげで思春期の女性が配偶者を見つけて新たな環境に移り住んでも、すぐに友人や味方を作れるようになった（当時の女性は種の存続を脅かす近親交配を避けるため、自分の部族を離れて配偶者を見つけた）。一度に多くの仕事を並行してこなすマルチタスク能力や発達した記憶力も、部族の新しいメンバーとして適応する役に立った。それらは、新しい部族で他の女性たちと折り合ったり、伝統的な儀式を行ったり、一番食料を見つけやすい場所を覚えたりするのに不可欠な能力だった。

前述したように、ヒトの脳は10万年前から大して変化していない。だが、社会とその中における女性の役割は劇的に変化した。それは、直近の1世代だけを見てもきわめて大きな変化だ。女性は選挙権や財産の所有権から生殖に関する自己決定権までを獲得し、今や就労人口で男性を上回る時代になった。進化の過程においてはまさに一瞬の間に、女性はこれまでとまったく異なる役割を演じるようになったのである。

その変化のあまりの速さに、女性脳は時に、21世紀という時代の要求と折り合いがつかなくなることがある。女性のための交流サイトがここまで盛り上がっているのは偶然ではない。女性にとって何より大切なのは、悩みを共有できる仲間がいることだ。だから自分たちだけの新しい仲間を作ったり、バーチャルな世界で「お隣の奥さん」と友達になったりしたいと考える。

あなたが自分のブランド、製品、そして企業に関心を持ってほしいと思うなら、どうしたら彼女たちのこの切迫したニーズに応えられるかを考えてみてはどうだろう。たとえば、ソーシャルメディアを通じて、同じ境遇にある他の女性たちと接触する機会を提供するというのも1つのやり方だ。原始時代だろうが現代だろうが、女性の脳は常に自分を理解してくれる仲間がいることで救われてきたのだ。**原始時代の女性にとって最悪のシナリオは仲間から村八分にされることだった。**そうなれば自分も子供も生き残ることは不可能だからだ。現代の女性の脳も当時と同様、どんな争いや不和も命にかかわる緊急事態として扱う傾向がある。その際、女性の体内では、逃げるか戦うかの判断にすぐ対応できるように、強力なストレスホルモンであるコルチゾールが大量に分泌される。

女性脳は、男性脳と比べて、コルチゾールの体内濃度をかなり長時間、高レベルに維持したままにしておける。男性脳と違い、血流内のコルチゾールは女性脳のパフォーマンスを低下させる（男性脳の場合にはパフォーマンスは向上する）。女性はストレス要因とその直後の出来事を男性よりも鮮明に記憶する。つまり、マーケティングで一度失敗したら、おそらく二度目はないということだ。

女性はネット上、職場、子供の遊び場などで、自分たちだけの仲間を作るのがとても上手だ。こうした身内同士の絆は一生続くことも珍しくない。

女性脳には、日常生活や人間関係でささいな問題に直面すると、いちいち世界の終わりでもあるかのように過剰反応する傾向があるが、これは意外でも何でもない。男性脳がそこまでのパニック状態に陥るのは、物理的な危険がすぐそこに迫っている場合だけだ。マーケターの立場からすると、女性が日常生活や人間関係で困った場合に、何らかの形でストレスを軽減してあげられるような工夫をすれば、女性脳はその行為に感謝して記憶にとどめ、報いてくれるはずだ。

女性脳の構造

すべての脳は、最初は女性脳としてスタートする。胎児の脳は女性型に初期設定されているのだ。受精後7週間を過ぎると、胎児の約半数は子宮内で大量のテストステロン(男性ホルモンの一種)にさらされる。その結果、脳内でコミュニケーションをつかさどる領域が一部活動停止し、性欲や攻撃性の領域が活性化して「男性脳」が誕生する。反対に、テストステロンが分泌されなければ、コミュニケーション中枢は成長を続け、左右の大脳半球の間には複雑な連絡経路が発達し、情動に特化した領域が成長し、脳は女性的特徴を失わずに「女性脳」になる。その後、受精2ヵ月以降から一生を終えるまで、男性脳と女性脳は違ったままだ(図7・2参照)。

さて、他にももっと面白い事実があるのだが、皆さんは知りたいだろうか? こんな言い方をしたのは、実はこれが、女性が相手を自分の話に引き込むために用いる常套手段だからだ。彼女たちはまず、相手に同意を求める。男性の場合は、もっと単刀直入に「他にもこんな事実がある」と前置きするだけだ。たとえば、就学前の女子は遊ぶ時に、お互いの役割を男子の20倍もの頻度で交替するという。また女児は生後3ヵ月の間に男児の4倍もの頻度で大人と目を合わせる。大人になっても、女性は男性より

図7.2——女性脳と男性脳は根本的に異なっている

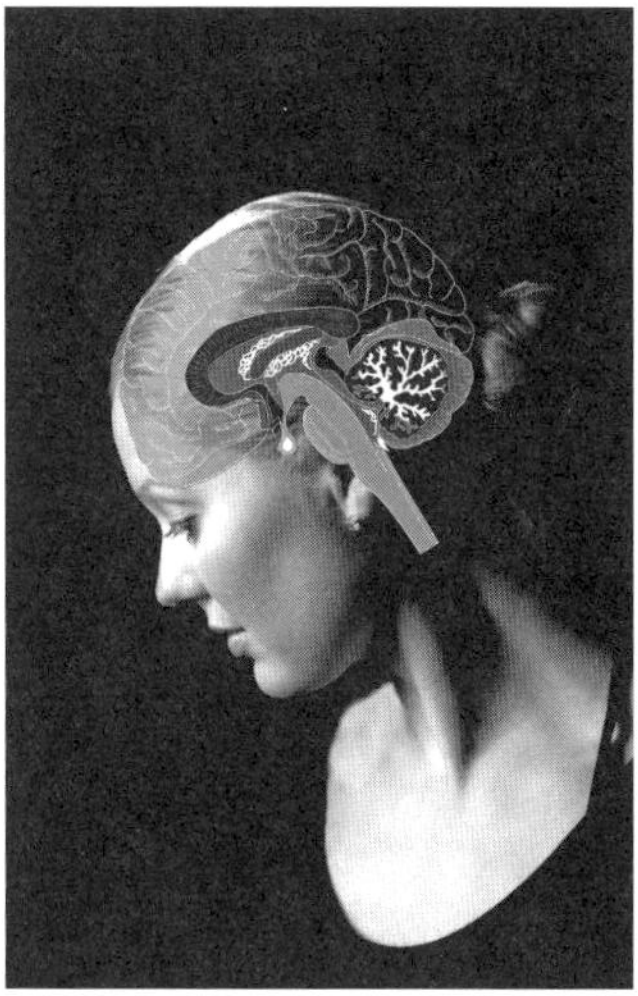

Photo by NeuroFocus, Inc.

頻繁に笑顔を浮かべるし、相手の話に同意してうなずく頻度も男性よりはるかに高い。

これがマーケティング的に何を意味するかというと、自社製品やパッケージを女性が実際に手にしているシーンを広告で使うなら、女性に共通したこうした特性や傾向をすべて考慮に入れる必要があるということだ。つまり、仲間と一緒に協力して何かをしたり、声をかけ合ったりしているイメージを喚起するような表現を使うのがいい。たとえば、「いつもの夕食に飽き飽きしたら、みんなでこれを試してみましょうよ」とか「私たち、洗濯はなるべく手抜きすべきだと思っているのよ。あなたはどう?」といった具合に。

映像では、1人の女性が他の誰かと一緒に行動している場面を使うべきだ。女性が1人しか登場しないなら、あなたの企業を代表する女性として率直で思いやりのある態度を示し、視聴者の目を直接見て（つまりカメラ目線で）消費者の考えに同意していることをはっきり伝えさせるのがいいだろう。

女性脳は男性脳に比べて、左右の大脳半球の間をつなぐ脳梁《のうりょう》（太い神経の束）のニューロンの数が4倍も多い。これは、**女性が合理的なフィルターと情緒的なフィルターの両方を同時に使って情報を処理しているる**ことを意味する。男性の場合、そのどちらかを1つずつ使うが同時ということはない。そこで、女性向けの広告を作成する際には、常に情緒に訴える何らかの要素を盛り込むことをおすすめする。たとえ、自社製品やブランドのポジショニングが合理的で動かしようのない事実に基づくものだとしても、女性脳の共感的で情緒的な領域に働きかけた方が、女性には情報のすべての側面が伝わりやすいのだ。実のところ、女性は合理的なメッセージでさえ情緒的なフィルターを通して処理しているほどだ。合理的な回路と情緒的な回路の両者に同時に働きかけることで、女性は左右の脳の間を自由に行き来し、ごく自然にホリスティックな（機能で分割せずに全体を見る）考え方ができるようになる。その意味では、女性はホリスティックな考え方を身に付けた究極の存在で、論理的な問題を情緒的側面から検討せずに決断を下すことはない。

女性脳に語りかける時は、彼女の優れたマルチタスク能力を称賛するイメージやメッセージを使うのがいいだろう。男性は1つのことに集中し、絶えずその目的達成に向かって切磋琢磨する傾向があるが、女性は常に複数の課題に取り組んでいる。そこで、広告などでは、女性が車内でドリンクホルダーを使いながらシートの位置を調整し、同時に子供や他の誰かに話しかけている場面を映すと効果的だろう。

女性脳とマーケティング

女性が買い物をする際に、多くの目的を同時に達成しようとしている点を認めて拍手を送ろう。たとえば、料理をテイクアウトすることによって、彼女は食費を節約するだけでなく、家族と一緒に過ごす時間を増やそうと努力しているのだ。マルチタスクの達人として、その能力を認められれば彼女も悪い気はしない。

左右の脳の間の密な連絡に助けられ、女性脳には状況の全体像を把握する優れた能力が備わった。それはいわば高度1万メートルから地上の状況を見て問題を解決する能力だ。**つまり、「経営判断」に秀でた女性脳は、決定事項に関連するすべての事実と利点について整理された形で提示されることを喜ぶ。**

そこで必要になるのは、自社製品やサービスを使うことが、彼女と彼女の家族にとってなぜ賢明な選択なのかを教えてあげることだ。「全体像」を比較すれば競合他社よりあなたの企業を選ぶべき理由は明白であること、そして状況が適切ならば、あなたの企業の製品やサービスの方が地球にやさしく、利益の一部は慈善団体に寄付されることなども説明しておくといいだろう。一方、男性の要求はもっと直接的だ。大抵の場合、それは「僕に何の得があるの?」という質問に要約される。

女性脳にとって家庭から職場へ——服の買い物から契約の署名へ、あるいはそれらを組み合わせた行為へ——移動するのは簡単で、ごく自然な行為だ。一方、男性はそれらの行為を区分し、脳の片側だけを使って一度に1つのことだけに集中する傾向がある。そこで、女性を対象としたマーケティングを展開する際には、彼女たちが活動するすべての環境とそれらの間をたやすく移動する能力も考慮すべきだ。

つまり、キッチンの中だけでなく、日常生活のあらゆる場面でアプローチする必要がある。

また、女性脳は男性脳に比べて不安感への耐性が高く、計画的に行動するようにプログラミングされている。そうなった理由は、原始時代から現代まで、女性たちは食料や住居の準備をし、無防備な子供たちの世話をするために常に先を見て行動しなくてはならなかったからだ。**現代女性にもまた、一番のお買い得品がどこにあってどうすれば見つかるかを記憶する優れた能力が先天的に備わっている。**

そこで注意しておきたいのは、ネット店舗かリアル店舗かにかかわらず、女性が日常的に買い物をする場所で商品をやたらあちこちに移動させるべきではないということだ。忘れてならないのは、女性たちは常に、自分の時間や予算や努力に見合う最高のお買い得品を見つけたいと考えているということだ。必要なのは、あなたのブランドや製品や店舗にそうした「お買い得品」があることを彼女たちに効果的かつ効率的な方法で伝える手段だ。もう1点、女性は値段が安いだけでは満足しない場合があることも覚えておこう。特定の製品やサービスが、彼女自身や彼女の家族の幸福と健康維持に必要な条件を満たしていれば、女性は余計な出費をいとわない。

これはとても興味深いパラドックスと言えるだろう。男性脳の最大の目標は他者に依存せずに自立することだというのに、女性脳の最大の目標は他者と共同のコミュニティを重視することなのだから。

女性と男性の脳の違い

●女性脳では、左右の大脳半球間で迅速な情報伝達が可能だが、これは女性がいつでも自分の脳全体の機能をフルに活用し、左右の脳の間をたやすく、手際よく移動できることを意味する。これはまた、脳卒中で脳の片側だけが損傷した場合、比較的容易に回復できる可能性があるということも意味する。

●脳全体から見た前頭前皮質の比率は、女性脳の方がわずかに男性脳より高い。そのおかげもあって、女性は不安感がピークに達した時でも、感情を比較的容易に抑制できる。たとえば太古の昔、赤ん坊を抱えた母親が肉食動物に遭遇すると、この抑制機能が働いて、相手とまともに戦うべきかとっさに判断する余裕が与えられたわけだ。

●女性脳は男性脳より約９％小さいが、それは機能が劣っていることを意味しない。どちらの脳も同じ量の神経組織で構成されており、女性脳ではその分隙間なく詰め込まれた形になっているだけだ。

●女性脳の言語中枢におけるニューロンの数は男性脳より約11％多い。

●女性の扁桃体（セックスや攻撃性をつかさどる）は男性のそれより若干小ぶりである。女性にとってセックスには感情的側面と肉体的側面があり、セックスと攻撃性がもたらす影響は男性と比べてはるかに深刻だ。それは女性にとって文字通り「死活」問題といっていい。

女性は感情を処理するために8車線のスーパーハイウエーを持っているが、男性にあるのは狭い田舎道だけだ。一方、男性にはセックスに関する考えを処理するために［シカゴの］オヘア国際空港並みの巨大ハブ空港を抱えているが、女性にあるのは小型の飛行機や自家用機しか使わないようなローカルな離着陸場にすぎない。

――ローアン・ブリゼンディーン医学博士

1億4780万人

2003年7月1日現在におけるアメリカの女性の人口は、1億4780万人。男性の人口の1億4300万人を上回っている。5歳ごとの年齢集団に分けた場合、男性人口は35〜39歳の若い層で女性を上回っているが、40〜44歳より上の層ではすべて女性が上回り、85歳以上になると女性人口は男性の倍以上になる。

現代の女性脳が求めているもの

進化があらゆる生物にもたらした恩恵と同様、女性脳の発達もヒトの種としての存続と繁栄に貢献してきた。何世代にもわたる進化の結果、女性の親としての能力や子供を守る能力を高める機能ならどんなものでも追加されていった。**女性脳は子供を育てて守ることに特化した。**その目的を達成するために、共感能力と社会適応力の高い女性脳は、太古の女性たちに仲間と連帯するように仕向けた。その結果、姉妹や従姉妹たちが子供たちの面倒を見ている間に、自分は食料を探すといった連携プレーが可能になった。

長時間通勤に耐え、夫婦で共稼ぎをするのが当たり前になった現代社会においても、女性たちは同じ境遇にある他の女性たちと深い絆を築くための代替手段を積極的に探し求めている。**この点で、ブログ、ツイッター、フェイスブックなどのソーシャルメディアは彼女たちの強い味方だ。これをマーケティン**

グに役立てるには、自社ブランドや製品を通じて、女性たちに交流の機会――バーチャルかリアルのどちらでもいい――を提供したり、そのスポンサーになったりするのがいい。女性たちが生活のあらゆる問題を共有したり、議論したり、互いを認め合ったりできる開かれた交流の場を提供するのだ。

現代の若い母親には、昔と違って他の女性を見て子育てについて学ぶ機会はあまりないだろう。そこで、自社のブランドや製品に育児関連のものがあれば、母親や子供たちを集めたり、専門家を招待したりして交流の場を設けるのもいいかもしれない。そうすれば、母親たちも自分の目で見て学びたいという好奇心を満たせるかもしれない。最新の育児法に関する店内セミナーを開くのもいいだろう。歩き始めの子供たちにぴったりの本を紹介して専門家に解説させるというアイデアもある。ブッククラブや親子サークルなど、あなたの企業に関連することで絆を深められる活動なら、どんなことでも喜ばれるし、母親たちの記憶に残るだろう。参加した女性たちはあなたの企業を信頼できる同志と認め、グループ内の一番親密な仲間として受け入れてくれる可能性さえある。

女性の意思決定や人間関係に最大の影響力を持つのは感情的な記憶である。女性は子育てをしながら、自分たちを危険から守ってくれる仲間と緊密な社会的ネットワークを築こうとする。誰を信頼できて、誰を信頼できないか、正確に記憶する。このように深い信頼に基づく互恵的な関係を築くことで、女性は出産直後やその後の育児期間においても、必要な時に頼れる人脈を確保するのである。

あなたのブランドも、この慎重に選ばれた個人的ネットワークの一員となり、彼女が最も頼りにする友人や同志として認められるかもしれない。そうなれば、彼女は忠誠心が高く排他的なので、あなたがその信頼を裏切らない限り、競合他社に心を開くことはないだろう。

女性は大きなストレスを受けたり不愉快な目にあった体験を男性より長く覚えているので、彼女を失望させたり幻滅させたりするのは禁物だ。古き良き時代には、製品に対する不満が悪評を生んでもせいぜい10人に伝えられる程度だった。しかしツイッター、フェイスブック、メール、ブログなどによる情報共有が全盛となったこの時代には、たった1回の不満体験が「バイラル効果（口《くち》コミ）」を生み、ウイルス感染のように広がって、瞬時に1万人に伝えられてしまうことも十分ありうる。

女性脳の前頭前皮質が大きめであることは、太古の母親たちにとって有利に働いた。論理的思考の中枢であるこの領域を使って、彼女たちは自分の対応や行動や感情的反応を修正した。これによって彼女たちは、集団内の誰かの怒りにまかせた行為や攻撃に反射的に反応したりせず、自分より体が大きくて力も強い相手と戦うという最悪のシナリオを避けた。そうすることで自分や自分の子供が殺される可能性を未然に防いだのだ。

また、女性の扁桃体が小さめであることはマーケターにとって重大な意味を持つ。マーケティングにセックスの要素を盛り込んでも、女性は男性ほど強く反応しないのはどうしてなのか？　男性はセックスにあからさまに言及した内容を喜ぶ傾向があるが、女性はそうでないことの方が多い。女性は、肉体的な描写よりも、良い父親を演じている男性やただ会話をしているだけの男性の映像をはるかにセクシーと感じることさえある。露骨な性描写を売り物にした男性誌がはいて捨てるほどある中で、女性は同じ路線の商品のために財布のひもを緩めることはなく、完全に無視を決め込んできた。

信頼性と物語

女性脳に対するマーケティングで決定的に重要なのは、信頼性だ。大切なのは正直であること。**モデルやスポークスマンを選ぶ時は、あなたの企業の製品やサービスを実際に利用しているように見える人物を起用しよう。**女性脳は「偽物」に対して鋭敏な嗅覚を備えており、嘘っぽい広告を遠ざけるだけでなく、すぐに友人たちに噂を広めるだろう（そうすれば、前述したあのネットワークを敵に回すことになるのだ！）。

最近の研究によれば、女性には男性より規模が大きく、より統合されたミラーニューロン・システム（詳細については第9章を参照）があるという。この特殊なニューロンのおかげで、女性は「心の理論」と呼ばれる能力——他者の心の動きを相手の立場に立って推測する能力——に秀でている。女性にはまた、他者に起きた出来事をあたかも自分に起きたかのように感じる能力がある。男性にも高度に機能するミラーニューロン・システムがあるが、男性の場合、他者の感情よりも行動を鏡に映したように繰り返す能力として現れる。

女性には生まれつき高度の共感能力があり、他者の視点で世界を見る優れた才能が備わっている。そのため、女性消費者は物語を聞くことが大好きで、他人がどう感じているかを知ることに強い関心を持っている。そして、それが適切な場合には、相手に励ましの言葉をかけたいと考えている。太古の女性は他者の顔の表情やボディランゲージを読み取るのが得意で、その能力によって集団内でいつもと様子が違うとか、何か異変が起きていそうな場合は素早く察知することができた。当時の女性たちは、周囲の風景から敵の動きを感じ取るだけでなく、集団内の感情的な変化を正確に読み取り、子供たちを守るために先手を打つ必要があったからだ。

女性には、男性より大きくて、より多くのつながりを持つミラーニューロン・システムがあるため、感情的な出来事をより鮮明に思い出せる。これは、女性の扁桃体が感情の微妙なニュアンスに反応して活性化しやすく、それが海馬によって深く記憶に刻み込まれることが関係している。あなたが男性なら、たとえば、去年のクリスマスにけんかした時の言葉のやり取りを妻や恋人があまりに克明に覚えているので唖然としたことはないだろうか。それは彼女の発達した海馬のせいなのである。

女性の卓越した言語能力は、彼女の大昔の祖先たちが日常的な雑務をこなしながら互いにコミュニケーションを取り合う際に役立った。彼女たちの仕事は、子供を育て、木の実や種やジャガイモのような塊茎《かいけい》類を集め、病人の世話をすることだった。太古の女性は効果的な「生活の知恵」を先祖代々口述され、それを伝統として受け継いできた。それはすべきこととすべきでないことを彼女たちに教え、集団に危険な選択肢を回避させ、長年の経験に基づいてより良い機会を提示した。

こうして女性たちはどのベリーに毒があるか、どの穀物をすり砕いて粉にしたらペースト状になって1日分の携帯食料として使えるかなどの知識を試行錯誤することもなく習得できた。年配の女性たちは、若い母親たちに赤ん坊のこの病気はすぐ治ると安心させたり、まだ少し看病の必要があると助言したり、あるいはもう回復の見込みはないなどと状況に応じて伝える役目を引き受けた。女性は男性より言葉の微妙なニュアンスを使い分ける才能に恵まれており、それに依存することも多く、そうしたニュアンスに対する記憶力も優れている。そして男性より3倍も高い頻度でこの能力を利用する。

しかし、現代の女性はもはや子供たちを大家族の緊密な人間関係の中で育てるということはしなくなっている。大家族がかつて担った機能の一部は、今やフェイスブックや子供の遊び場で知り合ったママ仲間たちが引き受けるようになった。それでも彼女はもっと仲間との「つながり」を実感したいと常に切望しているのだ。

つまり、手短に言えばこういうことだ。**女性消費者は「物語」を必要としている。彼女たちに対しては、話をはしょってはならない。**男性は、ナイキのコピーではないが「JUST DO IT（まずやってみろ）」と言われるだけで納得してしまう傾向がある。だが、女性の場合はアスリートが成功した背景にどんな物語があり、その選手がどうやってそれを「やった」のか、語って聞かせる必要があるのだ。

女性脳にアピールする時の6つの注意点

●文章や言葉だけでなく、顔の表情や声のトーンにも注意を払う。

●左右の脳のつながりが密で、常に感情のフィルターを通して考える女性に対しては、広告で伝えたい内容に情緒的な付加価値を加え、感情レベルで必ずポジティブな印象を残すように工夫する。たとえば、味気ない事実や統計だけ見せても、女性の記憶には残りにくい。

●女性の強みである共感能力を発揮したり体験したりする機会を提供する。女性脳は男性脳よりも高い頻度でミラーニューロンを含む領域を活用している。

●ブランドの呈示の仕方には細心の注意を払う。女性はそれをほとんど一個の人格として扱う傾向があり、情熱的な態度で完全に受け入れるか、同様の姿勢で完全に拒絶するかのどちらかだ。すべてはあなたのブランドが彼女に対する約束をどこまで誠実に守れるかにかかっている。

●女性にとって社会的つながりはきわめて重要なので、「受け入れられた」と感じてもらえるような体験を提供する。物語を共有する機会を作って、彼女の心に訴えよう。

●細部や微妙なニュアンスをないがしろにしない感性を身に付ける。無神経で露骨すぎるアプローチは禁物だ。女性は微妙なニュアンスを敏感に感じ取ってポジティブに反応する。「ぐずぐずしないで！」とか「すぐに電話を！」といった命令口調や脅し戦略は逆効果だ。

この章では女性脳の豊かな感受性と複雑な機能について学んできた。長年にわたる進化の過程において、女性脳には以下のような特性や能力が刻み込まれてきた。おさらいしておこう。

●高度な言語能力
●共感能力
●優れた問題解決能力
●マルチタスク能力
●微妙なニュアンスに対する感性と理解力
●仲間への忠誠心
●利他的性質

第8章 母親脳が買い物をする時

この章で学べること

「女性脳」と「母親脳」はどこが違うか。
なぜ母親になると脳の特定の機能が強化されるのか。
「母親脳」の消費行動とは具体的にどのようなものか。
母親の脳は何に魅力を感じ、何に嫌悪感を抱くか。

あなたがこれまで、世間の子育てママに対するマーケティングを検討してこなかったのなら、次のことを考えてほしい。子供の遊び場や校庭のそばに行けばすぐにわかることだが、ママたちの消費行動はきわめて多岐にわたっている。彼女の買い物リストには、おむつ、子供たちの夕食、衣料品、ミニバン、それに薬局で売っている一般用医薬品までが含まれている。それだけでなく、学区内で決められた特殊な目的税を使って学校の駐車場を舗装したり、有毒な塗料を使わずに遊具を組み立てたりするのも、ママたちの影響力があって初めて可能になるのだ。

母親サークルに顔を出せば、彼女たちがどの製品が使い勝手がよくて、どの製品が使えないか、微に入り細をうがった情報交換をしている場面に出くわすだろう。彼女たちの受信トレイはほかの母親たちから届いたメールであふれている。その中には、リコールされたベビーカーに関する警告から、安売り衣料店のオールド・ネイビーの子供服がおすすめといった情報まである。それ以外にも、政治活動への参加を促す激烈なメールや、病気になった「ママ友」を支援するためにボランティアを募るメールもある。支援の内容は、夕食の手伝いから、子供の送り迎え、育児ケアまで何でもござれだ。

付近で不審人物を見かけた時も迅速な防衛反応を示し、安全が確認できるまで油断なく状況を見守ったり、子供たちを家に連れ戻したり、あるいは当局に通報したりもする。一番効果的なアクションは、母親ネットワークに情報を流して公園に近づかないように警告することだ。

◎全米で数百万人にも上る「ママ軍団」はまさにひとつの軍隊と言っていい。機動力が高く、行動は迅速。常に警戒心を怠らず、その実力は圧倒的だ。

自社の製品や広告がこの「軍団」の好意を勝ち取ることに成功すれば、あなたはきわめて強力な味方を手に入れたことになる。彼女たちはその強大なネットワークを通じて、企業が単独では決して実現できないような影響力を行使して支援するだろう。

太古の昔、母親になったばかりの女性は、女性同士の密なつながりを背景に最大級の効果を発揮した部族内の支援を期待できた。現在でも、母親脳には生まれつきそうした外部の支援を求める力が働いている。そのため、女性は子供を産むとすぐに同じ境遇の仲間とコミュニティを形成する傾向がある。彼女たちはそこで情報交換を行い、互いを支え合い、子供を守って育てるために力を合わせる。

彼女たちに気に入られれば、あなたもこの集団の一員として認められるだろう。だが、ターゲットとするこの重要な集団があなたの製品やメッセージに失望するようなことがあれば、排除されるだけでなく、不買運動にまで発展しかねない。**一度つむじを曲げたママ軍団はどんな集団よりも執念深い。**彼女たちは、子供たちを危険な世界から守るという太古から受け継がれた至上命令に従っているのだ。そのため、母親を対象としたマーケティングでは、一度失敗すれば二度目はまずないと考えるべきだ。

この点については前にも言及したが、ここで取り上げるのは、一典型としての「母親脳」に進化の過程で起きた変化である。この章で扱っている母親と違うタイプの女性がいることは誰も否定しない。そして、母親だけでなく、父親も立派に育児を担当できることもわかっている（残念ながら、私たちの調査ではまだ「父親脳」の存在は確認できていないのだが）。それでも、一般的な女性の場合、妊娠期間を経て出産を経験した母親の脳には、成人後としては最大の変化が生じることは間違いのない事実なのである。

ニューロマーケティングと育児ケア用品

米中西部のある消費財メーカーは、いくつかある自社サイトのひとつについて考えあぐねていることがあった。

そこで取り上げられている製品ラインの売り上げは順調だった。期待以上ということはないが、一応目標の数字も達成していた。それでも、市場の成長ポテンシャルやウェブを通じて売り上げを拡大するという同社の当初の目標からするとなんとも物足りず、「もっとうまくやる方法はないのか？」という疑問が常に付きまとっていた。だが、そんな方法が本当にあったとしても、どうやって見つければいいのだろうか。

同社のサイトをざっと閲覧しただけで、私たちは最初の質問の答えは「イエス」であると確信した。さらに、2番目の質問についても、神経学的調査によって具体的な回答が得られるだろうという自信があった。モニター画面上で広告などの情報を見せる効果的な方法については、すでに神経学的調査を通じてかなりの数のベストプラクティス（訳注：過去の成功事例に基づいた最も効果的な手法）が蓄積されていた。そのため、問題のサイトにそれらを応用すれば、かなり高い確率でパフォーマンスを改善できるはずだと考えたのだ。同時に、私たちは脳波測定データを利用した様々な解析ツールを持っていたので、これらを使えばサイトを魅力的なものにして訪問者数を増やし、トラフィックを維持して製品購買につなげるための具体策を特定できるだろうと考えていた。

このクライアントの製品ラインは新米ママたちをターゲットとしていたため、私たちにとっては通常以上に興味深い事例となった。私たちがニューロマーケティングで膨大な量の調査を行ってきた分野の1つが女性脳であり、母親脳もその一部として含まれていた（本書でこれらのテーマに2章を丸ごと割いたのも、この事実と無関係ではない）。これまでの調査の成果と合わせてウェブサイトのマーケティングに関する知識も応用できるとあって、私たちのチームの神経科学者と子供のいる担当者は心を躍らせずにはいられなかった。

私たちはまず、母親の消費者がサイト全体に対して潜在意識レベルで示した反応を測定し、次にサイトの個別の要素に対する反応を測定した。すでにアイトラッキング（視線解析）によって、ユーザーの視線がどのビジュアル的要素に最も集中しているかは判明していた。これを脳波測定データと合わせて解析した結果、私たちはこの種の調査を行う際に頻繁に経験する「啓示」の瞬間を目の当たりにした。膨大な量のデータの海から求める回答と解決策が姿を現し、明確な形を取り始めたのだ。

私たちの提案がもたらした効果を手っ取り早く理解してもらうために、この時の調査でクライアントに提案した変更内容と、変更後にサイトのパフォーマンスがどう変化したかを公開しよう。

●ビジュアル要素の配置を変更し、画像は画面の左側に、テキストは右側に移動した。
●実際に製品を使用している母親を登場させ、特に他の母親とその体験を共有している場面を目立たせた。
●サイトの他の訪問者からアドバイスやちょっとしたコツを教えてもらえる情報交換のスペースを新設した。
●ブランド側（すなわちメーカー）が新生児の母親の悩みをいかに深く理解しているかを強調するためにサイト内の主要なテキストを書き直し、「精神的な」支えとなるような言葉や、時間やストレスを上手に管理するための初歩的なアドバイスを掲載した。

●サイト内の各ページに掲載されている企業ロゴの数を減らした。
●一部の主要な画像を差し換え、新しい画像には画面から飛び出してくるように見える加工を追加した。

これ以外にもサイト上で細かい変更を加えた部分があるが、一部はクライアントへの守秘義務にかかわる内容なので割愛し、以下にこれらの変更がサイトのパフォーマンスにもたらした主な影響を見てみよう。

●サイトデザイン変更直後の1ヵ月でトラフィックが26％上昇し、それ以降も成長カーブを描いている（これを書いている時点で、変更直後の最初の四半期の結果は出ていない）。
●サイト訪問者全体の滞在時間が14％上昇した。
●ページ閲覧数が37％上昇した。
●ウェブ上での商品購買数が24％上昇した。

最新の神経学的知識によれば、母親脳と通常の女性脳の間には根本的な違いがあり、両者は複数の重要な点で異なっている。また、新米ママたちの潜在意識レベルにあるニーズや欲求にどうすれば最も効果的にアピールできるのかについても、神経科学が答えを用意している。こうした神経学的知識と、モニター画面上のコンテンツや広告に関するベストプラクティスを組み合わせることによって、クライアントは自社サイトのリニューアルに成功し、売上計画をはるかに上回る成果を出した。

新米ママにとってこの世で最も大切なのは家族、とりわけ産まれたばかりの赤ん坊が健康で幸せでいてくれることだ。私たちは、そんな母親の脳が潜在意識レベルでどう機能するかを知ることで、彼女たちにとって重要で役に立ち、時間とお金を費やす価値があると思ってもらえる方法を発見したのだ。

母親脳ができるまで

そんなに遠くない昔、米国で「母親脳《マミー・ブレイン》」を持っていると言われた女性は侮辱されたと感じたものだった。それは、１９６０年代に子供のいる女性が大挙して職場になだれ込んできた頃に登場した「俗語」だった。子供を産んだばかりの女性は忘れっぽくて、すぐ感情的になる――彼女たちはそんな偏見を持たれ、職場ではあざけりの対象となり、家庭でも非難された。著名なフェミニストで、ベストセラーとなった『新しい女性の創造』（三浦冨美子訳、大和書房、改訂版２００４年）の著者でもあるベティ・フリーダンが、ある時、子供のいる主婦を「歩く死体」と呼んだことはよく知られている。

現代では、そうした考えは否定されつつある。人類が地球の食物連鎖の頂点に立てるほどの進化を遂げたのは「母親脳」の力によるところが大きい――そう主張する科学者たちの説にはかなりの説得力がある。子供のそばに残って世話をする爬虫類の母親が最初に出現した時点で、私たちはこの進化の過程で最初の一歩を踏み出していたのだ。また、経済学者たちによれば、「ゆりかごを揺らす手が世界を支配する」という言葉（訳注：19世紀の詩人ウィリアム・ロス・ウォーレスが書いた詩のタイトル）はまさに真実を言い当てているという。

母親の購買力にまつわる数字

●8300万人――2004年現在の米国内における母親の推計人口。
●20億人――全世界における母親の推計人口。
●自分が日常生活で複数の役割を担っていることをきちんと認めてくれる企業から製品を購入する確率は、そうでない企業からより80％も高い。
●ネット人口のほぼ5人に1人は25歳から54歳の間の母親で、少なくとも1人の18歳未満の子供が同居している。
●母親の70％は、企業広告について「広告主は私たちの母親としてのニーズを認めようとしないし、その存在に気付いてすらいない」と語っている。
●母親の94％はネットで買い物をした経験がある。
●幼児のいる母親の55％は仕事を持っている。

意外なことに、母親脳に関する研究は、これまでほとんどなきに等しかった。ネズミやサルの脳はヒトの脳ときわめて似通っているため、母親脳の構造的変化に関する研究の大半は、これらの動物を使って行われた。次に紹介するのは、いずれも企業のマーケティングにとって重要な意味を持つ新しい情報ばかりで、母親脳に働きかける方法についてもわくわくするような可能性を示している。

当たり前のことだが、すべての母親には女性脳があるものの、すべての女性に母親脳があるわけではない。どちらも驚くべき機能を持つが、両者を隔てる違いはどこにあるのか。妊娠、陣痛、出産、育児を経験した女性の脳では、それらの期間中に新たな神経回路が発達し、脳のあらゆる領域に活発に働きかけて母親脳の機能を強化する。それによって、母親脳を種の存続に不可欠な子育てに理想的な器官に生まれ変わらせるのだ。**わかりやすく言うと、母親脳は子供の利益を最優先するようになり、女性脳と違って、もはや自分の利益だけを追い求めなくなるのだ。**

新米ママにまつわる平均値

●おむつを換える回数——子供の2歳の誕生日までに合計7300回。

●失われる睡眠時間——最初の1年で700時間。

●子供がかまってほしい時間——未就学児1人につき、母親は4分に1回はかまってあげる必要があり、合計すると1日に通算210回になる。子供の数が増えると、最終的には1日24時間では絶対に間に合わない数字になる。

●昼夜逆転現象——新生児はまだ昼夜の違いを区別できないことが多い。寝て起きて、また寝て起きてを繰り返す新生児は、胃の中が空になると睡眠が中断されるため、3時間か4時間ごとに授乳が必要になる。

●ベビー用品——子供の1歳の誕生日までに必要な育児用品のコストは合計7000ドルに上る。

脳の変化は妊娠期間中に始まる

赤ん坊を腕に抱くよりずっと前から、女性脳はその瞬間に備えて一連の複雑な変化を経験する。

●プロゲステロンの数値が正常レベルの10倍から1000倍にまで上昇する。これは女性ホルモンの一種で、バリウムに似た鎮静効果がある。

●コルチゾールの数値が上昇し、妊婦は自分の身の安全や栄養状態、周囲の環境、潜在的脅威に敏感で用心深くなる。

胎児の成長を支えるために血液の量が倍に増えるので、喉の渇きや食欲の中枢が活性化される。どれだけの量を飲んで食べても満たされず、絶えず食べ物や水を求め続ける日々が続く。この期間中に生じた激しい好き嫌いは、その後も長く元に戻らず、何十年にもわたって引きずるケースもある。食べ物とは別に、妊婦はガソリンのような毒性のあるものにも強い拒否反応を示して胎内の赤ん坊を守ろうとする。一方、妊娠期間中の女性の食事内容は、産まれてくる子供のその後の食習慣にも影響を与える。たとえば、妊娠中の女性がニンニクやアンズが好きでよく食べていた場合、その子供にとっても生涯好きな食べ物になる可能性が高い。

オキシトシンというホルモンの分泌が始まると妊婦は眠気を覚え、休息と食べ物への欲求が高まる。**妊娠後期が終わりに近づく頃には、妊婦の脳は比較的大規模な変化を遂げており、強化された神経網の**

「スーパーハイウエー」も完成に近づいている。ニューロン形成が増強され、脳内の一部領域にもたらされた変化は生涯にわたって持続する。

クレイグ・キンズリーとケリー・ランバートは、研究論文で次のように説明している。

「母親はそうでない女性よりも、スピード、勇気、効率性で勝っている。彼女たちには、その必要性があるからだ。母親になった女性は、食料調達などの目的をなるべく時間をかけずに達成し、すぐに赤ん坊のいる住まいに戻って保護者の役を再開しなくてはならないのだから」

母親の脳は出産と育児によって「生まれ変わる」

大半の哺乳類では母親になることは重大な変化をもたらすが、とりわけヒトの場合は、その変化の度合いが激しい。**他のどの種よりも幼年期が長いことを考えれば当然かもしれないが、10年から時には20年にわたって、ヒトの母親は全精力を傾けて成長期の子供を危険な世界から守る必要がある。**育児期間が長いために、それに刺激されて新たなニューロンや神経結合が形成され、それが母親脳に恒久的な神経回路として定着する時間もたっぷりあるというわけだ。神経科学には「同じ時に発火するニューロンは同じ回路を形成する」という言葉があるが、そこで起きているのはまさにその言葉通りの現象だ。

母親となった女性は子供を守るために環境から大きなストレスを受けながら学習を続ける。それは、新たな神経回路を形成するには最も効果的な方法でもある。関心のないところに学びもないというが、母親は子供の幸せだけを願う関心の塊のような存在だ——それは科学と進化によって明確に証明されている。

子供を抱えて常に大きなリスクとストレスに直面している母親脳は、生涯で最も短期間のうちに、最も永続的な変化を経験する。もちろん、母親脳の変化には、進化がもたらすすべての利点と同様、究極の目標がある。それは、健康な赤ん坊が生き延びる可能性を少しでも高め、その赤ん坊を通じて種全体の存続を担保するというものだ。

びっくりするほど鋭い直観力を持っているママ、信じられないほどてきぱきと仕事を片付けるママ、そして知識が豊富で楽しいことをいっぱい知っているママ——自分の母親も含め、誰でもそんな母親を何人かは知っているだろう。母親は誰でもスーパーママのように思えることがあるが、それは彼女たちの脳が赤ん坊を育てるためにパフォーマンスを向上させているためで、実際に母親脳には測定可能な物理的変化が起きているのだ。

◎神経科学者のクレイグ・キンズリーによれば、「脳は、出産と育児によって文字通り形を変え、過酷な環境に適応するためにより複雑な器官に変化する」。

母親脳の利点

出産は、女性の脳に変化を起こすユニークで強力な触媒として機能する。成人の脳では、細胞死寸前のニューロンに取って代わる新しい細胞を形成する場合を除き、ニューロン形成が行われるのは唯一この時だけである。その結果、母親脳は処理機能が増強されて高速化し、パフォーマンスが向上する。つまり、母親に対してマーケティングを行うのは、他のどんな消費者を対象にする場合とも比較にならない面がある。

また、母親たちはそれぞれ独自に、誰を信頼できて誰を信頼できないかを思い出しながら、仲間意識が強くて自分や子供の命を預けられるほど頼りになる社会的ネットワークを築いていく。出産後に幼い子供を抱えた状態で、病気になったりストレスに押しつぶされそうになったりした時には助けを求められる相手が必要だ。そのためにも、彼女は同じ境遇の「仲間」と深い信頼関係を築いておく必要があるのだ。

マーケティング的観点からすると、これはブランドや製品やサービスや店舗が、この最強集団の仲間として認められる最大のチャンスだ。

私自身にも覚えがある。最初の子供たち（双子の女の子だった）が産まれた時、地元のパン屋が新生児の育児ケアや授乳の専門家を招待して、新米ママのグループを対象としたトークイベントを開いたことがあった。この素晴らしいイベントに参加した母親と乳児たちは、彼らの生活に直結した価値ある情報を受け取っただけでなく、おいしい食事、仲間意識、笑顔などを共有し、新生児を持つ他の母親たちと交流するという有意義で楽しい時間を過ごせた。私たち家族は今でも可能な限り、そのパン屋に通うようにしており、新米ママに会うたびにこの会に参加することをすすめている。

母親脳は、パワーアップした前頭前皮質のおかげで感情を制御する能力を身に付けた。太古の時代の母親は、集団内の仲間や、外部からの侵入者や、男性のリーダーなどに詰め寄られると、彼らの怒りを鎮めるためにこの能力を活用した。それができない場合には、彼女と彼女の子供たちは命を失うおそれさえあった。

現代の母親たちもまた、命の危険とまではいかなくても、仕事、家庭、親戚、学校、近所の人々、友人などから同様のストレスを受けてがんじがらめの生活を送っており、日常的に対処する必要に迫られている。

そんな彼女たちに反感を持たれないためには、企業とのコミュニケーションが苦にならないように工夫する必要がある。特定の製品やサービスに不満がある場合、彼女にとってクレームを言うことが悪夢ではなく、言ってよかったと満足してもらえるような体験にすべきだ。**育児期間中の母親は不必要なもめごとはなるべく避けたいと考えている。消費者としての彼女と接触する可能性のあるすべての場所で、常に彼女の意見を肯定し、味方であることを強調しよう。**

母親脳では島《とう》皮質と呼ばれる領域が増大するために、本能的な勘や直観的能力が鋭敏になる。母親に鋭い「勘」があることは昔から知られているが、これにはれっきとした理由がある。何か様子が変だったり、トラブルの予感がしたりする場合、母親たちはすぐにそれを察知して仲間のネットワークや子供たちとともに事態に備える必要があるからだ。子供が牛乳パックに口を付けて直接飲んでいる時、宿題でごまかしをやろうとしている時、あるいは成人になってから会社の金を横領しようとしている時、いくら隠そうとしても本能的な勘で嗅ぎつけてしまうのが母親だ。

だからマーケティングでも、どんな場合でも、決して母親の目をごまかそうとしてはならない。彼女たちには、ほとんど超自然的に鋭い勘があって、どんなペテンでも簡単に見抜いてしまう。**新米ママたちとコミュニケーションを取る時には、常に正直で謙虚で率直であるべきだし、単刀直入を心がけるべきだ。**活発でマルチタスクが得意な母親脳に受け入れてもらうには、それ以外の方法はない。

子育てに熱心な母親の存在は、あらゆる種の存続にとって生命線だ。たとえば次のような例がある。ウミガメは一度に何千個もの卵を産むが、卵の生存率は10％以下だ。一方、メスのゾウは1頭の子供を産むために22ヵ月間もの妊娠期間に耐えなくてはならないが、子ゾウの最初の1年の生存率は最大87％もある。

だが本当に重要なのは、長く苦しい妊娠期間が終わった後に何が起きるかである。すべてのゾウの新生児は群れの行動の中心的存在になる。メスの場合は母親の元に残り、50年から70年もの生涯をずっと同じ群れで過ごす。オスの場合は、子ゾウの間は母親と過ごし、成体になると群れを離れて単独行動をする。そして、時にメスとの交配権をめぐって他のオスと争ったりしながら、やはり50年から70年生きる。一度に子供を1匹しか産まない単産型の動物は、その貴重な子孫を長い幼年期を通じて大事に育てる必要がある。母親にとってはきわめて大きな投資だが、リターンも同様に大きい。どちらも、ヒトの母親の場合とまったく同じだ。

もちろん、**ヒトの母親の場合、赤ん坊をしっかり育てて愛情を育むために、他の母親とネットワークを築くという特徴もある。**ヒトにおいては、愛情や信頼関係を呼び起こすオキシトシンというホルモンが分泌され、母親に子供を育てて守りたいという気持ちにさせる。オキシトシンには妊婦や母親に社会的なつながりを求めさせ、仲間や女友達や育児経験のある他の母親と一緒にいたいという強い願望を抱かせる。母親たちが社会的ネットワークに全身全霊で入れ込む理由のひとつがここにある。つまり、母親たちに交流の機会を与える場を提供すれば、大きな影響力を行使できるはずだ。

オキシトシンにはまた、母親が子供の保護を優先するように、恐怖心や敵対心を取り除く効果もある。**オキシトシンの数値が高くなることで、子供を産んだ女性は「闘争・逃走反応」をあまり示さなくなり――つまり扁桃体のかかわりが減る――「休息と回復」にはるかに多くの時間を費やすようになる。**

母親が脅威に直面した場合、反撃モードに入るよりも、まず自分の気を鎮める必要がある。か弱い子供を放り出して無意味な戦いに身を投じるわけにはいかないからだ。母親脳では、普通の女性脳と比べて、恐怖中枢の反応がはるかに鈍くなっている。母親になったばかりの女性においては、「育児ホルモン」として知られるプロラクチンが正常値の8倍にまで上昇する。

そのため、母親を対象とする広告では、見ているだけで癒やされるような母親と赤ん坊のツーショットを多用するのがいいだろう。特に、母親脳にはいまだに「サルが行う毛づくろい（グルーミング）」に似た行動に強く引き付けられる傾向がある。

それでも、母親脳は外部からの侵入者に対してだけは激しい攻撃性を示す。母親でいるのは、日常的に厳しい自己主張の鍛練を行っているようなものだ。出産からかなり長い時間がたった後でも、母親たちはどう猛な一面を見せることがある。

こんな彼女たちに好感を持ってもらうためには、自社のブランドや製品やサービスや店舗がいかに子供の安全や幸福のことを真剣に考えているかを明白に示す必要がある。たとえば、私たち夫婦と親しいある友人は、近くの食料品店を2軒もやり過ごして、わざわざ消毒されたショッピングカートを置いている遠くの店まで車で買い物に行く。その店では、カートはすべて噴霧器の下を通って消毒され、手袋をした店員によって直接買い物客に手渡される。私たちが住むこの小さな町で、赤ん坊をカートのベビーシートに乗せて買い物をしている母親が一番多いのはこの店だろう。人気の秘密は商品の値段ではなく、赤ん坊の安全を第一に考える店の方針にあることは言うまでもない。

母親は、前述した「心の理論」(他人が何を考えているか類推する機能)にも秀でている。非言語的ヒントから他人の感情を類推するのはきわめて高度な認知能力だが、彼女たちはそのエキスパートだ。この知識をマーケティングでうまく活用するには、女性脳の場合と同様、母親たちに自社の製品やブランドやサービスを代表するスポークスパーソンに共感してもらわなくてはならない。まず大事なのは、広告などでは必ず視聴者と目が合うようなカメラ目線で話してもらうこと。それに、赤ん坊を登場させるのもいいだろう。また、ドジな登場人物にちょっと笑えるシーンをいくつか演じてもらう(もちろん、危ない場面は禁物だ)のも共感を引き出す手段としては効果的かもしれない。

発達した感情知能

母親たちは、一般の人と比べて日常的に愛情や思いやりといったポジティブな感情を表すことが多く、そもそもそうした感情がわきやすい。母親になった女性は、経験とともに高度な共感能力と感情を上手にコントロールするテクニックを身に付ける。

そのなかには、自制心、争いごとを解決する能力、過去の出来事をポジティブな観点から解釈し直す能力なども含まれる。そこで、新米ママを対象とした広告では、すべてを楽観的な方に考える彼女たちの新しい才能──「もっと良い方に考えなさいよ」「そんなの大した問題じゃないわ」「頭の後ろなんて誰も見ないから、少しくらい乱れていたって平気よ」「そのセーター、赤ちゃんが吐いたおかげで、かえって素敵に見えるわよ」──に敬意を表すべきだろう。

●自制心──脳の前頭葉がつかさどる機能で、母親が子供に過剰反応したり、ぶったり、怒鳴ったり、放置したりするのを防ぐ。

●争いごとの解消──母親に壊れた人間関係を修復させたり、子供同士の争いを解決させたりするなど、平穏な生活を送らせる役に立つ。

●楽観的な解釈──「経験から学んだ楽観主義」によって、母親は何ごとも良い方にとらえ、明るい面を見るようになる。楽観主義は感情知能の重要な一部であり、母親のモチベーションの維持に大きく貢献している。

ママと赤ちゃんは一心同体

著名な神経科学者のマイケル・マーゼニック博士は、子供を母乳で育てると母親と乳児の間で一時的にアイデンティティの壁が取り壊され、双方の脳に重大な影響を与えると指摘している。「それは共感と理解の大量のシャワーであり、男性に同レベルの経験は永遠に不可能だ」とマーゼニックは語る。そして、それは「女性が世界の人々について男性とは違う考え方をする理由の1つ」でもあるという。

愛おしそうに抱き締めたり、授乳したり、服を着せたり、着せ替えたりという愛情のこもった行為を何度も繰り返す母親は、その間ずっと、人間が示す反応に関して短期集中講座を受けているようなものである。こうして、母親は相手の考えがどう変わっていくか、自分自身の考えよりよほどうまく読み取れるようになる。

母親と子供がお互いの真似をして遊ぶ行為には進化上の意味さえあるという。赤ん坊に顔をしかめてみせたり、愛情をこめてささやいたりすると、幸せな気分になる。これはミラーニューロンが島皮質を通じて大脳辺縁系につながっており、その途中で真似をしたりする行為をポジティブな感情に「翻訳」しているからだ。

よって、広告などで母親と赤ん坊が一心同体であるという思いを強く引き出すには、双方が離れている場面より一緒に楽しく過ごしている場面を映したほうがいい。また、赤ん坊を腕の中で揺らしたり、入浴させたり、なだめたりといった1対1でいる場面を映すことで、ミラーニューロンが母親脳に働きかけるのを促すという方法もある。

女性脳から母親脳へ

これまで述べてきたように、女性が出産をすると、脳内には母親脳の神経回路が形成され、それを補強する神経伝達物質の経路が新たに形作られる。このプロセスには、化学的な刷り込みとオキシトシンの大量分泌がひと役買っている。その結果、女性脳は、高い意欲と研ぎ澄まされた注意力を持ち、攻撃的な態度で子供を守る母親脳に生まれ変わる。同時に、出産は女性にこれまでとは違う刺激への反応の仕方や優先順位を強要する。彼女は学習することを優先するようになる。学習せずに子供を守り、生き残ることは不可能だからだ。

母親脳は子供の保護に必要な能力に特化しており、その部分の機能が拡張されて、細かいディテールへの注意力が発達する。マーゼニック博士の説明によれば、「母親脳には自らをポジティブな方向に変化させる驚異的な可塑《かそ》性がある。脳が経験する大幅な変化は、子供の安全と幸福を担保するためのもので、母親の出産体験は母親脳の上に『入れ墨』のように刻印される」という。攻撃的な母性、強靭さ、そして強い意思を合わせ持つ母親脳の特徴が完全に確立されるまでには、出産から数時間しかかからない。

ピュリツァー賞ジャーナリストのキャサリン・エリソンは、著書『なぜ女は出産すると賢くなるのか——女脳と母性の科学』（西田美緒子訳、ソフトバンククリエイティブ、２００５年）の中でこう書いている。「マミーブレインは、ヒト型ＧＰＳ（全地球測位システム）のように［育児に必要な］あらゆる側面に対して目を光らせており、そこには家庭内の安全と安定も含まれている」。脳内で集中力と注意力をつかさどる領域は、新生児の保護と追跡にその機能の大半を振り向けるようになる。

またボストン大学の神経科学者、マイケル・ニューマン博士によると、妊娠期間中に分泌されたホルモンの影響で、母親の脳内では視床下部の内側視索前野《ないそくしさくぜんや》（ＭＰＯＡ）が目立って活性化するという。その結果、しばしば脳の快楽中枢と呼ばれる領域、つまり「腹側被蓋野《ふくそくひがいや》（ＶＴＡ）や側坐核《そくざかく》（ＮＡ）を含め、動機付けや感情的報酬の働きに重要な役割を演じる中脳のニューロン」が、新しくてより大きな「報酬回路」を形成する。「これによって、新米ママは宝くじに当選するか、コカインを使用した時に匹敵するほどの強烈な刺激を受けることになる。これは、子供の養育と保護を放棄せずに続行する強力な動機付けとなる」。つまり、母親にとって赤ん坊は文字通り「麻薬」なのだ。中毒性と向精神作用（精神活動に影響を与える）のある麻薬そのものなのである。

新しい母親は、文字通り「新しい人間」に生まれ変わる。赤ん坊の誕生は、同時に、母親の「再生」を意味している。そんな彼女の心に訴えるには、母親として愛しいわが子を腕に抱える喜びを一緒に祝福してあげられるようなマーケティングが必要だ。素晴らしい赤ちゃんの写真を見せて、彼女自身の体験をシェアしてもらい、新しい友人を作る機会を提供しよう。そして、彼女が紛れもない「スーパーヒーロー」であることを思い出させよう。

母親脳のスーパー知覚力

すべての哺乳類の脳には、胎児の成長、誕生、授乳、肌触り、におい、肌と肌の頻繁な触れ合いといった基本的な刺激に反応する機能が生まれつき組み込まれている。こうした反応によって、脳内には神経伝達物質による新たな経路が形成され、それらがさらに母親脳の神経回路を形成し、強化していく。化学的な刷り込みや神経回路の大規模な再構成もそれにひと役買っている。ヒトの母親で起きるニューロン形成は、「生理学的な現象に体が反応して新しい脳細胞が「作られる」最初のケースで、新しい行動パターンとも関係している」とカルガリー大学（カナダ）のサミュエル・ワイスは語っている。

母親脳で最初に注目される改善点と言えば、おそらくマルチタスク能力の大幅な向上だろう。ネズミやサルを使った研究では、メスが出産をすると基本的な記憶力と学習能力が改善されることが確認されている。これらはどの種においても、マルチタスク能力に秀でた個体が持つ強みである。

キンズリーとランバートの興味深い研究によれば、違った色の財布の中に報酬の餌（「フルーツループ」と呼ばれるドーナッツ型のシリアルを使用）を隠して、複数のサルに探させると、母親ザルはどこに一番多くの餌があるかについて高い学習能力を示し、母親でないサルよりもはるかに短時間でそれらを回収したという（実際にかかった時間は17秒）。一般的に、母親になった哺乳類のメスでは、食料を探しに行くなど、赤ん坊のそばから離れなくてはできない行動については特に学習能力が急速に向上する。

つまり、母親に商品を買ってもらおうと思ったら、決して時間の無駄をさせてはならないということ

だ。たとえば、店内では赤ちゃん用ミルクを目立つ位置におき、おむつや有機栽培の果物の近くに並べておけば時間の節約になる。赤ん坊のための買い物が1ヵ所でまとめてできれば、店内をうろうろせずにすむ。母親はそうした配慮にきっと感謝するだろうし、次回は友達にも話して一緒に戻ってくるはずだ。子供の元に早く戻ることを可能にするものは何であれ、母親にとって進化上の利点。母親の脳は、子育てによって、最も効率的に外の世界に立ち向かえるように強化される。

マルチタスク能力は、一番重要なことだけに集中して、それ以外は無視したい時、最短時間で最大効果をあげるのにもってこいの方法だ。原始時代から現代まで、それは母親と子供にとって純粋に生き残るための技能だった。パトリシア・レイティーによれば、「進化的観点からすると、出産後の母親は可能な限り賢く、周囲の状況を完璧に把握し、子供たちのニーズを片時も忘れず、そして決して外界に対する警戒を怠らないような存在であるのが望ましい」。

母親の意欲の高さは一目瞭然だ。面倒な役割を進んで引き受け、瞬時に思い切った決断を下し、すべての責任を引き受ける——つまり、母親になる前よりずっと大人になり、何が本当に大事かを見極められるようになる。

これ以外にも、新しい母親のスーパー知覚力は次のような場面で活躍している。

嗅覚と聴覚

成人になってから新しく形成されたニューロンが母親脳の嗅覚をつかさどる領域に移動することで、母親はきわめて微妙なにおいの違いを嗅ぎ分けられるようになる。赤ん坊や食べ物や周囲の環境のにおいに変化が生じると、ミリ秒単位の速度でその意味を分析して反応する。母親はその変化を意識する以前に、すでにそれが何のにおいかを判断してしまっている。母親はこの鋭敏化した嗅覚を生涯持ち続けることになる。

そこで、母親脳にマーケティングを行う際には、自社製品のにおいにどう反応するかを調査すべきだ。また、広告には、他の人たちがいいにおいに目を細めている場面を盛り込み、彼女のミラーニューロンを刺激するのがいいだろう。もしも母親たちをどこかに招待するようなことがあるなら、その会場に別のにおいが紛れ込まないように注意する必要がある。新しいニューロンを通じて彼女たちの心をつかむには、「香りマーケティング」の検討をおすすめしたい。

●嗅覚――新しい嗅細胞は、母と子の絆を強化する役にも立っている。母親は自分の赤ん坊のにおいを嗅ぐと高揚した気分になり、出産からたった48時間で自分の子のにおいを他の多くの子供のにおいから嗅ぎ分けられるようになる。

●嗅覚――幼児の頭から発する甘い香りには、女性脳にオキシトシン（「愛情ホルモン」とも呼ばれる）の分泌を促すフェロモンが含まれている。

●聴覚――女性脳は元々、男性脳に比べて聴覚が発達しているが、母親になるとその優れた能力はさらに際立ったものになる。母親になった女性の96％は、出産からたったの2晩で自分の新生児の泣き声を他の赤ん坊の泣き声から聞き分けられるようになる。

母親脳の優れた聴覚を楽しませるために、心地よい音、笑い声や子供たちが遊んでいる音などを流すと効果的だ。金切り声や叫び声、その他の聞き苦しい不快な音は、たとえ笑いを取るためでも、避けた方がいい。彼女はそうした音と一緒に広告に対しても耳を塞いでしまうだろう。

では、次に、母親脳の注意を引くために有効と考えられる方法をいくつか挙げておこう。

●母親脳をいつも悩ませている神経学的なストレス——母親同士の付き合いでカップケーキを作らなくてはならなかったり、子供のピーナッツアレルギーを心配したり——から解放できるような製品を考案してみる。

●うまくいっているものを変にいじらない方がいい。すでに母親たちに受け入れられているなら、絆を築けたことを幸運に思って、その関係を大事にすること。あなたのブランド、製品、パッケージ、広告、店舗環境のどれかが一度でも悪い評価を受ければ、母親がブログをはじめとする数多くの交流サイトを通じて何百万人もの同志に伝え、全国的あるいは国際的な悪評にさえ発展しかねない。ためしにグーグルで「○○に反対する母親の会（Mothers Against…）」と英語のキーワードで検索してみるといい。一億件以上がヒットするはずだ。

●母親がしたいことを他人がしている様子を見せて、ミラーニューロンをうまく刺激する。とりわけ効果的なのは、彼女をリラックスさせる効果があって、普段から自分の赤ん坊と一対一で行っている行為だ。

●母親たちは常に共感と理解を求めているので、彼女が自分と共通点があると思うような女優を使うといい。目を離せなくなるほど可愛い赤ん坊、母親の不安やライフスタイルを共有してくれる専門家、あるいは他の母親を登場させるのも効果的だ。

●母親たちは、あなたの企業に理解されているという印象を深めれば深めるほど、あなたのブランドに注目し、依存度を深めていく可能性が高くなる。

●恐怖をあおるのではなく、あくまでポジティブな感情に訴えるコンテキストの中で安全性を強調すること。自社のシートベルトがいかに高性能であるかを説明するべきであり、間違って喉が締め付けられる可能性や、その他の突飛な事故の可能性に言及して、母親を怖がらせるのはよくない。

●母親脳に対するコミュニケーションは、従来とはまったく異なる視点で行う必要がある。母親になった女性は、情報のフィルターの仕方も関心も変化するし、驚くべき新たな能力を身に付けている。自分に関係のない情報は、まるでスパムメールを拒否するパソコンのようにあっという間にはじき返す。彼女にはもはや、自分のニーズに明白に応えてくれるものや、すぐに結果を期待できるもの以外にかまっている時間はないのだ。

お祖母ちゃんが種の生存を可能にする？

ヒトの母親は閉経して生殖年齢を過ぎた――つまり「老化」した――後でも数十年は生き延びる。その意味で、動物界ではまれな存在だ。種の存続は生殖に依存する部分が大きいので、子供を産めなくなった女性がそれほど長生きすることには何らかの「進化的な利点」があるはずだ。そこで登場したのが、**高齢の女性は共同生活を営む集団の存続に不可欠な存在であるとする「お祖母ちゃん仮説」**である。

高齢の女性は育児ケアのベテランだし、子供たちのために余分の食料を調達できる。しかも、子供の健康管理をはじめ、多くの貴重な生活の知恵を身に付けており、それを若い母親たちに伝えることもできる。「お祖母ちゃんたち」の存在が種としてのヒトの存続に重要な役割を果たしてきたと主張する科学者は少なくない（ゾウや大型類人猿などの高度に進化した長命の哺乳類でも、高齢のメスが育児ケアに重要な役割を果たすことが知られている）。

現代の女性は平均寿命が80歳以上にまで延びているため、お祖母ちゃんどころか「ひいお祖母ちゃん」に育児ケアをしてもらうケースもかなり増えている。何らかの理由で両親が育児をできない場合に、代役を務める可能性が一番高いのも「お祖母ちゃん」だ。お祖母ちゃんがいつも出してくれたおやつは、多くの大人にとって懐かしい思い出だ。だから、あなたやあなたの子供にお祖母ちゃんがいるなら、その幸運をかみしめ、今のうちから大切にしておこう。

第9章 共感脳が買い物をする時

この章で学べること

ヒトの脳が他人の行動に対して「鏡に映した」かのように反応するという画期的研究とはどのようなものか。

消費者のミラーニューロン・システムに働きかけて、自社のブランドや製品やパッケージや広告や店舗環境を「直に」体験してもらう方法。

イタリアのパルマは、古風で趣のある小都市だ。陽光あふれる温暖な気候、建築物、文化、そして美食の街としても有名で、長靴の形をしたイタリア半島の北の付け根の中心付近に位置している。同市には、数多くの中世の城と11世紀創立のパルマ大学があり、イタリアを代表するチーズのパルミジャーノ・レッジャーノや、生ハムのパルマ・プロシュートの産地でもある。こんな風にパルマを紹介したのは、私が同市の観光資源の宣伝をしたいからではなく（もちろん一度は行ってみたいと思っているが）、この古色蒼然たるたたずまいの中で最先端の研究が行われているという皮肉な状況を説明しておきたいからだ。

物語は、1991年のある暑い夏の日、古い石壁で囲まれたパルマ大学の構内で幕を開ける。10世紀も前に建てられた建物の中では、1匹のマカク属のサル（次ページ図9・1）が、頭蓋骨に穴を開けられ、体の動作をつかさどる脳の領域に電極を埋め込まれて、じっと出番を待っていた。サル自身は落ち着きはらっていて、幸せそうにさえ見えた。頭の電極にも、彼のことを賢くて気だてのいい友人のように扱う研究室内のスタッフや助手たちにもすっかり慣れた様子だった。

その日は気温が高く、サルは椅子の上でうつらうつらして半分夢見状態だった。サルにとっては気持ちのいい陽気だったに違いない。まだアメリカ大陸が発見されておらず、イギリスがノルマン人の侵略を受けていた時代から存在する大学の構内で、サルは20世紀に行われる脳の潜在意識に関する研究に貢献しようとしていた。

一方、こちらは皮肉な点は何もないが、暑さに音をあげたある研究助手は、休憩時間に買ったアイスクリームをなめながら研究室に戻ってきた。それを見たサルは大いに興味をそそられたようだった。それ自体は特筆すべきことではなかったが、この時、コーンに入ったアイスを食べる人間にじっと視線を注いでいるこのサルの頭には電極が埋め込まれていた。その助手がアイスクリームを口に近づけると、サルの脳内の電気活動は狂ったように活発化し、とんでもない数値を記録した。

実のところ、サルはその時、脳内でアイスクリームの味を楽しんでいたのである。しかも、それを可能にする肉体的動作もすべて同時に行っていた。**助手がアイスクリームを口まで持ち上げると、サルの脳も自分の腕に食べ物を口まで持ち上げるように指示を出し、唾液分泌を促して、きわめて高度な美食体験に備えた。**これぞ本当の意味での「サル真似」だが、サルは、実際には見る以外の行為は何もしていなかった。だがサルの脳内――具体的に言うと、ミラーニューロン――では、天にも昇るような美食

図9.1——1匹のサルがミラーニューロンの発見に貢献した

Photo courtesy of Dreamstime.com

体験が行われていたのである。実際にアイスをなめていた助手が同じ体験をしていたことは言うまでもない。

この研究室でサルを使った研究の指導をしていたのは、ジャコモ・リゾラッティという世界的に有名な科学者だった。彼は、このアイスクリーム事件が単なる偶然か、それとも霊長類の脳でこれまで知られていなかった素晴らしい能力が発見されたのか、どちらだろうかと考えた。リゾラッティ博士が、偉大な科学者としての本領を発揮したのはそれからだった。自分のチームを率いて、一連の新たな研究に着手し、もっと多くのサルを調達し、世界で初めてミラーニューロンの研究に乗り出したのである。

誰も意外に思わなかったが、サルはアイスクリームだけでなくピーナッツにも同じ反応を示した。1匹のサルが、別のサルか人間がピーナッツを食べているのを見ると、そのサルの脳内では彼自身がピーナッツの皮をむき、食べているかのようにニューロンが発火した。何度やっても、前頭前皮質のニューロンは知覚された行動に対して同じ反応を繰り返した。

1994年に、リゾラッティは新たに発見されたミラーニューロン領域に関する最初の研究論文を発表した。サルの脳では前運動皮質と頭頂葉皮質の2ヵ所にミラーニューロン・ネットワークが見つかり、上側頭溝《じょうそくとうこう》（ヒトとサルの両方で両耳の上の後頭部に近い部分にある）も深く関係していることが判明した。上側頭溝には顔、体、手の運動に関する情報処理を支える機能がある。上側頭溝のミラーニューロンは、歩いたり腕を振ったりする動作を見張り、生体運動や、脅威になりそうな動作、あるいはその両者になりうる動作を探知する。これらは運動指令ニューロンの一部で、その20％ほどを構成している。

ミラーニューロンに関する研究はまだ発展途上で、神経科学では最も刺激的な分野のひとつだが、まだわかっていないことがあまりにも多い。この章では、これまでミラーニューロンに関して判明した事実を応用して、消費者の心に関する理解を深められないか考えてみよう。

サル真似ならぬ「ヒト真似」

科学者たちは次に、各種の脳イメージング技術を利用して、サルからヒトへミラーニューロンの研究を進めた。その結果、注目すべき事実が次々に明らかになりつつある。

ミラーニューロン理論とは簡単に言うと、たとえば皿洗いなど、他人の行動を観察した人間は脳内で

自動的にその行動のシミュレーションをするというものだ。人間の脳内のデータバンクには、日常的に繰り返される様々な行動の大半にテンプレート（ひな形）が用意されており、皿洗いに関するテンプレートもそのひとつだ。あなたが誰かがボールを投げるのを見ると、脳内でボールを投げる動作のテンプレートが作動する。縄跳びをしたり、ステーキを焼いたりするのを見ても、同じことが起きる。ミラーニューロンは、他人の行動を見た人間が相手の視点に立つことを可能にするのだ。

神経科学者のヴィラヤヌル・S・ラマチャンドランによれば、ミラーニューロンの存在意義は利用価値のある情報を素早く伝達することにあるという。たとえば、人類は10万年ほど前に突如として文化の芽生え（道具や火の使用、原始的住居、言語、「心の理論」など）を経験した。ラマチャンドラン博士は、ミラーニューロンが発達したのもこの時代で、それは他人の行動をそっくりコピーしやすくするためだったと考えている。

確かに、火のおこし方を学ぼうと何度も試行錯誤を繰り返すよりも、火がおこされる場面を目撃した数人の人々が、ミラーニューロンの働きで、まるで自分自身が火をおこしているかのようにその動作を模倣できれば手っ取り早い。こうして、**他人の体験をそのまま自分のものにする能力を獲得することで、種の生存力を高める各種の技術やスキルが社会全体の文化として広まっていった。**それは、横に広がったり（集団の構成メンバー全員に火をおこす技術を伝え、即座にその段取りを覚えさせる）、縦に広がったり（若い世代の1人に伝えると、その個人が技術を習得し、同世代の仲間に広める）、最終的には指数関数的に広がったり（現代のテレビの料理番組で情報が伝わっていくように）しながら定着していったのである。

ミラーニューロンの活性化は、消費者に働きかける最も効果的な手段のひとつだ。これをうまく活用するには、製品が実際に消費されている場面――誰かがミネラルウォーターや温かいコーヒーを飲んで気分をリフレッシュさせる様子など――を実際に見てもらう必要がある。消費者に他人の行動を見せて脳内でその感動を「体験」させるのだ。たとえば、誰かが青リンゴをかじってその歯ごたえと独特の酸味がもたらす快感に顔をほころばせる様子を見せる。すると、その消費者が食料品店に行った時に、シミュレーションされた快感が潜在意識で呼び覚まされ、購買意欲を刺激するというわけだ。

私たちが行った研究でも、ミラーニューロンが重要な役割を果たしたケースがある。以下は、その1例だ。

ミラーニューロンと自動車ディーラー

単なるお遊びから利益追求やマーケティングへの応用まで、ミラーニューロンには様々な使い方が考えられる。人間の脳内にあるこの驚異的な「鏡」は、私たちが日常的に体験するどんな行為でも模倣してしまう。

私にとって、この驚くべき能力を応用した事例で一番のお気に入りは、ある輸入車メーカーの依頼で行った調査だ。私たちは当時、この企業のために価格設定や内装と外装のバランスに関するニューロマーケティング調査を終えたばかりだったが、今度はショールームの効果を最大化するために、店内を最適化する方法を探ることになった。

小売業界で一種のトレンドになっていることだが、このクライアントも店内でビデオ映像を流し、マーケティングツールとして活用しようとしていた。同社のラインアップにはSUV、ミニバン、走行性能重視のスポーツコンパクトなどが含まれていたが、自動車業界では見るからに「派手な」車で消費者を引き寄せ、より普通の車を売るのが常套手段となっていた。**これは「ハロー効果」と呼ばれる心理的効果の一種で、ショールームにセクシーなスポーツカーが1台あると磁石のように消費者を引き寄せ、彼らが実際に必要としているもっと実用的な車種を買わせる役に立つというものだ。**

この自動車メーカーも、ある人気車種が全力疾走している美しい映像を店内で放映していた。眺めのよい景色を背景にさっそうと走る様子は、その車の美点を最大限に生かしていた。たとえ平凡なミニバンを探している顧客でも、ショールームでこの映像を見ればつい見とれてしまい、興奮の余韻で営業がしやすくなるはずだった。

だが、実際に始めてみると、ビデオに見とれて長く立ち止まる顧客はおらず、期待した成果は得られなかった。クオリティの高さは否定のしようがないのに、予期したハロー効果は起こらず、顧客を営業のペースに引き込むことに失敗したのだ。従来の手法による調査では、失敗した理由は判明しなかった。フォーカスグループの参加者たちは、車が疾走する魅力的な映像を称賛した。一体、何が足りなかったのだろうか。

私たちはミラーニューロンに関する知識を応用して、問題のビデオの改良版を用意し、ある仮説を検証することにした。まず、運転手の視点から実際に車を運転している様子がわかるように、映像を再編集した。ハンドルを回したり、ギアを上げ下げしたり、ムーンルーフを開いたり、パワーウインドーを開閉したり、カーオーディオを試したり、それ以外にも手を伸ばして各種の操作を行い、実際に生身の人間が運転を楽しんでいる様子がはっきりと伝わるようにした。

被験者に新しい映像を見せた調査の結果は、私たちの考えを裏付けた。私たちが採用しているニューロメトリクス（神経学的指標）の基本項目と派生項目の両者（注目度、感情関与度、記憶保持度、説得度、新奇度、認知・理解度）でも飛び抜けた数値を記録し、編集前のビデオが記録した数値をはるかに上回った。編集前の映像に映っているのは主に自動車の外装だけで、運転手の様子はほとんどわからなかった。

問題は、ショールームで実際に顧客がどう反応するかだ。メーカー側によれば、ショールームで編集前の映像を流した時の顧客の平均視聴時間は87秒だった。一方、新バージョンは顧客の注意を平均１４３秒間も引き付けた。さらに、メーカー側によれば、新しい映像は、年齢や性別にかかわらず、より広い層から注目され、視聴されるようになったという。

この解決策は、ミラーニューロン効果を応用することによって生まれた。つまり、ディーラーのショールームでスクリーンの前に立っているだけの顧客に、映像を観察させることにより、潜在意識の深いレベルで車を「運転」させることに成功したのだ。私たちは、映像の中で運転手に意図的に様々な行動をさせたが、それはこの反応を導くためだった。そして、一定時間以上、顧客の注意を映像に引き付けておくことによって、顧客が実際に必要としているもっと実用的な車を探している時に「ハロー効果」が働くように仕向けたのである。

他人の動作や生体反応を脳内でシミュレーションするミラーニューロン・ネットワークの発見は、神経科学だけでなく、あらゆる分野の科学者から大きな注目を集めた。だが科学者たちはすぐに、それ以上の大発見に衝撃を受けることになる。**最近になって、ヒトには、感情をシミュレーションする強力なミラーニューロン・ネットワークもあることが確認されたのだ。**

たとえば、あなたの友人が悲しい話をしていて悲嘆のあまり言葉を詰まらせた場合、あなたの脳はそれと同レベルの悲しみの感情をシミュレーションする。あなたは友人の話にあらかじめ潜在意識レベルで共感してしまっているわけだ。リゾラッティ博士は、これを次のように説明している。「私たちの生存は、他者の行動、意図、感情を理解できるかどうかにかかっている。私たちはこれらを論理も思考も分析もなしに、無意識のうちにシミュレーションしているのだ」

感情系ミラーニューロン・システムには、知覚・運動系ミラーニューロン・システムさえ上回る強力な作用がある。これをマーケティングに応用するには、他人とつながっていたいという消費者の欲求を利用して、他人の体験を見ることによってその感覚を共有する機会を提供するといい。これは主に視覚と聴覚に強力に働きかける効果であるため、テレビ、映画、ラジオ、そして画像を多用した紙媒体に最も適している。

その一方で、テキストの影響力も過小評価すべきではない。正しい条件のもとで「嗅ぐ」という単語を目にした人間は「嗅ぎたくなる」かもしれない。あるいは、「かゆい」「のびがしたい」「つばを飲みたい」などのあらゆる動作を表す言葉を目にすれば、同様の効果が現れるかもしれない。

最近では、運動や知覚に関する言語表現が、脳内でそれらをつかさどる領域を活性化することが多数の研究で確認されつつある。たとえば、「彼はボールを蹴った」という文章を読むと、一次運動野で足にかかわる領域が活性化し、「ジャンプ」という言葉を聞くと足の動きにかかわる領域が活性化することがわかっている。

実際に体を動かさずに、一連の動作を行う自分をイメージすることでパフォーマンスを改善できること――スポーツで広く行われているイメージトレーニングもこれを応用したものだ――は、かなり前から知られていた。オリンピック選手やプロスポーツの選手は、競技開始前に頭の中で自分の試合やゲームの流れをイメージすることがいかに効果的であるかを証言している。

最近わかり始めたのは、ある作業に取り掛かろうとしている人が、あらかじめ他人が同じ作業をしている場面を観察しておくと、パフォーマンスが向上するということだ。これはミラーニューロンの強力な作用を利用することで可能になる。スポーツ選手やミュージシャンが、その道の名人を近くで観察すると、彼らのパフォーマンスは確実に良くなる。具体的に関心のあるプレーや演奏部分などを集中的に観察すれば、その部分はそれだけ向上する。

この方法の唯一の欠点は、女子プロテニス選手のセリーナ・ウィリアムズや、水泳の五輪金メダリストのマイケル・フェルプスのような世界トップクラスの選手の試合を見ても、少なくとも近いレベルの実力がなければパフォーマンスを上げるのは不可能だということだ。週末にテニスや水泳を楽しむだけの「アマチュア」がセリーナやマイケルを見ても、脳の関連領域のニューロンが発火するだけで、残念ながら、パフォーマンスの向上を期待することはできない。

心の中の、鏡よ、鏡

ミラーニューロンは、あなたの潜在意識で機能する。それは、あなたを取り巻く人々の文化、経験、感情、行動を吸収し、あなた自身を変えてしまう。同時に、あなたの行動や感情もまた、あなたの周囲の人々に吸収され、彼らもそれによって変わることになる。感情のシミュレーションと共感能力に特化した感情系ミラーニューロンは、大脳皮質の深部にある2つの領域——島皮質と前帯状皮質《ぜんたいじよう》——に存在する。共感能力が高い人たちの脳では、島皮質前部の右側にある灰白質（神経細胞が密集する部分）の量が多い。島皮質のこの部分が分厚い人ほど、自分自身や他人の感情を読み取る能力が優れている。

◎あなたのミラーニューロン・システムは常時作動中で、スイッチをオフにすることはできない。

誰かが恐怖の表情を浮かべるのを見ると、あなた自身も恐怖を感じるのはそのためだ。誰かが落ち着いているのを見ると、あなたも落ち着いた気分になる。苦痛を感じていたら、あなたも痛みを覚える。退屈は退屈を呼び、あくびが伝染するのも同じ理由からだ。**一般的に、女性のミラーニューロンは男性のそれより活発に反応する**（高い共感能力は、子育ての役に立つ。母親脳に関しては、第8章を参照）。

ミラーニューロン・システムの驚くべき機能を含め、その全容はまだ解明されていない。だが、それはすべての動物に共通するものではなく、どうやらヒトを含む霊長類、ゾウ、クジラなどの一段高い意識段階にある種に限られているらしい。

ここに、フォン・エコノモ細胞として知られる注目すべきニューロンがある。この接続の多いニューロンは、とっさに判断を下さなくてはならない時に、直感を働かせて素早く決断する手助けをする。また、なぜだか理由はわからないが、何かを「知っている」と直感した場合は、このニューロンの仕業と考えていい。ここで言うとっさの判断とは、一か八かの賭けのようなものではなく、めったにアクセスされない「判断のデータベース」から取り出されるものだ。フォン・エコノモ・ニューロンは大半のニューロンより大きく、社会的絆、報酬の期待、そして危険の察知にかかわる化学物質を含んでいる。

ミラーニューロンは、365日24時間体制で働いており、多くの場合、人間が気付きもしないような形で機能している。たとえば、以下のような例がある。

●親は、自分の子供が注射されるのを見ると顔をしかめる。
●仲の良いパートナーが会話で強いストレスを受けているのを見ると、自分の血圧も上がる場合がある。
●自転車に乗った人が丘を猛スピードで下っていくのを見ると、自分の心拍数も上がり、思わず転倒の危険に全身を緊張させてしまう。その結果、脳内でシミュレーションしているだけなのに高揚感を生み出すエンドルフィンを分泌してしまうことがある。
●怪我をした人を助けていると、自分も怪我をしたかのように腕で体を支えてしまうことがある。
●同僚が新しい契約を取ってきたのを見ると、それが自分の功績であるかのように報酬系回路が活性化することがある。

ラジオの音やナレーターの声は、ミラーニューロン・システムをマーケティングで利用するための絶好の機会を提供する。米国の公共ラジオ局（NPR）は、とりわけ巧みな効果音——ドアを叩きつける音、ネコの鳴き声、車道の騒音――によってリスナーを行動のシミュレーションに駆り立てる。「臨場感」を出す効果があるものは何でも、リスナーのミラーニューロンを発火させ、彼らの興味を引き、購買意欲を刺激することさえあるかもしれない。

この章では、ミラーニューロン・システムに関する新たな研究の輝かしい成果について説明した。特定の機能に特化したこれらのニューロンは、ヒトが偉大な共感能力を持つ証しであり、他人の行動をシミュレーションして「サル真似」効果を生じさせる。これらのニューロンはしばしば、他人を観察したり、文章を読んだり、特定の行動について考えたりするだけで発火することさえある。会議室で誰か1人があくびをすると部屋全体に次々に伝染していくのと同じように、消費者が影響を受けたとしてもおかしくない。

行動と感情を利用して、彼らの脳内でミラーニューロン・システムを発火させ、自社のブランドや製品を体験したいと潜在意識レベルで望ませる方法はいくらでもあるはずだ。

第II部

買いたくなる脳　実践編

資料：NeuroFocus, Inc.

第10章 ニューロマーケティングの数値と測定法

この章で学べること

ニューロメトリクス（神経学的指標）の3つの基本数値（脳神経指標）とは何か。また、それらの数値をどのように組み合わせて神経学的総合効果を算出するのか。

3つの脳神経指標から導き出される3つのマーケットパフォーマンス指標とは何か。

深層潜在意識反応調査が、ブランドの属性を特定して数値化する手段として強力なツールになりうる理由とは何か。

ここからは、ニューロフォーカス社が実施しているニューロマーケティングの主要5部門——ブランド、製品、パッケージ、店舗環境、広告——のツアーにご招待しよう。社内情報をここまで詳細に公開するのは、まさに前代未聞のことである。

まず、これから繰り返し言及することになる「ニューロメトリクス（神経学的指標）」と呼ばれる測定基準についで説明しておこう。これらの指標は、私たちが展開する様々なマーケティングに人間の脳がどう反応し、どう情報を処理しているのかをより正確に理解するために生み出された。ニューロメトリクスは、ニューロフォーカス社が行っているビジネスの基本的な構成要素とも言える存在であり、まず、その重要性を理解していただく必要がある。

ここでは、科学的に深く突っ込んだ議論をするつもりはない。ほとんどの読者は神経科学者ではないだろうし、ニューロマーケティングを理解するためにわざわざ専門家になろうという人もいないだろう。だが、これらの数値を開発し、定式化するためには、その背景に科学者たちの膨大な努力があったことは認識しておく価値がある。また、それらの数値は、正規の科学的手続き――その精度は世界中の研究施設で改良されてきた――や原理や発見に基づいていること、そして、こうした方法論は、世界で最も権威のある複数の学術雑誌において、同分野の研究者によって査読済みの論文にも掲載されていることは、認識しておく必要がある。

ニューロフォーカス社が採用しているニューロメトリクスには3つの基本数値（調査で測定される脳神経指標）と、それらから算出される3つの派生数値（マーケットパフォーマンス指標）、1つの要約数値がある。脳神経指標には、注目、感情関与、記憶保持があり、マーケットパフォーマンス指標には、説得力（購入意向）、認知・理解、新奇性がある。要約数値は神経学的総合効果と呼ばれている。

これらの数値以外に、もっと一般的な調査方法についても触れておきたい。それは深層潜在意識反応（DSR）調査と呼ばれる手法である。

私たちは常に、新しいニューロメトリクスや方法論の開発に取り組んでいる。第Ⅱ部で紹介する知識や洞察は、私たちの取り組みの根幹を成す、こうした基本的な要素に基づいている。

注目

クライアントが、自社の広告や映画の予告編や店内に並べられている製品に関して最初にする質問は、「消費者は注目してくれているのか」というものだ。これはまさに的確な質問というべきで、その理由は「注目」こそ、あらゆるマーケティングの原点だからだ。

脳が何かに注目しているかどうかを確認するのは難しいことではない。要は、いつどこを見て判断するかだ。これまでの章で説明したように、脳は主として電気活動を通じて機能する。異なる領域のニューロンが同時に発火すると、一定の周波数の電気信号が測定可能な脳波として発生する。脳の各領域は、実際にこれらの電気信号を通じて交信し合っている。最初に特定の周波数の電気信号が発生すると、これが他のニューロンを刺激し、それぞれの領域内や領域間で電気信号がやり取りされる。やがて、それらの信号の振動リズムから統一パターンが生じ、脳全体が活性化される。こうした活動はすべて、頭皮上に装着したEEGセンサーで計測することが可能だ。強力な分析アルゴリズムがこれらの信号を構成要素に分解し、脳がどんなロジックで機能しているかを明らかにする。

注目は脳の基本的機能の1つで、きわめて特徴的な脳波活動を引き起こす。私たちが用いる「注目」の基本数値（脳神経指標）は、刻一刻と変動する脳波パターンの計測に基づいている。その結果得られるのは、1秒以下の間隔で上下する注目の相対的な数値だ。

誰でも自分が何かに注目している時には、そのことをはっきり意識している。自分が積極的に「それについて考えている」ことを知っているからだ。しかし、注目という行為に至るまでのプロセスを知る者はいない。つまり、私たちはいつ注目を始めたのか、自分でもわかっていないのだ。そのため、どんな刺激によって注目し始めたのかも思い出すことができない。特定のメッセージのどの要素が注目のきっかけとなったのかを正確に突き止められるのは、脳の測定によって得られるニューロメトリクスだけなのだ。

感情関与

感情関与の数値は、注目と同様、時間の経過とともに上下することがある。自分自身の意識では感情に変化がないように思えても、脳は潜在意識レベルで常時、自分を取り巻く世界への感情的な関与を状況に応じて調整している。つまり、感情関与もまた、数値で見る限りは、刻一刻と変化しているというわけだ。

私たちが用いる「感情関与」の基本数値は、主として感情の「高ぶり」を測定したものだ。私たちの脳と神経系には刺激に出会うと活性化する傾向がある。この傾向は、興奮、刺激、強烈な体験などと言い換えることもできる。私たちが自分の意図、態度、決定、そして行動を固める際には、これらの先行する感情が重要な役割を演じる。

それでは、テレビCMや紙媒体の広告、あるいは食料品店の商品ディスプレイがもたらす刺激の場合はどうか。**感情関与の数値が表すのは、これらの体験が消費者にとって、どれだけ自分と直接かかわりがあったかである。そのかかわりの感覚が時間とともにどう変化するか（ずっと強くなっていくか、弱くなるか、あるいは強くなったり弱くなったりするか）は、その消費者が広告とその中で展開されるストーリーにどう反応しているかをかなり明確に示す指標となる。**

だが実際には、この重要な場面においても、感情関与はまだ個人の明確な意識のレベルにまで浮上していない。そのため、私たちが意識できる形では、それがどう自分の行動に影響しているかを突き止めることはできないのだ。私たちの反応が、それができるくらい鈍いものであったとしたら、原始時代の私たちの祖先は当時の危険な環境でかなり無防備な状態に置かれてしまっただろう。たとえ仕事熱心なマーケティングリサーチャーが、消費者がどれだけ感情関与しているか無理やり回答を引き出したとしても、得られるのは単なる推測やこじつけにすぎない。何しろ、感情を抱いている本人でさえ、質問者と同じくらい手探り状態なのだ。私たちのクライアントの多くは、このような不確実なデータに基づいて数百万ドルがかかった決定を下したくないと言明している。

記憶保持

記憶保持は、商業的刺激、特にマーケティングによるメッセージに対する消費者の反応を構成する基本的要素だ。注目、感情関与に続く3つ目の構成要素ということになる。たとえば、記憶に残らないくらい商品の印象が薄ければ、後でどこかの売場で見かけても買う気が起こらないのは当たり前だ。

記憶は、脳の働きの中でも最も徹底的に研究されてきた機能の1つだ。脳が記憶をエンコード（符号化）したり、引き出したりする仕組みは、詳細に分析され、その構造も明らかにされている。注目や感情関与の場合と同様、記憶保持のプロセスにおいても、それがまさに行われていることを示す一定の計測可能な脳波パターンが発生する。たとえば、研究者たちは、被験者が暗記をしている最中の脳波を測定し、それらの脳波を見るだけで、その後の暗記作業がうまくいったかどうかを正確に予測できるようになった。

私たちが用いる「記憶保持」の基本数値は、個人がメッセージを見たり、消費行動を行ったりする際に記憶が作動しているという「しるし」を探す研究に基づいている。

記憶には様々な形態があり、記憶は本人がその働きを意識している場合にしか行動に影響を与えないというのは誤りだ。**その実態ははるかに興味深く、潜在記憶として確認されている現象では、実際に意識された思考を伴わなくても、記憶が態度、決定、行動に影響を与える。**つまり多くの場合、記憶がエンコードされた時点で持続性を持たされたかどうかを確認するのが、その記憶が後日、行動に影響を与えるかどうかの唯一の判断基準ということになる。そして、この目的のために記憶のエンコード過程を測定するには、ニューロメトリクスに頼るしかない。

説得力（購入意向）

ニューロメトリクスの3つの派生数値（マーケットパフォーマンス指標）は、それぞれ2つの基本数値の組み合わせから導き出される。

「購買意欲」を数値化できるというのは、かなり無謀な主張のように思えるかもしれない。消費者が広告を目にしてから実際に商品を買うまでの間には、数え切れないほどの「介在変数」が存在することは、どんなマーケターでも知っている。だが、私たちは何か神秘的な手段に訴えているわけではない。それは説明変数と予測変数の違いにかかわる問題だ。

膨大な量の広告を含む様々なマーケティング・メッセージを分析した結果、「感情関与」と「記憶保持」というニューロメトリクスの2つの基本数値を組み合わせることで、市場で何が成功するかを高い精度で予測できることが判明した（これはクライアントが市場での成功体験と失敗体験を共有してくれたことで可能になった）。

私たちはすでに、テレビCMの視聴体験に感情と記憶を単純に組み合わせただけでは、消費者に特定の製品を買わせることはできないことを知っている。それは私たちが「ゾンビ反応」と呼んでいる現象で、正常な脳は決してそうした行動を取らない。だが、私たちは同時に、感情関与と記憶保持の数値が高い場合に、購買行動が活発化する傾向があることも知っている。結論としては、どうしてそれが可能なのかは明確に説明できないが、この数値を使ってクライアントが購買行動を予測する手助けをすることは可能ということだ。

もちろん、その理由についてはある程度、見当は付いている。ある広告が製品を買う動機になるとしたら、それはどういう場合か。**その広告が興味を引く内容であれば、記憶に残る可能性は高まるだろう。その広告を見るたびに脳で感情関与が起こり、その製品やブランドに関する記憶が強化されるとしたら、次の機会にその製品を目にして購買意欲をそそられたとしても不思議ではあるまい。**店舗の陳列棚でその製品を見かけると、広告の記憶がよみがえり、その記憶が感情関与の引き金になる。結局、消費者は「ええい、思い切って一度買ってみることにしよう」と自分に言い聞かせることになる。

広告の意図が販売促進にはない場合でも、「説得力」の数値を応用できる。たとえば、テレビで番組宣伝の広告が流された場合、その目的は購買意欲の増進というよりも、視聴への説得だ。番宣広告を視聴時の感情関与と記憶保持から「説得力」を数値化すると、被験者が実際にその番組を見るかどうかをかなり高い確率で予測することが可能になった。

「説得力（購入意向）」の派生数値それ自体は、刻一刻と変わる2つの要素で構成されているため、常に変動している数値であると同時に要約数値でもあるという便利な特性を持っている。これはある広告の総合的な説得力を判定する際に重要な役割を演じるだけでなく、その説得力を増すことに最も貢献した主要なシーンと、最も貢献しなかったシーンを特定することにも利用できる。

新奇性

脳には目新しさを好む性質がある。そしてすでに見たように、広告主やマーケターもしばしば、自分たちのメッセージに目新しさはあるか、それとも「どこかで見た」代わり映えしない内容になっていないかを知りたがる。その回答次第では何百万ドルもの予算の使い道が変わってしまうことさえある。

派生数値の「新奇性」は、基本数値の「注目」と「記憶保持」の組み合わせで数値化できることがわかっている。私は講演でこの数値を説明する時、よく聴衆に1匹のサルが楽しげに木と木の間を飛び回っている様子を想像してほしいと言うことがある。ある時突然、サルは新しい植物を見つけ、そこから新種の果物がぶら下がっていることに気付く。その果物は新たな栄養源となって、そのサル自身や彼の仲間たちが生き残る確率を高めてくれるかもしれない。だが、この新しい食料源を利用するためには、サルは最初にそれを見た時に気付く（注目する）必要があり、次にそれがどこにあったかを記憶する必要がある。つまり、新しい刺激を体験した人間の脳で、同時に注目と記憶の両方の機能が活性化するのは不思議でも何でもないのだ。

新奇性はそれ自体に価値があり、広告やマーケティング・メッセージに対する反応の仕方に別の意味で影響を与える要素の1つではないかと私たちは考えている。新奇性は興味、驚き、魅力、そして購買意思にさえ影響することがある。

また、新奇性には賞味期限があるため、広告やマーケティング・メッセージで新しい試みをした場合、それに対する反応を逐一監視する必要がある。最初はどれだけ独創的でユニークな試みであろうと、時間の経過とともに受け取る側も慣れて陳腐化してしまうからだ。広告主は消費者にとって新鮮で興味深い内容の広告を発信し続けるために、それがいつ目新しさを失って、消費者に飽きられ、しまいには目障りな存在になってしまうのか、タイミングを知る必要がある（神経学的調査の強みのひとつに、テレビCMのどの要素が視聴者に飽きられやすいかを正確に測定できることがある）。

「説得力（購入意向）」の数値と同様、「新奇性」の数値も刻一刻と変動する。そのため、目新しさの総合的な数値を測定できるだけでなく、広告やメッセージの全体を通じてどの部分が最も目新しさにあふれ、どの部分が最もそうでないかを特定することができる。

認知・理解

私が広告主なら、自分の広告に説得力（購入意向）と新奇性があるかどうか、絶対に知りたいと思うだろう。だが、それと同等に重要で、同じくらい知りたいのは、消費者がその内容を理解したかどうかだ。はたして、彼らに広告の意味は伝わっているのか。内容に不明なところは1点もないか、あるいは、あやふやな形で伝わっていないか。消費者が混乱したり、広告のメッセージを完全に誤解する可能性はないか。だがここに、この問題を解決するのにぴったりのニューロメトリクスがある。

派生数値の「認知・理解」は、基本数値の「注目」と「感情関与」の組み合わせによって予測できることが判明している。その理由を講演で説明する時、私は聴衆にしばしば、大学で最も目からウロコが落ちた講義を思い出してほしいとお願いする。要するに、聞いているだけでまさに頭上で電球がぴかっと光るような、そんな体験の記憶である。その講義はどうして彼らを「認知」と「理解」の光で満たし、開眼させたのだろうか。その理由は普通、講義が彼らの注目を集め、感情関与させることに成功したからだ。私自身の経験でも、最も深い内容の講義はレーザー光線のように私の注意を捕捉し、よそ見をするのが不可能なほど話に感情関与させてくれた。その結果、私が最終的に得たのは、深く、持続性のある「理解」だった。

メッセージに対する「認知・理解」と、「注目」と「感情関与」の組み合わせ。私たちはこれらの関係を微調整して方程式化し、現在ではきわめて高い精度で、特定の広告やマーケティング・メッセージがどの程度の理解を得られるか予測できるようになった。

神経学的総合効果

「神経学的総合効果」と呼ばれる要約数値は、3つの基本数値を結合して計算される。基本数値はいずれも、派生数値の一部なので、派生数値も要約数値に含まれることになる（図10・1）。

神経学的総合効果の方程式の正確な内容は、もちろん、当社の企業秘密である。その点では、グーグルのページランク・アルゴリズムや、伝説的なコカ・コーラのレシピとよく似ている。だが、これらの2つの例と同様、方程式の価値は結果の差別化にある。グーグルの場合はより適切な結果を表示するページランクであり、コカ・コーラの場合は忘れられない味となる。ニューロフォーカス社の場合、神経学的総合効果の数値の価値はその精度にある。それは脳波のリアルタイム測定から直接算出され、言語的バイアスを完全に排除した正確な指標であり、信頼できる数値なのだ。

ここから先の章では、これまで従来の調査方法では手が届かなかった真実や洞察が、ニューロメトリクスによってもたらされた数多くの例を紹介していこう。

深層潜在意識反応による調査方法

深層潜在意識反応（DSR）を応用した調査方法は、ニューロフォーカス社の特許取得済みの技術で、

図10.1——ニューロメトリクスの「基本数値」(注目、感情関与、記憶保持)、「派生数値」(説得力[購入意向]、認知・理解、新奇性)、「要約数値」(神経学的総合効果)の関係性

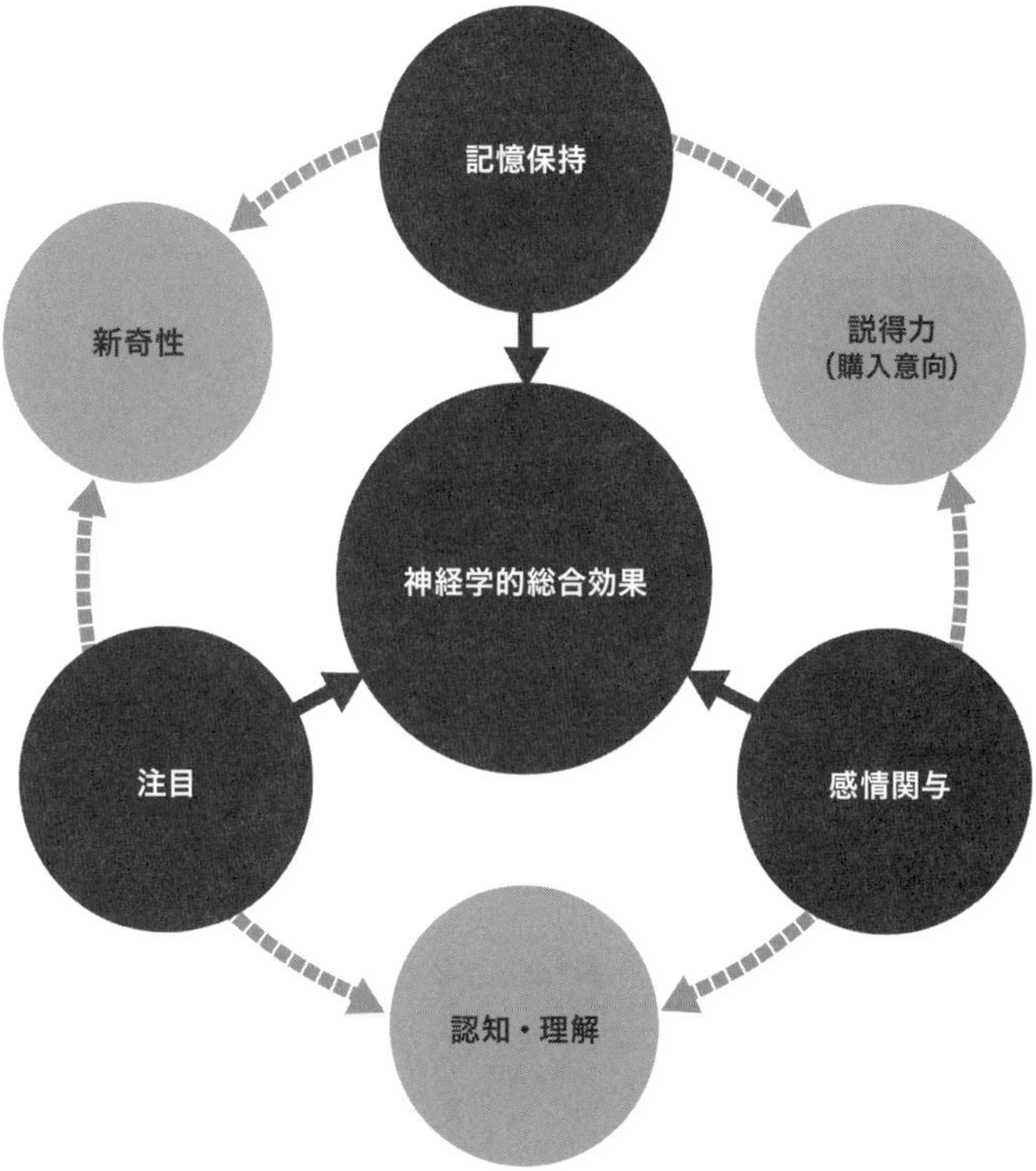

資料:NeuroFocus, Inc.

広告を見たり、製品を使用したりといった特定の経験が、コンセプトやデザインへの脳の受容性や共振性にどう影響するかを測定する。ここで用いられるのは、事前と事後の事象関連電位（刺激に対する脳の反応を示す脳波の数値、ＥＲＰ）を巧みに利用した方法論だ。

要約すると、**私たちはまず、クライアントが提供する一連のコンセプトに対して被験者がどれだけ受容しているか、「基準値」を割り出す。それから、広告を見たり、食品を食べさせたりするなどの体験を被験者にさせる。次に、その体験の後で、その一連のコンセプトに対する被験者の受容性に変化があったかどうかを再び測定する。**体験によってコンセプトへの受容性が高まった場合、事後の数値は事前の数値より高くなる。そして、体験でそのコンセプトから連想されるブランドや製品に対する受容性も同時に高まる。反対に、もしコンセプトに対する受容性に変化がなかった場合、事後の数値は事前の数値と同じか、低くなる場合さえありうる。

これは刻一刻と変化する数値ではなく、影響度を要約した数値であることに注目してほしい。また、この調査はまったく言語化されていない点も重要だ。被験者に対しては、たった1つの質問も行われない。時系列のある1点ともう1点のデータを取って、比較するだけだ。事前と事後の違いは、被験者が体験を行う前か後かというだけなので、数値に生じた変化は、純粋に体験が潜在意識レベルに与えた影響ということになる。

この方法を使えば、クライアントは自社のコンセプトを製品やブランド体験との親和性に基づいてランク付けし、体験の連想効果が最も高いコンセプトと最も低いコンセプトを見分けることが可能になる。

私たちの他の技術と同様、この方法の大きな強みは、完全に非言語的であることと、潜在意識レベルの情報処理に直接アクセスできることだ。つまり、言葉による解釈や正当化の可能性を排除しているのだ。このツールの効果は絶大で、表面的にはほとんど同じように思える複数のコンセプトから重要な違いをあぶり出すことが可能だ。さらに、深層潜在意識反応から得られた成果を新しい広告のコピーに応用すれば、消費者の行動に驚くほど大きな変化を起こせる可能性がある。ここから先の章では、そうした例もいくつか紹介することになるだろう。

ニューロマーケティングの主要5分野

第12章以降では、ニューロフォーカス社が行ってきた調査のうち5つの主要な分野について解説する。第12章で最初に取り上げる分野は、「ブランド」だ。ここで読者は、「ブランド・エッセンス・フレームワーク」について知ることになる。ニューロメトリクスの一連の数値を使えば、ブランドを特徴付ける7つの重要な次元――形状、機能、フィーリング、価値感、ベネフィット（便益）、メタファー、拡張――を特定し、分類することが可能になる。

第13章で取り上げるのは、「製品」だ。読者は、私たちの方法論を使って、製品の消費体験における神経学的アイコンシグネチャー（NIS）を特定する方法を学ぶことになる。ここでは、刻一刻と変わる数値と、事象の事前と事後で測定した数値の両方を使って、言語化されない潜在意識レベルで製品がどんな暗黙的意味を持つかを探り出す。それを知れば、製品についてどう説明し、どんなマーケティングを展開するのが最善かが判断できるようになる。

第14章は、「パッケージ」だ。視線の動きを追うアイトラッキング分析によるデータと深層潜在意識反応の数値を組み合わせることで、特定のパッケージデザインが、製品の最も重要な属性を消費者に伝えることに成功しているかどうか、そしてどの部分で成功、あるいは失敗しているかを理解することが可能になる。また、店舗の陳列棚に並んだ製品の中で、その製品を「飛び抜けて目立つ」存在にするという重要な役割をそのパッケージで実現できているかどうかも確認できる。

第15章では、「店舗環境」を取り上げる。ここではニューロメトリクスを使って購買体験や店頭販促活動に関する理解を深める方法について学ぶ。また、店内をランダムに歩いて回る「ウォーク・アラウンド」と呼ばれる新しい調査方法や、バーチャルリアリティに代わる「ビデオ・リアリスティック」分析法というユニークな手法についても説明する。

第16章では、「広告」について詳細に見ていくことになる。ここでは、ニューロメトリクスのあらゆる数値——基本数値、派生数値、それから深層潜在意識反応も——を駆使して、様々な広告のコンセプト、戦略、実行、媒体について、長所と短所を明らかにする。

そして最後に第17章で、関連項目として、マーケティングが意図した視聴体験やメッセージの伝わり方が、ディスプレイの大きさ——大画面の薄型ハイビジョンテレビからデスクトップPCやノートPCのモニター画面、そして携帯電話などモバイル機器のちっぽけな液晶画面に至るまで——によって、いかに微妙に（時には大きく）影響されるかを研究した私たちの画期的な研究について触れておきたい。

ここでは、ニューロメトリクスやその他の測定手段を使って、ディスプレイの大きさが驚くほど重要な意味を持っていることとその理由を明らかにする。また、ソーシャルメディアを利用している個人の脳内でどんな活動が起きているかについても、ニューロマーケティングを通じて理解を深めていく。ソーシャルメディアと脳は、ある意味でよく似た存在だ。どちらも、脈打つ電気信号のネットワーク網で構成され、それを通じて交わされるコミュニケーションや反応から成る1つの小宇宙である。

ニューロフォーカス社で神経科学とマーケティングの専門家チームに囲まれ、世界でトップクラスのクライアントと提携する幸運に恵まれた私たちにとって、新しい数値や測定法の開発はまさに終わりのない探求の旅である。1つの数値が開発されるたびに、それがさらに2つの新しい数値に関するアイデアを生んでいるようにさえ思える。また、複数の数値を組み合わせるたびに、人間の脳が日常的な商業的刺激の洪水にどう反応しているか、その複雑なメカニズムの理解をさらに深めるチャンスを与えられたような気がするのだ。

私たちの仕事は、まさに「潜在意識の深海にダイビングする」ことであり、こんな素晴らしい体験ができることを幸運に思うと同時に、誇りに思っている。

第11章 消費ロードマップ

この章で学べること

- 消費ロードマップ・フレームワークを構成する7つのステップ。
- マーケティング・キャンペーンでこのフレームワークを活用し、特定の目的に沿って消費者を誘導するにはどうすればいいか。
- ブランド・エッセンス・フレームワークのどの要素を利用すれば効果を最大化できるか、広告の制作担当者がこのフレームワークを使って判断するにはどうすればいいか。

9つのフレームワーク

本書の第Ⅱ部では、ニューロフォーカス社で開発された9つのフレームワークを紹介する。そうする理由は、私たちがニューロメトリクスを使って消費者の様々な「体験」を調べる際に重視する側面をすべてカバーしておきたいからだ。ブランド、製品、パッケージ、店舗環境、広告に対する消費者の日常的なかかわり方をすべての側面から理解するには、どこから手をつければいいのか――これらのフレームワークは、そのために検討する必要がある属性や特徴のチェックリストと考えてもらえばいい。

これから順を追って説明していく9つのフレームワークの定義と、どのページに詳しい解説があるかをここで簡単にメモしておこう。

1　消費ロードマップ・フレームワーク――実際に利用したり体験したりしている消費者のブランドや製品とのかかわりはどのステージにあるか（198ページ）。

2　ブランド・エッセンス・フレームワーク（BEF）――神経学的観点から見て、ブランドが成功するために必要な属性や特徴とは何か（210ページ）。

3　総合的消費者体験（TCE）フレームワーク――製品の多感覚的体験の中で最高レベルの体験を引き出す製品の顕著な特徴は何か（239ページ）。

4　新製品有効性フレームワーク――新製品が市場で成功するか否かを左右する重要な属性とは何か（249ページ）。

5　価格決定フレームワーク――最適価格を決定する際に考慮される2つの要素とは何か（262ページ）。

6　バンドリング・フレームワーク――バンドル・オプションの効果を神経学的観点から分析するにはどうすべきか（264ページ）。

7　パッケージ有効性フレームワーク（PEF）――パッケージの有効性を左右する重要な属性とは何

か（27ページ）。

8　買い物体験フレームワーク——店内での買い物体験の重要な属性とは何か（298ページ）。

9　広告有効性フレームワーク——消費者の自己申告や質問に言葉で答えた報告ではなく、ニューロメトリクスの技術でしか測定できない広告の重要な要素とは何か（332ページ）。

消費ロードマップ・フレームワーク

最初に紹介したいフレームワークは「消費ロードマップ」である。このフレームワークは、消費者の製品やブランドへのかかわりのステージを理解する役に立つ。これまでも、このフレームワークを使って、数種類のマーケティングや広告の影響度を測定し、評価してきた。簡単に言えば、消費者向けのどんなマーケティングも消費者をある方向へ誘導することを目的としているのだから、その過程（「ロードマップ」）で現在どのステップにいるのか、適切なニューロメトリクスの手法を使って測定すべきだということだ。

また、このフレームワークは、広告の制作担当者にブランド・エッセンス・フレームワークのどの要素を使って広告を制作すれば、最も効果的に目的を達成できるかについてもヒントを与えてくれる。このフレームワーク自体は、様々なカテゴリーにおいて、実際にそうしたロードマップを実現させた広告や消費者体験の調査に基づいて開発された。

消費ロードマップ・フレームワークの7つのステップ

1 気付き
2 情報
3 質問
4 検討
5 購買
6 楽しみ
7 支持

気付き

気付きは、消費ロードマップで最初に必要とされるステップだ。この最初の段階で、消費者は製品とそのブランドやカテゴリーに気付く。こうした気付きは、消費者の潜在意識の深層、あるいは合理的な思考を行う意識のどちらにでも生じさせることが可能だ。

消費者の潜在意識の中で気付きを生じさせる方法はいくらでもある。すぐに思い付くのは、広告、記事や娯楽番組に取り上げてもらう形での露出、マーケティングでのインタラクティブな消費者体験といった手法だ。

情報

消費ロードマップのこのステップで、ブランド、製品、サービスに関する情報が消費者に直接「プッシュ」される。これらは、消費者が積極的に求めた情報ではなく、製品やブランドの提供者側から誰にでも見られる形で提供されたものだ。

情報を効果的に見せるには、ただ単に消費者に大量の事実と数字を浴びせかけるだけでは不十分だ。市場というコンテキストの中で、そこから連想される競合製品との違いなどの基本的な情報を提供しつつ、さらに知識欲を刺激する必要がある。情報の目的は、購買意欲そのものを生じさせることではなく、基本的にすでに消費者側が持っている気付きを増幅させ、さらに知りたいと思うようにそっと誘導することにある。

質問

質問は、主に消費者側の主導で開始される双方向性のプロセスだ。これは「情報」の次のステップとしては自然な流れで、消費者は知識を深めるための発見のプロセスを始動させる。ロードマップ上では、この時点で単なる知識欲から実際に事実や理由を突き止めたいという次のステージに移る。また、この段階で、消費者はすでにその製品やサービスを購入することを決めており、それが合理的判断だったことを正当化するために事実や数字を求めているという可能性も否定できない。

質問は、消費者の主導で始められるプロセスだが、同時にマーケター側にも、消費者に製品を買う合理的な理由などを示して、その情報への渇望を満足させるという機会を提供する。

検討

これは、消費ロードマップにおいて「購買」の直前に位置するステップで、消費者が質問をした後に買うべきかどうかを積極的に検討するプロセスだ。その過程で、消費者はその製品やサービスを他の競合製品と積極的に比較検討する。

消費者の気持ちを自社製品に対して「傾斜」させることで、検討のプロセスが簡単にすむようにすれば、その分、消費者の潜在意識の深層には好感や感謝の気持ちが芽生えるはずだ。たとえば、保険会社が消費者のために進んで、様々な商品の価格や条件を比較する手伝いをすれば、それは消費者の手間を省くだけでなく、自社で核となる基本的価値観を実践することができ、ブランドイメージの強化にもつながる。つまり、消費者の購買プロセスを容易にするだけでなく、自社と契約すれば何かと面倒な保険に関する今後のやり取りがどう進むかを消費者に暗に伝えているわけである。

同時に、それは暗黙のうちに消費者の心に義務感と好意を植え付けることにもなる。手間を惜しまず、様々な製品を比較検討する手助けをしてくれた相手に「いらない」とはなかなか言いにくいものだ。この義務感と好意は、消費者の潜在意識の深層で、ロイヤルティ（忠誠心）と価格への妥協を受け入れやすい形に変える。

購買

これが消費ロードマップで最も重要なステップである理由は、消費者とブランドや製品、サービスの間に初めて直接のかかわりが生じるからだ。そして、それがいかに素晴らしい製品やサービスであろうと、消費者にとってお金を支払うという行為は、本人がそう言わなくても、常に心理的苦痛を伴うものである。事実、脳イメージング調査によると、お金を使っている時の脳波活動は、肉体的苦痛を感じている時の脳波活動によく似ているという。だから、苦痛を最小化することができれば、消費者にとって製品の価値を認識しやすいし、それを買うことを正当化しやすくなるということだ。

たとえば、代金の何パーセントかは慈善活動などの立派な目的のために寄付されると伝えるだけで、消費者は購買を正当化しやすくなる。他人に利益や楽しみを提供したと考えることで、自分のお金が減ることの苦痛を最小化できるからだ。また、消費ロードマップのこのステージにおいては、消費者は製品を使用する楽しみを暗黙のうちに「定量化」しており、それに購買に伴う苦痛を上回る価値があると判断しない限り、購買には至らない。したがって、購買に伴う苦痛を消費者に乗り越えてもらうためには、その価値ある製品があと少しの辛抱で手に入ることを消費者に伝える必要がある。

実際に製品をレジまで運び、お金を支払う段階に達すると、消費者がこの行動が後にもたらす楽しみや快楽について再び思い起こせるように、神経学的に巧妙なやり方で誘導する必要がある。これに成功すれば、販売がスムースに行われるだけでなく、消費者のロイヤルティがさらに高まり、感謝の気持ちさえ起きて、愛着心が芽生えるだろう。

楽しみ

ここで、消費者は積極的にあなたの企業の製品を消費し、楽しむ（企業側の思惑通りにいけばだが）ステージに到達する。消費者はパッケージを自宅に持ち帰り、包みを開き、製品を取り出す。そして、消費体験を開始する。この時点で、それまで気付かなかった点も含めて、消費者は初めて製品やパッケージデザインの様々な側面とじっくり向き合うことになる。箱から取り出してすぐに楽しめる製品もあれば、他の製品と組み合わせなくては利用できない製品もあるし、なかには、最初に組み立て作業を行わないと楽しめないものもある。時には、製品を本格的に楽しむために、一連の儀式やステップが必要となるケースもある。

消費者に製品を楽しんでもらうには、提供元が使い方、消費の仕方、楽しみ方などのプロセスのすべての側面で消費者を手助けする必要がある。たとえば、ワインメーカーは、一般消費者に洗練されたワインの飲み方を広めるために多大な労力を費やしてきた。ワインを最大限楽しむためには、複数の感覚を使った一連の儀式やステップが重要な役割を果たすのは周知の事実である。

組み立て式家具のメーカーは、購買直後に消費者に製品を楽しんでもらうことを苦手としている。消費者の大半にとっては、家具を自宅まで運んだ後で行う組み立て作業には大きなストレスが伴うからだ。消費者にとっては、出荷や配達を待つ必要があるため、購入直後にすぐ楽しめない製品が多いことは大きな不満の原因となっている。多くのパソコンメーカーも同様の悩みを抱えている。製品のセットアップや接続が難しすぎて簡単に楽しめないと感じる消費者が少なくないからだ。これらの分野では、楽しみに関して何らかの新たな発想が必要で、それが実現すれば消費者と企業の双方にとって大きな利益につながるはずだ。

製品を簡単に楽しめるようにすれば、消費者の製品とそのブランドに対するロイヤルティが高まる。本当に効果的な広告は、製品の購買につながる刺激を与えるだけでなく、買った後に楽しむためのヒントを提供するものでなくてはならない。私たちが行った調査では、特定のターゲットに狙いを絞った広告戦略がクリエイティブに展開された場合、消費者は買った製品をすぐに消費し、すぐに楽しみたいという欲求を刺激されることが確認されている。

支持

これは消費ロードマップの中で、消費者の関与が最も強いステップだ。同時に、当然ながらこれは、製品開発やマーケティングを担当するすべての人々にとって究極の目標でもある。どうしたら消費者に、製品のことを友人や家族や同業者に積極的に語ったり、推薦してもらえるようになるだろうか。どうしたらソーシャルネットワークやブログや各種の交流サークルなどに呼びかけて、大がかりな支持活動を展開してもらえるようになるだろうか。

一定の支持を獲得すれば、支持が支持を呼び、それは飛躍的に拡大していくはずだ。口《くち》コミで利用者が広がるバイラル・パワーが全開になれば、消費者たちの間に大きな購買意欲の渦を巻き起こすことも夢ではない。製品デザイン、参加体験のデザイン、そして広告などに、口コミで好意的な評価や支持基盤を広げられる要素を盛り込めることも調査で確認済みだ。この「ネットワーク化された社会」で支持を広げるためにソーシャルメディアの圧倒的なパワーを利用することは、もはや現代のマーケティングでは必要不可欠である。

第12章 脳とブランド

この章で学べること

ブランド・エッセンス・フレームワークを構成する7つの重要な要素に基づき、ブランドを精密かつ正確に、信頼できる方法で数値化するにはどうすればいいか。

このフレームワークを応用して既存のブランドを強化したり、ブランド拡張（既存ブランドを他の製品やカテゴリーに使用すること）を成功させたり、新ブランドの立ち上げを成功させたりするにはどうすればいいか。

従来は手に入らなかったブランドの重要な中核的要素に関する洞察や提案が、いかにして神経学的調査から入手可能になるか。

課題――潜在意識でどう感じているかを調べろ

あるマーケティング戦略会議で、ニューロフォーカス社のクライアントの1人が自分のチームが作成したブランド再構築に関する提案をレビューしていた。それはビジュアル面に関する提案で、彼の前には4枚の大きな「ムードボード」（訳注：デザインのイメージを固めるために、素材をコルクボードなどに貼り付けたもの）がずらりと並べられ、その上には写真、イメージ、ロゴのコンセプト、アイコンなどが貼られていた。彼はそのクライアント企業のCMO（マーケティング最高責任者）だった。会議室には彼以外にもたくさんの人がいて、彼の反応を不安げに見守っていた。

彼はムードボードを1、2分眺めた。そして、こぶしでいきなりテーブルの上を激しく叩くと、こんな質問を繰り出した。「これが一体、わが社のブランドと何の関係があるというのだ？　こんな代物を見せて、消費者が自分に関係があると思ってくれるとでも言うのか？」。彼がテーブルを叩くたびに、その上に置かれたペンや携帯電話が飛び跳ねてぶつかり合った。それほど激しくこぶしを振り下ろしていたのだ。問題は、誰も彼のその質問に対して説得力のある答えを持っていなかったことだ。

これまで何十年にもわたって、ブランドマネージャーや、広告を担当する代理店は、ブランドとマーケティング・コミュニケーションに関する数百万ドルもの予算をかけた戦略を決めるのに、自分たちの本能的直感と消費者調査の組み合わせに頼ってきた。彼らの本能的直感は時に正しいこともあれば、正しくないこともあった。一方、消費者調査の担当者は、そもそも実現不可能な無理難題を押し付けられていた。特定のブランドについて、消費者が潜在意識の深層レベルで本当はどう「感じている」か、正確かつ明確な情報を提供しろというのだ。当社のクライアントの悩みも、この難問への答えが得られないことにあった。

当社のクライアントがテーブルの上にこぶしを叩きつけたのは、提案されたどのイメージやシンボルにも、ブランドの重要な属性を表現しているという明白で説得力のある根拠が見いだせないことにフラストレーションを感じたからだ。

複雑すぎる事情

さらに悪いことに、消費者が何をこのブランドの属性と考えているのかについても、担当者の間で完全な意見の一致を見なかった。もちろん、重要な属性に関してはある程度の大ざっぱな合意はあったが、一部の属性については意見が割れていた。さらに、新たな市場の開拓に役立つ知られざる属性が存在する可能性を指摘する声もあった。だが、従来の調査ではこの問題に明白な回答をもたらすことはできなかった（繰り返しになるが、その理由は、消費者の潜在意識の深層レベルで形成され、そこに存在しているはずのブランド属性にアクセスしたり測定したりすることが従来の方法では不可能だからだ）。

ブランドは、あなたのビジネスにとって心臓であり、魂でもある。人間の脳には、他の人間と関係を築くだけでなく、日常的に利用する機能的なツールや、楽しみのために使う道具とも良い関係を築きたいという根源的なニーズが組み込まれている。つまり、最大の課題は、消費者にそういうツールの1つであるあなたのブランドと長期的な関係を結びたいと思わせることにある。人間は目新しさや変化を好むものだが、同時に安定した関係や誠実で一貫した態度に対する強い欲求もある。脳内では、日常生活で重要な役割を果たすツールや道具と関係を結ぶ神経系プログラムが発達している。これらのプログラムの効果を学習し測定することができれば、ブランドをどうデザインし、どう見せて、どう伝えればターゲット消費者に届けられるか、ガイドラインの作成が可能になる。

コカ・コーラのように誰もが知っている超有名ブランドから、ご近所のコーヒーショップのような個別のマイクロブランドまで、ブランドは私たちの生活において重要な役割を担っている。それらは、私たちの体験や所有物にアイデンティティ、意味、そして社会とのつながりを与えてくれる。人間には、自分が生活している環境に普段から慣れ親しんでいる物や知っている物だけを並べてきれいに分類したいという基本的なニーズがある。日常的に新しい物や事象について学ばなければならない状態が続くと、脳はすぐに疲弊してしまうからだ。

その一方で、普段からよく知っている物は、やがてそこにあるのが当たり前になってしまうし、すぐに認知できる物は視界の中で透明化する。脳は、いつの時点で再び、新たな体験を求めるようになるのだろうか。それがいつ、どのような形で起きるかを理解するには、ブランドについて根本的な次元で把握する必要がある。

ブランドに関して確認しておきたい質問

●消費者の潜在意識の深層レベルにおいて、自社のブランドがどんな意味を持つのか。
●自社のブランドが持つ真の価値（ブランド・エクイティ）は何か。
●静観している消費者を自社ブランドのファンに転向させるにはどうすればいいのか。
●ブランド・エクイティの現状を把握するにはどうすればいいのか。どの程度の頻度で確認すべきか。

ブランド・エッセンス・フレームワーク
――ニューロブランディングの基盤

「ブランド」について書かれた学術論文は少なくない。取り上げているテーマも、その元型、体系、プランニング、戦略、そして活性化の方法など多岐にわたっている。同様に、ニューロフォーカス社でも多数のカテゴリーにおけるブランドを潜在意識の深いレベルで調査してきた。たとえば、自動車、金融サービス、ファッション、健康と美容、インターネット、家電、医薬品、食品と飲料、アルコール飲料、日用品、小売業などが含まれるが、これ以外にも多くのカテゴリーを手掛けた。

それぞれのケースで、私たちはブランドマネージャーがブランドのエッセンス（本質）と考えるものを調査し、同時に消費者が潜在意識の深いレベルで示したブランドへの反応を、前に説明した深層潜在意識反応を測定することで調査した。多岐にわたるカテゴリーのブランドを調査した結果、私たちは人間の潜在意識と顕在意識の両方で機能するフレームワークの構築に成功した。そこには、きわめて一貫性のあるパターンが存在しており、私たちはそれを体系化して、ブランド・エッセンス・フレームワーク（BEF）と名付けた。

私たちは、このフレームワークを「ニューロブランディング」の中核であり、基盤であると位置付けている。このフレームワークは明瞭な表現で簡単に説明でき、直感的に理解することが可能だ。**その核となるのは、脳が潜在意識レベルでいかにブランドを形成しているかを深く完全に理解するための青写**

真であり、そこには、その知識を活用して既存のブランドをどう強化するか、ブランド拡張をどう成功させるか、そして間違いなく成功する新ブランドを立ち上げるにはどうすればいいのかなどの筋書きも含まれている。

ブランド・エッセンス・フレームワークの応用によって私たちが目指すのは、消費者のブランドへの情熱を育成するための具体的な方策を提示することにある。それは、消費者とブランドの間に、息が止まるほどロマンチックで、それでいて熟慮と愛に満ちた関係を築くことだ。興味深いことに、この複雑な関係は、私たちが人生で最も大切なパートナーと築きたいと考えている理想的な関係とよく似ている。それはある意味で、おなじみの風景や人間関係がもたらす快適さや安心感をあきらめることと引き換えに、日常生活に見慣れない新しい要素を持ち込むスリルを楽しむことでもある。

神経科学がビジネスの世界にもたらす様々な洞察の中で、おそらく最大の威力を発揮すると思われるのが、消費者とブランドの関係に関する新たな理解だ。消費者は、潜在意識の深いレベルで、ブランドに関する様々なコンセプトの間に関連性を見いだしている。神経科学は、私たちにそのプロセスを理解する能力を与えてくれるのだ。

これも重要なことだが、ブランド・エッセンス・フレームワークは、スポンサーイベントやスポークスパーソンの有効性を判定するツールとしても使うことができる。これらは2つとも企業が主体的に認知度を高めようとする手段であり、消費者のブランド認識を大きく左右する力がある。そのため、スポンサーイベントとスポークスパーソンがブランド・エッセンス・フレームワークによって特定された目標とマッチしているかどうか、注意深く判断することが重要な意味を持つ。こうしたキャンペーンを実施する時は、早い段階からフレームワークを使って、そのイベントやスポークスパーソンに市場でブランドの印象を強化する力があるかどうかを確認しておくべきだ。

特定のコンセプトのフレームワークを定義する際には、脳が混沌とした世界に秩序を与える方法を模倣するのが賢いやり方だ。それは、具体的／物理的な認識から一般的／メタファー的な認識に移行していく方法で、脳はこうして世界を理解する道筋をつけようとしているように思える。最初は、物体の基本的な形状から始める。それから、より大きくて、より抽象的なコンセプトに移行していく。これは、脳があなたのブランドを認識するまでの道筋でもある。

ブランド・エッセンス・フレームワークには、7つの次元がある。これから、それぞれの次元を定義し、いくつかの例を挙げて、その重要性を説明しよう。それぞれの次元はニューロメトリクスの異なるテクニックの組み合わせによって測定できることに注目してほしい。とりわけ、第10章で説明した深層潜在意識反応を使った方法が有効だ。

形状

形状は、ブランドの持つ物理的側面だ。実際に触って感知できるという意味で、消費者がブランドと最も直接的で物理的なかかわりを持つことを可能にする。私たちが行った調査では、形状属性とブランドのかかわりは、消費者の潜在意識の深いレベルで暗黙的にだが、強く認識されている。人間は、形状を認識して分類するように生物学的にプログラミングされているのだ。

もっとも、私たちはそれをしていると自分では意識していないかもしれない。多くの場合、消費者がブランドと関係づけたり、認識したり、その一部として受け入れたりする形状的要素は、言葉で描写するのが難しい。だが、それが製品の認識のされ方に重要な役割を果たすことがあるのは間違いない。これについては後述する。

潜在意識で、ブランドとある程度強く結びつけられている形状的要素には、ロゴ、イメージ、アイコン、デザイン、それにブランドと一緒に連想されるフォント（書体）などがある。製品の物理的な特性がブランドと結びつけられる場合もあり、その中には形、大きさ、容量、色、手触りなど、実際に触って確かめられる要素が含まれる。形状には視覚的要素だけでなく、音色、音質、拍子、メロディ、ハーモニーの質などの聴覚的要素も含まれる。

形状とはブランドの顔であり、声である。ブランドそのものと結びついて、それを連想させる形状属性以外にも、カテゴリーの形状属性がブランドに浸透してその属性になることを理解しておく必要がある。ブランドとカテゴリーはしばしば、潜在意識レベルで強く結びついている。そのため、次の3つの質問に対する答えを確認しておくことが重要だ。

1 消費者の潜在意識がカテゴリーと結びつける形状属性は何か。

2 消費者の潜在意識がブランドと結びつける形状属性は何か。

3 消費者の潜在意識が競合他社と結びつける形状属性は何か。

製品の独特なスタイルや輪郭が、ブランドの主要な形状属性になっているケースもある。その典型例がポルシェで、車体の前部と後部のユニークなデザインが特徴となっている。ガルウイングドアと言えば誰でもランボルギーニを思い浮かべるし、シボレー・コルベットの場合は、ボンネットの先端が長いロングノーズ、サイドフェンダー、4つの円形のテールライトといった個性的なスタイリングに特徴付けられている。コカ・コーラの瓶のユニークな形状は、一瞬にしてブランドを認知させる。

興味深いことに、フォント（書体）のスタイルもまた、ブランドのアイコンになりうる。コカ・コーラの場合も、飲み物自体の色、グラス上の結露、弾ける炭酸の泡などが重要なアイコンであることは間違いないが、「Coca-Cola」の文字が一瞬にしてブランド認知を可能にすることを見れば、装飾体のスペンサリアン体が見事にその役割を果たしていることは誰にも否定できない。「コカ・コーラ ゼロ」の発売時にも、色（黒）とフォント（スペンサリアン体）の選択によって、それがブランド拡張を意図したものであることが一目瞭然になった。

消費者の潜在意識でブランドのイメージを形成するのが個別の形状的要素である以上、これらの要素はしばしば企業の中核的な知的財産（ＩＰ）として保護の対象になっている。そのため、ニューロマーケティング調査を開始する際には、潜在意識でブランドと結びつけられている形状的要素を特定し、それらを企業が保護対象としている知的財産、商標、著作権などと同列に扱うべきかどうかを検討すると同時に、保護（そして最終的には強化）するための最善策を図ることが重要になる。

私たちが現在も継続中の多数のカテゴリーにわたるブランド調査で、ある興味深い事実が明らかになった。これはとりわけ、アップル関連の知的財産に重要な意味を持つ発見だ。アップルのブランドは、一部が欠けたリンゴのマークだけでなく、ｉＰｈｏｎｅに特徴的なユーザーインターフェース（ＵＩ）のカラフルなアイコンによっても代表されている。私たちは、潜在意識がこのＵＩとアップルのブランドを結びつける力があまりにも強いことに驚いた。そのため、アップルがこの結びつきに関して適切な知的財産権の保護を請求したのは意外な展開ではなかった。この問題は現在、アップルとノキアの間で訴訟問題に発展している。

機能

ブランド・エッセンス・フレームワークの７つの次元で次に取り上げたいのは、私たちの日常でブランドが果たしている機能である。それは、あなたのブランドにとっても、ユニークで不可欠なものだ。ある理由から、「不可欠さ」は、この機能を特徴付ける重要な属性になっている。ニューロフォーカス社が様々なブランドを対象に行った調査では、最も高いスコアを記録した機能的要素は、消費者が潜在意識の深いレベルで不可欠であると評価し、格付けしたものだった。これらの機能的属性は、ブランドのアイデンティティにも大きく寄与している。

ブランドが持つ独自性は、その機能をカテゴリーが持つもっと包括的な機能から差別化するという意味で重要だ。競合より優れた機能によるブランドの差別化は、消費者の潜在意識の深いレベルにおいて、ブランドを放棄して競合に乗り換えることに対する最も本質的で最も持続性の高い障壁を提供する。

私たちが行った機能性に関する調査では、明示的機能性と暗黙的機能性を区別することの重要性が明らかになった。

明示的機能性――消費者が言葉で簡単に説明できて、製品の設計者が簡単に実装できる製品の機能をこう呼ぶ。たとえば自動車の場合、明示的機能には人や物を運搬したり、荷物として積載したりすることが含まれる。だが、どんな場合でも、消費者は心の中で機能に階層を設けており、それがニューロメトリクスによって明らかにされた。一部の明示的機能は、他の機能よりも個人的優先度が高いのである。つまり、どの機能がそれに当たるか、あらかじめ把握しておく必要があるということだ。

暗黙的機能性――これらは消費者にとって貴重で不可欠な機能だが、言葉で説明することができないか、そうすることに気乗りがしないケースである。たとえば、子供のいる家庭にとって、車載用ＤＶＤプレイヤーの最も重要な機能は長距離運転の際にベビーシッターの代わりをしてくれることだろう。だが、なかには育児の義務を放棄しているように見られるのが嫌で、それを公然と認めたくない親もいる。それでも、それが不可欠な機能である場合は、ＤＶＤプレイヤーのある自動車を購入するか、それとも違う車種にするかの分かれ目になりかねない。

「形状」の場合と同様、「機能」について論じる際には、ブランド、競合ブランド、そしてカテゴリーという3つの視点から分析する必要がある。

フィーリング

これは、ブランドについて考えるか、ちょっと言及しただけで反射的に起きる感情的な反応で、ブランドの感情的な「元型」を構成している。多岐にわたるカテゴリーを検査した結果、あらゆる有名ブランドは潜在意識の深いレベルで独特な感情的アイデンティティを持っていることが判明した。

そこで、これらのフィーリングを適切な店舗環境、通路の設計、それに各種の特設コーナーやディスプレイによって活性化すれば、ブランドに対する暗黙的なプライミング（訳注：先行する刺激によって次の行動が影響される）効果が期待できる。私たちの調査でも、ブランドの感情的元型が暗黙的、あるいは明示的なプライミングによって消費者の目に触れた場合、購買意欲が目に見えて高まることが確認されている。

フィーリングとは、ブランドに関連する属性やつながり――事実、時間、場所、人々などの要素も含めて――の大きなネットワークのエッセンスのようなものと考えることが可能だ。ブランドにかかわるすべての要素を再確認したり、思い出したりする手間をかけるよりも、脳は背景にある大きなネットワークからエンコードされた「フィーリングによる要約」にアクセスすればすむ。だから、たとえば、脳はある製品の栄養成分に関する情報をすべて思い出す代わりに、それを以前に見た時に体験した肯定的なフィーリングにアクセスする。それによって2回目からは、そのフィーリング自体が、手軽に入手できる栄養成分に関する情報の要約として機能する。マーケティング的観点からは、どのフィーリングが特定のブランドと関連づけられているかを理解しておくことが重要だ。

ブランドに関連している多種多様なフィーリングは、便宜上、6つの大きなカテゴリーに分類しておくと便利だ。

1　特定のブランドを楽しんだ機会、社会的状況、場所に関連したフィーリング。

2 特定のブランドを楽しむにあたり、事前に行った準備に関連したフィーリング。

3 特定のブランドを楽しんだことに関連したフィーリング。

4 特定のブランドを楽しんだ後の時間に関連したフィーリング（余韻）。

5 特定のブランドが何らかの役割を演じている大きな文化的コンテキストに関連したフィーリング。

6 特定のブランドが何らかの役割を演じている人生における様々な出来事やライフサイクルに関連したフィーリング。

これらのすべてのカテゴリーで、私たちはブランドによって活性化される可能性のある中核的な感情を特定していった。この作業によって完成したのが、ブランドに関連したフィーリングの包括的な見取り図だった。深層潜在意識反応を応用した技術で、私たちはブランドの感情的中核を形成する部分だけに光を当てることが可能になった。

フィーリングについて論じる際には、ブランド、競合ブランド、そしてカテゴリーという3つの視点から分析する必要がある。

価値観

ここで私が価値観と呼んでいるのは、ブランドと暗黙的、あるいは明示的に関連している可能性がある広範な社会的・道徳的価値のことだ。ニューロフォーカス社が複数のカテゴリーにわたって行った調査によれば、ブランドに消費者の社会的、道徳的、精神的価値観と強く共鳴する部分があった場合、リアルとバーチャル双方の社会的ネットワークで、そのブランドを支持・推薦する傾向が強まった。価値観が近いと、ブランドとフィーリングの結びつきも強まる。価値観によって、ブランドと消費者個人とのつながりが強化されるのだ。

ブランドと関係のある特定の価値観を調査する場合、一部の価値観には時間を超越した耐久性があることに注目すべきだ（それ以外の価値観は、その時によって優勢になったり劣勢になったりする）。私たちが行った調査では、一部の価値観と特定のブランドの本質的な特徴との間には高い関連性があることが判明した。

その価値観とは、以下の複数のカテゴリーに含まれるものだ――個人的、精神的、道徳的、共同体的、社会的、政治的、経済的、哲学的、歴史的、伝統的、文化的、国家的、環境的、法的、そしてライフサイクル関連である。

ベネフィット（便益）

これは、消費者がブランドを使用する際に期待する個人的に意味のある報酬のことだ。ベネフィット（便益）は機能よりも一般的で、根深い影響力がある。ベネフィットは通常、ブランドが消費者にとってどう役に立つかを意味し、言葉では肯定的に表現されることが多いが、場合によっては暗黙的に表現されることもある。複数のブランド調査で判明したのは、ある消費者が潜在意識レベルでブランドを特定のベネフィットと強く結びつけている場合、それはその個人のアイデンティティや価値観と相関性があるということだ。

事実、消費者は、ブランドから得られるベネフィットを他人に知ってほしい自分の属性として扱う。

たとえば、アップルのｉＰａｄのもたらすベネフィットの多くは、それを使うユーザーの上昇志向をそのまま描写していることにある。つまり、スタイリッシュで先進的なｉＰａｄのテクノロジーは、ｉＰａｄを使っているユーザーもまた「スタイリッシュ」で「先進的な」ことを伝えるために使われているわけだ。こうしてｉＰａｄユーザーは、ひと言も発することなく、自分が世界にどう見てほしいかを、ブランドにより凝縮されたメッセージとして伝えているのだ。

当社の研究では、ブランドと消費者の個人的アイデンティティを結びつける際に、以下のカテゴリーのベネフィットが明示的にも暗黙的にも際立っていた。

- ●物理的・肉体的な美しさをアピールする。
- ●知的レベルの高さをアピールする。
- ●性的魅力に磨きをかける。
- ●ファッショナブルでトレンディな自分をアピールする。
- ●最新トレンドに通じており、テクノロジーに詳しく、知的レベルも高い自分をアピールする。
- ●キャリアと資産形成で成功した自分をアピールする。
- ●家族と家柄の良さに対する誇りを表現する。
- ●社会的地位の高いエリートであることをアピールする。
- ●権力や資源へのアクセスを提供する。
- ●自分の遺伝子や人種に誇りを持っていることを表現する。

郵便はがき

153-8790

料金受取人払郵便

目黒支店承認

543

差出有効期間
平成25年3月
1日まで
(切手不要)

(受取人)

東京都目黒区目黒1-24-12

株式会社阪急コミュニケーションズ

書籍編集部 行

■ご購読ありがとうございます。アンケート内容は、今後の刊行計画の資料として利用させていただきますので、ご協力をお願いいたします。なお、住所やメールアドレス等の個人情報は、図書目録の送付、新刊・イベント等のご案内、または読者調査をお願いする目的に限り利用いたします。

ご住所	□□□-□□□□ ☎ ― ―		
お名前	フリガナ	年齢	性別
			男・女
ご職業			
e-mailアドレス			

※小社のホームページで最新刊の書籍・雑誌案内もご利用下さい。
http://www.hankyu-com.co.jp

愛読者カード

■本書のタイトル

■お買い求めの書店名(所在地)

■本書を何でお知りになりましたか。

①書店で実物を見て　②新聞・雑誌の書評(紙・誌名　　　　　　　　)

③新聞・雑誌の広告(紙・誌名　　　　　　　　)　④人(　　　)にすすめられて

⑤その他(　　　　　　　　　　　　　　　　　　　　)

■ご購入の動機

①著者(訳者)に興味があるから　②タイトルにひかれたから

③装幀がよかったから　④作品の内容に興味をもったから

⑤その他(　　　　　　　　　　　　　　　　　　　　)

■本書についてのご意見、ご感想をお聞かせ下さい。

■定期購読されている新聞・雑誌名をお教え下さい。

新聞(　　　　　　　　　　)　雑誌(　　　　　　　　　　)

■最近お読みになって印象に残った本があればお教え下さい。

■小社の図書目録をお送りしますか。　はい・いいえ

●ユニークな個性をアピールする。

メタファー

メタファー（比喩やたとえ話のように他のものになぞらえること）とは、特定の対象――ブランドや製品など――に実物より優れた品質があるかのように例えて表現することだが、それが誇張されて見える場合もある。たとえば、トラックは「雄羊のように頑丈」（訳注：英語に特有の表現）と描写されることがあるが、これを字義通りに解釈する人はまずいないだろう。第一、雄羊がいくら頑丈でもトラックに敵うはずがない。だが、このメタファーが伝えようとしているのは、ブランドが表現する一種の野心や野望で、このトラックはタフで頼りになるし、目標に向かって一心不乱に突進する一途さがあるというイメージだ。

メタファーはしばしば、実物よりも大きな期待を抱かせ、それを消費者に意識的に、あるいは潜在意識レベルでブランドと結びつけさせる効果がある。ブランドにとって最良のメタファーは、消費者に対する約束を完全に体現したものだ。私たちの調査でも、最良のコミュニケーション戦略は、その中核に1つだけ主要なメタファーを配し、それを首尾一貫して提示し表現したものであることが確認されている。そのメタファーはブランドの野望を表現するものだが、同時にそれはブランドが体現している人間の野望にほかならない。人間を駆り立てる野心やインスピレーションが、ブランド戦略を立脚するための基盤を提供するのだ。メタファーは、製品、パッケージなどのコミュニケーションを通じて、目に見える形で持続的に強化され続けなくては何の役にも立たない。

メタファーはポジティブなものばかりとは限らない。また、常に身内のブランディングチームによって制作されるわけでもない。私たちの調査では、ブランディングチームの意図に反してブランドと強い結びつきを持ってしまったメタファーも一部で見つかっている。また、ブランディングチームがまったく気付かないうちに、ブランドと結びつきを持ってしまったメタファーも発見されている。

深層潜在意識反応を応用したニューロメトリクスの測定方法を使えば、あらゆるタイプのブランドに関して、どんなメタファーが暗黙的・明示的に関係しているか特定できる。この調査はまさにそのために作られたようなものだ。ブランドと接触した直後に、特定のメタファーがどれほど強く活性化されたか測定すれば、ブランドとメタファーの間に結ばれた関係性を正確に数値化することが可能だからだ。たとえば、広告キャンペーンでどんなメタファーを使用するか迷った場合、神経学的調査でそれらの関係性を測定しておけば、どのメタファーがブランドと無理なく自然に関係付けられ、どのメタファーが消費者を「無理強い」しようとして失敗する可能性が高いか、事前に判断できるようになる。

拡張

ブランド・エッセンス・フレームワークの7つの次元で最後に取り上げるのは、ブランド拡張である。消費者の脳は、ブランドに対して新しい試みに挑戦してほしいと願っているかもしれないし、そうでないかもしれない。できれば、現在のブランドと比べてあまりにも「期待外れ」にならないように、無理なくブランド拡張ができる分野はどれか、あらかじめ知っておくのが理想的だ。

ブランド拡張は、消費者の潜在意識にとって道理にかなっているものでなくてはならない。そうした自然なブランド拡張は、消費者がブランド・エッセンスの他の次元の間を暗黙的に橋渡しして作った関係性から派生するものだ。それらは、自社のブランドか競合他社のブランドの形状、機能、ベネフィット、その他の属性をすべて含むものかもしれない。ブランド拡張が成功する確率を高めるには、拡張されたブランドのために場所を空けさせるためだとしても、消費者に暗黙的な関係性を再調整するなどの面倒な手続きを踏ませてはならない。すべては無理なく自然に行われる必要がある。

ブランド拡張は様々な方法や形で実現できる。ブランド拡張を多岐にわたるカテゴリーで測定した結果、最も成功した拡張例は以下の戦略を用いていることがわかった。

1 **機能性の追加**――消費者が本当はブランドをどう使っているのか、またブランドにどんな新しい機能を持たせているかを調査し、それらの機能を追加することによってブランドを拡張する。

2 **機能性の融合**――他のブランドの機能を融合し、従来はそのブランドが専有していた分野を乗っ取ることによってブランドを拡張する。

3 **機会の融合**――ブランドが名目上使われる機会を増やすことによってブランドを拡張する。

4 **相互連携やインターフェースの融合**――他のブランドと提携したり、相互連携を可能にしたりすることでブランドを拡張する。

5 **テクノロジーの融合**――関連するテクノロジーと融合したり、統合したりすることでブランドを拡張する。

6 **デバイスの融合**――消費者が所有したり、使用方法を学んだり、カスタマイズしたりする必要のあるデバイスの数を減らすことによってブランドを拡張する。

ブランド・エッセンス・フレームワークの7つの次元は、ブランドがかかわる消費者体験のすべての領域をカバーしている。これらを使えば、ブランドの真の意味でのエッセンスが表現できる。これは、ブランドのアイデンティティと競争的市場におけるプレゼンスを考えるためのフレームワークだ。

この中で、最も重要な次元はどれなのか。脳がブランドとやり取りをする際のそれぞれの次元の位置関係をグラフにしてみると、予想通り、中心に位置していたのはフィーリングだった（図12・1参照）。脳がブランドに出会うと、最初のうちは、単純な物理的属性に関するデータを処理しているだけだが、すぐに、主にフィーリング、価値観、ベネフィットなどから抽出した意味に基づいて、以下のカテゴリーに分類し始める。

既存のブランド——あなたの既存ブランドから消費者の心が離れないようにするには、ブランドと関係したフィーリングの核心部分に狙いを定める必要がある。あなたのブランドに関する長期記憶を活性化するのは何か。それは嗅覚か、味覚か、それとも視覚的要素か。これらの感覚を集中的に刺激すれば、脳はそれを後で何度も繰り返し体験するために、楽しませてくれたブランドを長期記憶に大切にしまい込むはずだ。

新しいブランド——新しいブランドは未知の存在なので、それが日用品であればベネフィットと機能

図12.1――ブランド・エッセンス・フレームワークの中核と外側の次元

資料：NeuroFocus, Inc.

に集中し、贅沢品であればベネフィットとフィーリングに集中して消費者にアピールするのが効果的だ。

日用品ブランド――日用品ブランドは、形状、機能、ベネフィットで最高のスコアを出す可能性が高い。日用品は実用的なレベルで脳の関心を引き、合理的認知プロセスを強く刺激する。日用品ブランドに関しては、脳は微妙なスタイルの違いを値踏みしたり、同じ社会集団の他のメンバーがそのブランドを使っている人間を見てどう思うかを集中的な神経学的プロセスで評価したりして、時間を浪費したりしない。この場合、脳は、それは役に立つか、実用的か、自分のニーズに合うかといった点にしか関心がない。

贅沢品ブランド――贅沢品ブランドにはプ

レミアム価格が設定される。そのため、脳が高額の値段を支払うことを検討し、合理化し、支払い義務を果たすためには、合理的思考プロセスで出費が正当化されなければならず、そのためにはかなり強い感情的反応が必要となる。それが25ドルのリップグロスであろうと、あるいは7万5000ドルの自動車であろうと、有無を言わさぬ感情が働いていない限り、脳は購買を許容しない。感情を刺激する次元にはフィーリング、価値観、メタファーがある。これらが強くなくては、潜在意識が価格に対して最初に示す消極性や抵抗を乗り越え、購買にこぎつけることは難しいのだ。

◎感情は、脳が大量の情報を思い出すための手段である。つまり、自動車やパソコンのように多くの情報を処理する必要のある複雑な買い物でも、最終的な判断は感情に負うところが大きいということだ。

アップルの戦略

脳と魅力的なブランドについて調べていると、最終的にはアップルの物語にたどり着くことは珍しくない。アップルというブランドは、どうしてあれほど愛されるのか。理由は、あのエレガントなロゴにあるのか。それとも、あの可愛い色のせいなのか。あるいは、あの厳重に管理されたプロプライエタリOS（訳注：法的・技術的な手法を用いてその使用や改変、複製を制限しているOS）に原因があるのか。答えは、これらすべてとそれ以上、である。

かなり昔のことになるが、ある時、アップルは、脳が一番好きな「特定し、分類する」作業を手伝うという本質的な戦略的決定を行った。アップルは、消費者にとっての使い勝手の良さを実現すること、そして複雑で近寄りがたいテクノロジーへの恐怖と不信感を克服する手助けをすることに集中した。その結果、美しいデザインの製品やパッケージを次々に生み出し、それがアップルというブランドそのものが持つ意味を強化し、強くて一貫性があって永続的なアイデンティティをもたらした。アップルはまた、製品の流通を厳しく管理し、他社のコンピューターのブランドとは一線を画したアイデンティティの構築に成功した。さらに、同社は同じカテゴリー内では水準以上の価格にこだわり、アップルのブランドや製品には誰もが憧れるというオーラを作り出すことにも成功した。

アップルのもうひとつの選択も成功を後押しした。誰でもひと目見ればわかる自然界のアイコンで、親しみやすく、おいしそうで、魅力的で、有機的で、様式化されても潜在意識に訴える属性が消えない──同社が選んだのは、そんなロゴだった。

アップルと他社との違いを際立たせているのは、この素晴らしく一貫性のあるブランド戦略だ。消費者とブランドの接点では必ず同じブランド・エッセンスの次元が表現されているため、脳にとっては同社のブランドに意味や重要性を割り当てやすくなる。潜在意識への効果は絶大で、高めの価格でさえ、本来の価値を明確にかつ直接的に反映しており、一貫性があるという理由で「正当化」される。

脳が体験をどう解釈するかはコンテキストに大きく影響される。アップルがそれをよく理解していることは、同社の小売戦略を見れば明らかだ。店内の通路でショッピング中に、商品が積み重ねてあったり、ふた付きの容器に入れっ放しだったりすれば、店を出た後で残るのは安物ばかりだったという印象だろう。本当に価値のあるものは、売場の隅に積み重ねてあったりしないという暗黙の仮定が買い手の側にあるからだ。一方、これが一部のブランドにとっては有利に働く場合もある。たとえば、安売り店では意図的に商品を積み重ねることによって、お得感を演出することがある。

贅沢品ブランドの場合は、その正反対だ。ロレックス専門店では、商品は鍵をかけられたケース内に陳列してある。見せてくれと言うと、店員は時計に磨きをかけ、クッション入りのエレガントなケースに入れて持ってきてくれる。言葉には出さなくても、そこには明確なメッセージが込められている。これはとても価値のある、それ自体が貴重なブランドであるため、高価な値段がするのも当然なのだ。実際、それを入手したいという欲求は、この近寄りがたいオーラによっていっそう高められ、ロレックスのブランド・エッセンス・フレームワークの要素を強化している。

ブランドにとってのコンテキスト

脳にとってコンテキストはどれほど重要か。バイオリン、ワシントンＤＣ、地下鉄という3つの要素がかかわった興味深い実験が明らかにしている。

ある寒い冬の朝、ワシントンＤＣのある地下鉄の駅の片隅で、１人のバイオリニストが45分間にわたってバッハとシューベルトを演奏した。およそ１０００人の乗客が演奏中の彼の脇を通り過ぎていった。数分おきに、少しの間立ち止まったり、１ドルか2ドルを置いていったりする人もいたが、それ以外には誰もこの演奏家に注目しなかった。男の子が1人だけ、興味津々の様子で立ち止まり、その場に残りたそうにしていたが、母親に手を引かれて行ってしまった。その子は3歳だった。

45分たつと、バイオリニストは楽器をケースにしまい込んだ。拍手が起きることはなく、話しかける者もおらず、彼が去ったことに気が付いた者さえいなかった。

その間の彼の実入りは……合計32ドルだった。

バイオリニストの正体は、ジョシュア・ベル。世界で最も有名な音楽家の1人だ。彼がその日、演奏に使ったのは、彼自身が所有するストラディバリウスで、これも現存するバイオリンの中で最も優れた——そして、最も希少で高価な——楽器の1つだ。前日、ジョシュア・ベルは、ボストンのコンサートで満席の聴衆を前に演奏したばかりで、売り切れたチケットの値段は1枚100ドルだった。

この実験を行ったのは、大手新聞社のワシントンポストで、どういうコンテキストで人々の認識や知覚、そして優先順位が変化するかを調査するのが目的だった。結果は一目瞭然である。

興味深いことに、ベルの音楽に最も興味を示した者の1人はまだ幼い子供だった。私たちの脳は、成長するに従い、コンテキストに応じて経験を分類することを覚える。その点、子供にはまだコンテキストに応じて自分の体験に自動的に意味付けをする習慣が定着しておらず、素晴らしい音楽を耳にすれば、場所が地下鉄の駅であっても立ち止まって聞くべきだと考える順応性が残っていたのだろう。対照的に、大人たちにとっては、ジョシュア・ベルがその日、ワシントンDCの地下鉄の駅で行った演奏には32ドルの価値しかなかったわけだ。その一方で、別のコンテキストにおいては、ジョシュア・ベルがボストンのシンフォニーホールで行ったコンサートの売り上げはおよそ22万ドルに達した。

◎人間の前頭葉は20代になっても発達を続ける。前頭葉の発達はコンテキストの解釈を可能にする。

マーケティング的観点からすると、これは何を意味するのか。若者の脳は20代まで発達を続けるため、彼らを対象としたブランドを開発したり、ブランドメッセージを発信したりする際には、彼らの順応性の高さを十分考慮に入れる必要があるということだ。

ここで、この章の冒頭でムードボードの出来に怒ってテーブルをこぶしで叩いていたニューロフォーカス社のクライアントに再登場願おう。彼の不満は、そこに自社のブランドの最良の属性を表現してくれるアイコンがないことにあった。だが、たった1つのアイコンがそこまでの意味と感情を体現できるものなのだろうか。

実は、アイコンによっては、あまりにも象徴としての存在感が大きいため、単体で消費者体験に大きなインパクトを与えるケースがある。そんなアイコンの1例が、国際スポーツ競技大会の究極のロゴで、五輪マークとして知られるオリンピックのアイコンだ。

2008年の北京五輪開催中には、例によって、怒濤のように派手な広告展開が繰り広げられていた。仕掛けたのは、五輪公式スポンサーの権利を勝ち取るために莫大な資金を投じたトップブランドの一群だ。スポンサー料は1社当たり4000万ドルに達した。各社とも、戦略的マーケティングをグローバルに展開するために莫大な投資を行ったわけである。だが、当時はこの投資にどれだけブランド認知を高める効果があるか、信頼できる方法で直接的にかつ正確に測定する手段は無きに等しかった。

ニューロフォーカス社では、深層潜在意識反応による調査を行い、五輪のスポンサー権が消費者の潜在意識でブランドイメージに対する認知・知覚の仕方にどの程度のインパクトを与える可能性があるかを測定した。そしてそれを、スポンサー権なしで五輪期間中に広告を流しただけのブランドへの効果と比較してみた。オリンピックというブランド自体にもブランド・エッセンスがあり、私たちはその最も重要な属性である「達成」についても調査した。

その結果判明したのは、五輪の公式スポンサーとして広告展開をする方が、非スポンサーとして広告展開をするよりも、明らかにブランド認知拡大の効果が高かったということだ。こうして、従来の調査方法では可能性を指摘するだけにとどまった投資効果が、私たちの調査で初めて、科学的に妥当な数値によって検証されたのである。

それでは、どうしたらこれほど強く消費者の琴線に触れるアイコンを開発できるのだろうか。オリンピックのアイコンが最初に使用されたのは１９２０年のことだ。約１００年にわたって露出され続けたことも、五輪マークが心の奥深くで反応を呼び起こす大きな要因のひとつだ。だが、数十年間にわたって使い続ける以外に、脳が自ら進んで記憶し、愛着を感じるようなロゴやアイコンを開発する方法はないものだろうか。

解決策――ブランドの象徴学

この章の冒頭で、テーブルを叩いて怒っていたクライアントの彼。これ以上、こぶし（とテーブル）をいためないようにするために、私たちは彼に助け舟を出すことにした。

私たちはまず、彼の目の前のムードボードに貼り付けられた多数のアイコンのうち、どれが彼の消費者の琴線に触れるかを調査した。彼が直面していた最大の問題は、従来の調査方法が消費者の好みを明確に特定する手段を欠いていたことだ。

これはマーケティングにおいて永遠の課題であると同時に厄介な問題でもある。消費行動を従来の方法で完璧に予測しようとすると2つの壁に阻まれる。第1に、消費者が何をどのようにして注目し、感じ、記憶し、何が彼らを行動に駆り立てたのかについて調べようと思っても、従来の方法論では、神経学的調査と同等の科学的精度で情報を提供することはできない。

第2に、未来にどんなことが起きて、それが行動にどんな影響を与えるか、完璧な情報を得る手段はない。人類にとって幸運なことに、今はもちろん、今後も未来の行動を予測できる日が来ることはないだろう。だが嘆く必要はない。人生はその方が楽しいに決まっているからだ。

しかしその一方で、私たちは神経科学を応用して、人々が将来どう感じたり行動したりする「可能性」があるか、かなり高い確率で推測できるようになった。私たちが前述したクライアントのためにしたのがまさにそれで、以下がその経緯である。

あるブランド・エッセンス調査の要約

調査対象となったのは、保険業界のあるブランドで、それ自体、独自の課題を抱えたカテゴリーだった。消費者は変化を嫌うものだし、どんな属性よりも安心感と信頼に高い価値を置く。そのブランドもまた、お金の管理や幸せな生活設計を安心してまかせられる、信頼できる世話役であることを消費者にアピールしてきた。

だが、フォーカスグループ・インタビューの結果によると、消費者はこのブランドに別の属性を結びつけている可能性があることが明らかになった。それは、単なる安心感や安全よりもっと個人的で親しみやすい属性だった。さらに重要なのは、消費者の動向に詳しい複数の人たち、特に冒頭で登場したCMOの彼がその指摘は正しいと直感していたことだ。だがこれまでとは違う道に一歩踏み出すには、もっと明確な情報が必要だったし、リスクを減らすためには組織全体の協力が必要だった。

「ここに並べたムードボードを消費者に見せて、その反応を神経学的調査で調べてみたい。それを世界各地の5つの重要な市場で実施してみよう」とそのクライアントは宣言した。2週間後、私たちはそれをやり遂げた。その結果、「安全」と「安心感」以外にも、消費者は「親しみやすい」と「支えになってくれる」を潜在意識の深いレベルでこの国際的なブランドと結びつけていることが明らかになった。

これは重大な発見だった。なぜなら、この結果は消費者の現在の行動ではなく、将来的に行う可能性のある行動に関する情報に基づいて、神経学的に確定されたからだ。さらに、企業側はこの調査結果を強力にバックアップし、新たに発見された属性はその後のすべてのマーケティングで取り上げられることになった。「親しみやすい」と「支えになってくれる」がブランドの強力な属性であることを理解することで、企業側は、消費者が自社ブランドに対して抱いている本当のフィーリングの中核的部分――それは言葉にされておらず、そもそも言葉で表現できない――とより同期した方法で戦略を構築したり、アイコンやイメージを選んだり、広告の文章表現を工夫できるようになったのである。

この章で学んだこと

●ブランド・エッセンス・フレームワークの7つの次元。
●ブランドのポジショニングとマーケティングに貢献した神経学的ベストプラクティス。
●潜在意識レベルでブランド・アイデンティティを理解し、構築するには、コンテキストが重大な役割を果たすこと。

第13章

脳と製品

この章で学べること

製品が消費され、体験される際に、潜在意識で生じる具体的なプロセス。
それらのプロセスから神経学的に最高のスコアを出した部分を抽出し、製品デザインの最適化、パフォーマンスとマーケティング効果の最大化を図るために利用するにはどうすればいいか。
新製品導入の際に神経学的調査を応用し、はまりやすい落とし穴を避け、成功の確率を高めるにはどうすればいいか。
製品の適正価格や価格弾力性の限界や消費者が納得できる範囲について、消費者の潜在意識の深いレベルで確定するにはどうすればいいか。
関連製品やサービスをセットにして販売するバンドリングは、神経学的観点からするとどう評価すべきか。

課題――「確実に成功するとわかっているもの」を変えるべきか

私は、会議室のテーブルをはさんで、クライアントのブランドマネージャーと消費者インサイトの担当責任者と向かい合っていた。磨き抜かれたマホガニー製のテーブルの上には、彼らの製品が鎮座していた。

ブランドマネージャーは説明した。「この製品の最大の魅力が何か、今さら教えてもらう必要はありません。今、私たちが知りたいのは、この製品に変更を加えたら顧客がどう反応するかという新しい情報です」。長年この有名なブランドの舵取りをしてきただけあって、彼女の声は自信にあふれていた。「わずかな変更にすぎません」と彼女は付け加えた。その口調には、私をあまり警戒させないようにしようという配慮が込められているようだった。「確実に成功するとわかっているものを台無しにするつもりはありませんから」

「つまり、フォーカスグループ・インタビューの結果によって、製品の魅力はすでに確認できているということです」と消費者インサイトの担当責任者が続けて言った。「でも、御社の調査を実施すれば、それとは違った結果が出る可能性があるということですよね？」

そんな会話をしてから、すでに3週間がたっていた。あの時と同じ2人の企業幹部と、今度は別の部屋でテーブルをはさんで向かい合っていた私の頭の中では、当時のやり取りが鳴り響いていた。今回、テーブルの上にあるのは製品ではなく、紙の資料だった。

「御社の調査は、消費者の満足度の鍵を握るのは一貫性であると結論づけていました」と私は切り出した。「御社から提供された複数の調査結果を見ましたが、ほとんど同じ結論に達していましたね。最初のミーティングで、あなたたちが言った通りでした」

目の前の2人から特に反応はなかった。無理もない。私はたった今、彼らにとってわかりきった事実を確認しただけだったのだから。

少なくともその段階で、彼らはそう思い込んでいた。

「でも、弊社の調査では違う結果が出ました」

私が部屋の照明を暗くすると同時に、そのクライアントのブランドのアイコンが壁のスクリーン上に映し出された――。

脳の中で製品はどう見えるか

脳はどうやら、私たちを驚かせるネタを無尽蔵に抱えているようだ。論理や経験、そして従来の消費者調査がどう考えても真実であると示していることでも、脳にとってはまったくの見当違いかもしれない。そんな時、私たちにできるのは、脳に直接確認することだ。脳は自分から情報を提供したりはしないので、私たちの方から、真の意味で科学的水準を満たし、真の意味で科学的に厳密な方法で、潜在意識の深層に秘められたデータを探り出さなくてはならない。

だがもちろん、脳波を測定するセンサーを取り付けた「ニューロキャップ」を被験者の頭に被せるだけで、脳が自然に秘密を話し出すわけではない。そのためには、脳が特定の刺激に反応するように、うまく誘導し、きっかけを与えねばならない。脳が本当は何を考え、感じ、思い出しているのか、語り出すのはそれからだ。その時に初めて、消費者が本当は製品のどこに注目しているのか、それについて何を感じているのか、そして製品に関してどんなことを記憶にとどめているのかを知ることになる。

総合的消費者体験を測定する

クライアントのために製品を調査する時、私たちは脳に「総合的消費者体験（ＴＣＥ）」を通じて語らせる。これは、ニューロマーケティングの強力なツールで、多種多様な使い道があるため、ここで説明に多少のスペースを割いておきたい。ＴＣＥは、消費者が特定の製品に近づき、それを消費したり利用したりする際に、その全段階を通じて脳波活動を測定する。ＴＣＥは、被験者が五感を通じて知覚するどんなことに対する潜在意識の反応でも測定できる。ということは、事実上あらゆる消費材に応用できるということだ。

総合的消費者体験は、消費者が製品を連続的に使用する際の脳の反応を測定するための方法論的フレームワークだ。それは文字通り、総合的な消費者の体験――パッケージを手に取って吟味するところから、実際に製品を使って楽しむところまで――を測定する。

この方法のメリットは、消費者が製品を使用した際に最も楽しかった部分――神経学的アイコンシグネチャー（ＮＩＳ）――を特定できることだ。こうした至福の瞬間を強調すると、製品の売り上げと消費が伸びる傾向がある。店頭でＮＩＳを活性化すると販売が増加する。また、ＮＩＳを中心に取り上げた広告は、そうしなかった広告に比べて、説得力（購入意向）と神経学的総合効果で高いスコアを記録することがわかっている。

総合的消費者体験フレームワーク

典型的なＴＣＥは、以下のステップで構成される。

1 パッケージを目で吟味する。
2 製品を利用するつもりでパッケージを手に取る。
3 パッケージから製品を取り出す。
4 製品と初めて接触した瞬間の五感を通じた知覚経験。
5 製品を消費する際の五感を通じた神経学的な知覚経験とそれに対する反応。
6 製品をもう１回楽しむか、片付けてしまうか。
7 製品を消費した後の儀式や幸福感（余韻）。

消費者が製品を体験している一連のプロセスにおいて脳の反応を測定していると、脳がとりわけ強い感情を経験する瞬間を正確にとらえることが可能になる。これらの瞬間は、そのＴＣＥにおける神経学的アイコンシグネチャー（ＮＩＳ）と呼ばれる。ＮＩＳは消費者の体験で製品そのものと結びつけられ、脳において最も深く刻印される。また、消費者にＮＩＳの記憶を呼び覚ますと、その楽しさや気持ちよさを再度経験したいという欲求が自然にわいてくることも確認されている。製品を使った後で、またその体験を繰り返したくなるようにＮＩＳによってプライミングされるのである。

ここまでは消費者の体験をマクロ的視点から語ってきたが、言葉にされないミクロなＮＩＳも少なくないということにも同様に注目すべきだ。消費者の体験を連続して測定し続ければ、こうしたユニークなＮＩＳを判別し、特定することも可能になる。

ＴＣＥの２つのゴール

五感のうちのどれか1つで知覚できる対象なら、私たちはどんなものに対する脳の反応でも測定できる。私がＴＣＥの技術をヨーグルトのトップブランドに応用することにしたのも、それが理由だった。調査対象は、この章の冒頭で議論の的になっていたあの製品である。

あなたは思うかもしれない。容器に入ったフルーツ味のヨーグルトを食べることをそんなに難しく考える必要はあるのか、と。スプーンを入れて、まぜて、食べる。それだけのことではないか。しかし、あなたの脳にとって、それは決して単純なプロセスではない。何より、五感のすべてが使われている。脳にとって、それ自体は普段と特に変わったところはないが、あなたがヨーグルトを食べることを考えていた時、そんなことは意識もしなかっただろう。

また、神経学的観点から言うと、このプロセスには実際にはいくつかのはっきりとした段階がある。私たちはこれらのステップを分離・特定し、お互いから切り離した形で測定した。もちろん、脳はここから始めてここで終わるという風にきっちりと分割されたステップで機能するわけではない。そのため、

TCEによる実際の測定はプロセスの最初から終わりまで連続して行われることを理解してほしい。その一方で、製品の消費と使用という総合的な体験における個別的要素を分離・特定することは可能だ。TCEの調査で行ったのがまさにそれである。

TCEの最終的なゴールは2つある。第1に、消費者が潜在意識レベルで製品にどう反応するか包括的な理解と洞察を得ること。第2に、その体験で具体的に一番盛り上がった部分——つまり前述したNIS——はどこかを特定することである。

その際に、何が最も重要な脳波活動の引き金となったのか。どの機能が、あるいは消費者の体験でどの部分が脳の注目を引き、感情に火をつけ、記憶に保存されたのか。消費者の潜在意識に刻み込まれたその製品の「顕著な特徴」とは何か。

これらの質問への答えは、製品のNISにある。

神経学的アイコンシグネチャー（NIS）

神経学的アイコンシグネチャー（NIS）とは、文字通り、脳にとって最高レベルの体験であり、重大な神経学的反応が引き起こされた時に潜在意識に押されるユニークな刻印だ。

マーケターにとって、NISを特定することのメリットは、**消費者の潜在意識レベルで一番大きなインパクトを与えるのは製品のどの部分かを詳細に描写することが可能になる点だ。**これは、まさに前代未聞である。NISの知識で武装した賢明なマーケターは、消費・使用のプロセスとは切り離して、広告、パッケージ、店舗環境、その他のあらゆる手段を駆使して、NISを消費者に思い出させようとするだろうし、そのための手段や方策や素材を工夫することもできる。

解決策――ヨーグルトと知覚

ＮＩＳについては、後ほど、もう少し説明しておきたいことがある。だがその前に、例の容器入りのヨーグルトに関する話を続けよう。

これは、ＮＩＳが理性によって見落とされてしまうことがいかに多いかを物語る好例だ。この点の理解を深めるために、あなた自身が容器入りのヨーグルトを食べた時に何が起きるか、肉体的観点と神経学的観点の双方から分析してみよう（たかがヨーグルトと侮るなかれ。この話の最後には意外な結末が待っている）。

最初に、あなたはパッケージを目にする。すると、あなたの網膜にある神経の先端が信号を受信したり、発信したりして、視覚野のシナプスが発火する。あなたの前頭前皮質はそれを受けて、ターゲットに焦点を合わせるように眼球のまわりの筋肉に指令を出す。同時に、あなたの脳は、容器の色、形、大きさ、位置が持つ意味を解読し、そのデータはあなたの記憶に保存されてある情報と照合される。同時に、視覚以外の4つの知覚から流れ込んでくるデータとも照合される。

あなたの脳の中のスーパーコンピューターは、瞬時に答えを吐き出す。ヨーグルトだ。それを知った上で、あなたの前頭前皮質は、腕と手の筋肉や靭帯に指令を出してヨーグルトの容器に手を伸ばす。あなたの脳は、目標に到達するまでの距離と時間を計算して、動作を微調整する。あなたの指は、容器をつかむために必要な形に曲げられる。

その丸いプラスチックの容器をつかむと、あなたの脳は、容器自体の固さや重さに関するデータを受信して、それを持ち続けるために必要な指の圧力を修正する。同時に、容器の温度や表面の肌触りなどに関する情報も伝達される。

次のステップは、容器を持ち上げて、ふたを開けることだ。

神経と筋肉は、前頭前皮質にある運動中枢の指示に従って、再び連携し始める。プラスチックのふたを開けてアルミ箔をはがす時に、今度は別の感覚が作動する。アルミ箔がはがれる音が聞こえるのと同時に、容器のふたについた接着剤が指の動きにかすかな抵抗を示すのが感じられる。

すると今度はまた別の感覚があなたの神経回路を大量のデータで満たす。容器の中身がにおいを発している。ついに、あなたは待ち望んでいた瞬間を迎え、実際に製品を味わうことになる。

次に、あなたはスプーンを取り上げると容器の中にするりと差し込む。スプーンがゼラチン状の中身に沈んでいく時、粘度が高いためにほんの少し押し返されるような抵抗を感じる……それから、あなたは中身をかきまぜる。フルーツのかけらが表面に浮かび上がって渦状に回り始め、あなたの視覚、嗅覚、そして触覚が新しく流れ込んでくるデータをせわしなく処理していく。

そしてついに、あなたはそれを味わう。

あなたはクリーム状の物質をスプーンですくって口に運ぶ。またしても、脳内で一連の末端神経、筋肉、ニューロン、そしてシナプス回路が相互作用を開始し、その動作を可能にする。そして、スプーンとその中身をこぼさずに口の中に運び終わるまでの動作に必要な段取りを予測し、それを実行する。

しかし、ヨーグルトが顔に近づき、実際に口の中に入る前から、あなたの嗅覚はすでに鋭敏に刺激を感じ取っている。においの情報は鼻腔と口の両方から届けられる。中身が口の中に入ってくると、あなたは口と舌でその味、舌触り、固形物の存在、そしてヨーグルト自体の温度を知覚する。そして脳に信号を送って次の情報を伝達する。①おいしい、②冷たい、③少し粘度が高い、④識別可能な果物のやや固めのかけらが混ざっている、⑤飲み込んでも大丈夫だ。そして、あなたはそれを実行する。

このようにして、典型的なヨーグルトの消費プロセスは結末を迎える。そしてこれこそが、私たちが定義するTCEの内容である。

これらの一連のステップには、特に新しい面や意外な面があるわけではない。今、前述の描写を読んだばかりのあなたの脳も、それらを認知して確認しながら目新しさや特別に注目すべき点は何ら見いだせなかったはずだ。

それでは、TCEに備わっている特別な力や価値は一体どこから生じるのだろうか。実は、それはすべて、先に描写した情報の中に含まれている。だが、私が説明しない限り、あなたには何のことだかさっぱりわからないだろう。例のブランドマネージャーと消費者インサイト担当責任者の2人もそうだったし、ブランドマネジメント部門やコーポレートアイデンティティ（CI）担当部門に所属する彼らの同僚もそうだった。さらに言えば、マーケティングも、営業も、広告代理店も、そのブランドを店頭に置いているスーパーマーケット・チェーンもそうだったし、他の誰に聞いても同じだった。

それでは、あなたなら、容器に入ったフルーツ入りヨーグルトを消費するという楽しくて単純なプロセスに散りばめられたNISのうち、最も大きくて最も際立っているものは何だと思うだろうか。プラスチック容器の冷たく、つるりとした表面をなでる時の触感だろうか。それとも、スプーンを容器に差し込む瞬間？　あるいは、もしかすると、ヨーグルトの中の果肉を混ぜる時の感覚？（ヒントを1つ。通常、この質問をすると、この3つ目の答えを選ぶ人が一番多い）それともやはり、実際にそのおいしさを舌で味わう時？　あなたなら、どれを選ぶだろうか。

実は、正解は、そのどれでもないのである。

今回の調査では、脳波によって伝達される数十億ビットもの情報やバイオメトリクスの数値を調べた結果、明らかに一番目立っていたNISは、紛れもなく……驚くなかれ……容器をおおうアルミ箔をつまんではぎ取る瞬間だった。

事実、脳はその瞬間の動作と、それが生み出す様々な感覚が大のお気に入りで、潜在意識の好き嫌いランキングでも最上位に位置付けていた。その理由は、私たちにも推測するしかない。だが、ヨーグルトの容器をおおっているアルミ箔をはがすという行為に伴い、触覚、聴覚、視覚、嗅覚を通じて得られる感覚から、脳が大きな満足を得たことは間違いない。ここで思い出す必要があるのは、現代人の脳は10万年前から存在してきたという事実だ。脳は自分の好みを知っているが、私たち自身が脳について意識している範囲では、それが何か見当がつかない。私たちがTCEを開発した理由もそこにある。

スプーンに関する意外な発見

この種の調査では珍しいことではないのだが、今回の調査では他にもいくつか意外な発見があった。私たちのクライアントは、TCEでどんな種類のスプーンを使うべきか特定してこなかった。正直に言うと、私たちもそれに関しては事前の検討を怠っていた。だが、TCEの調査を始める頃には、2種類のスプーンを使って、脳が両者を差別化したり、どちらかを上位に置いたりすることがあるかどうか試してみようということになった。

結果は期待通りで、脳は見事に差別化を行った。私たちにとってやや意外だったのは、TCEでスプーンの素材として好まれたのが金属よりプラスチックの方だったことだ。手触りと何か関係があるのか、あるいはヨーグルトより（そして、金属よりも）温かい素材だからか、それとも光沢のない明るい色のせいか、もしかするとプラスチックの方がスプーンの柄《え》の取っ手が柔らかめで曲げやすいからか……。白状するが、私たちには見当もつかなかったし、脳から真実を引き出す手段も持っていなかった。

私たちにわかっていたのは、脳がアルミ箔をいじくりまわすのが好きだということだけだった……。そして、プラスチックの方が金属より好きだということも。

だが、もしあなたがヨーグルトの主要ブランドのマーケターなら、これは重要で価値のある情報だ。なぜなら、それはすぐにでも応用可能な知識だからだ。

もし私が優秀なヨーグルトのマーケターで、脳が何を好み、何を優先するか知っていれば、その知識をパッケージ、広告、店内ディスプレイ、製品デモなどのあらゆる分野で応用できるはずだ。私はその知識を有効に利用するための手段を手に入れ、他社との競争で根本的な優位を獲得するだろう。なぜなら、その内容は科学的に検証され、すぐに実行に移せるだけでなく、実現に必要な詳細なステップまで明らかにされているのだから。

先を急ごう。クライアントの企業秘密をここで明かすわけにはいかないが、脳の測定に基づく2つの新しい発見によって、くだんのヨーグルトメーカーはアルミ箔をはがす体験を有効活用するための新たな手段を全力で考案中であることだけはお伝えしておこう。さらに、ヨーグルトを食べる時はプラスチックのスプーンがいいという消費者の好みについても、メーカーとしてそのことを理解し、尊重する意思を伝えるための方策を検討中だという。私たちも今回の調査が終わった後で、このメーカーが新たに獲得したＮＩＳの知識を広告、マーケティング、そして小売活動に応用する具体的な方法をいくつか提案した。

私たちの仕事は、脳に何が好きかと尋ね、返ってくるほんのわずかな回答から真実を引き出すことだ。それはたとえば、ヨーグルトのような製品をどうパッケージし、販売すれば、効果を最大化できるのか、ということである。

ＴＣＥの注意点

1　ＴＣＥは、一度に一つの製品のみを対象とする。

2　ＴＣＥの調査は、２つの方式で行うことができる。**自己体験**――個別の消費者がすべての消費プロセスを自分で体験し、その全過程を通じて脳を測定する方式。**観察体験**――別の人間が右のような消費体験をするビデオを消費者に見せ、脳がその過程でどう反応するかを測定する方式。

3　被験者に消費体験をさせる前に、製品の属性に対する深層潜在意識反応の調査を行い、体験後に再度、同じ調査を繰り返すのが賢明なアプローチだ。調査結果を比較すれば、消費体験によって製品に対する認知がどう変化したかを検証できる。これによって、企業は消費体験で重要な役割を演じる個別的要素を特定し、それらが製品の認知にどう影響するかを確認できるようになる。

消費者と、彼らが実際に製品とどうかかわり、どんな体験をするかについて深い洞察力を示しているのがアップルだ。同社の小売店では、大半の製品をその場で体験できるように配慮されている。店頭に並ぶアップルのすべてのパソコンには、利用できるあらゆるソフトがインストール済みだ。iPodやiPhoneも、その場ですべての機能を体験できる。消費者は製品に直に触れることで、事前に持っていたかもしれない偏見から解放され、アップルが伝えたいブランド属性が強化される仕組みになっている。

新製品導入とイノベーション

ニューロマーケティングは、製品カテゴリーで他にどんな役割を担っているだろうか。答えは多岐にわたる。多くの企業にとって、新製品の導入は活性化のきっかけとなる。だがそれは同時に、時間、社内リソース、予算等のコストと、時には企業自体の評判やブランドイメージに対する大きなリスクを伴う。市場への新製品導入は、誰でも二の足を踏むほど成功率が低い。

数字はカテゴリーによって若干異なるが、新製品の失敗率は、推定70～95％に上ると見られている。一番好意的な数字だけ見ても、状況の悲惨さは否定しようがない。新製品導入の失敗によって何千億ドルもの予算が無駄になり、企業の財務状況や関係者のキャリアを破綻させている。ある推計によれば、全企業が新製品の開発と発売に費やしている予算の半分弱が市場でドブに捨てられているという。新しい製品やサービスの3年生存率は10%以下である。誰もが不思議に思うのは、なぜそれだけの予算をもっと賢い投資に回せなかったのかということだ。

もちろん、企業にとってはある程度の失敗は想定内だし、それが不可避な面もある。多くの理由で新製品の導入が目論見通りにいかないことがあるし、開発者側にまったくコントロールできない事情がかかわっているケースもある。それでも、現段階で新製品導入が恐ろしく高価な実験であることは否定できない。

ここで私が強調したいのは、必ずしもそうである必要はないということだ。

新製品有効性フレームワーク

どんな分野でも100%の成功率を約束するのは不可能だが、神経学的調査を使えば成功率を大幅に高めることが可能だ。たとえば、企業が多額の予算を投じる前に、新製品の消費体験に関して、次の基本的要素の理解を深めることができる。

- 消費者が新製品のコンセプトにどう反応するか。
- 消費者が新製品の構成要素や機能にどう反応するか。
- 消費者が新製品の予定されたポジショニングにどう反応するか。

●新製品のパッケージデザインは、重要なニューロメトリクスの指標である注目、感情関与、記憶保持の引き金となりうるか。
●新製品にリアル店舗の売場環境で既存の競合商品に対抗できる力はあるか。
●消費者は新製品によるブランド拡張と既存のブランドを比較して、それらをどう関連づけ、どう評価するか。
●消費者にとって一番価値の高い機能と低い機能はどれか。
●消費者の視点から見て、どの機能のバンドルが最も高い価値を提供するか。
●新製品の名前をどれにすれば、潜在意識で最も強い反応を引き起こせるか。
●購買者の脳にとって、貴重だがきわめて特定しにくい「スイートスポット」（消費者の心をつかめる場所）になるのは、どの価格帯か。

これら以外の質問でも、脳に直接聞きさえすれば簡単に答えがわかる。そして、**その知識があれば、これらの質問に含まれるどのカテゴリーでもリスクを軽減できるし、市場で成功する確率を大幅に高められ、新製品発売のＲＯＩ（投資利益率）を改善できるはずだ。**

ニューロフォーカス社では、神経学的調査を使って、様々なイノベーションのコンセプトの有効性を測定している。この調査方法の利点は、脳の反応を絶え間なく分析し続けていると、たとえ対象のコンセプト全体にさほどの有効性がなくても、部分的に高い有効性を発揮した箇所だけを特定できる点だ。これによって、コンセプト全体に対する消費者の反応が鈍くても、その一部で高い数値を出した部分だけを再利用することが可能になった。また、様々なコンセプトの優れた部分だけを組み合わせて、より効果的な新種のコンセプトを作り出すこともできる。つまり、文字通り消費者の潜在意識に働きかけて最終的なコンセプトの設計を手伝わせるわけだ。これによって、市場導入の際に、消費者に受け入れられる確率を事前に高めておくという一石二鳥の効果も期待できる。

私たちは、ここで2つの方法論を採用している。1つ目は、従来の調査方法を神経科学の知識で強化したものだ。コンセプトのポジショニングや消費者との共有のされ方については、従来通りのイノベーションのフレームワークに従っている。違うのは消費者に呈示する過程で、フレームワークのすべての要素をニューロメトリクスによって測定していることだ。

この方法論で特徴的なのは、すべてのコンセプトが以下の中核的要素によって描写されていることだ。

1 「見出しと名前（2〜5個の単語で構成）」——コンセプトの名前と、それと関係する中核的な見出しを構成する2、3の単語。

2 「消費者インサイト（2つの文章から成り、1つの文章につき3〜8秒かかる。これは基本的な人間の真実だ）」——人間性に関する深い理解に基づいており、人間についての基本的な真実、欲求、ニーズを表す。

3 「消費者インサイトをもたらした消費者ベネフィット（1つか2つの文章、1つの文章につき8秒。製品が消費者にもたらした利益が、消費者に関する洞察につながる）」——消費者ベネフィットは望まれた機能を果たすだけでなく、深い社会的・感情的ニーズを満たす働きもある。

4　「消費者ベネフィットを補強するための製品説明」――製品説明は、消費者にとって価値のある提案とその根拠となる情報の要約を含む声明文である。

2つ目の方法論は、コンセプトの呈示方法に関してやや異なったアプローチを採用している。消費者の製品やサービスに関する記憶を調査した結果、私たちは、製品やサービスが自然に体験される際に、以下のような優先度の階層があることを発見した。

1　誰と一緒に製品やサービスを体験したか。
2　どこで製品やサービスを体験したか。
3　どのような機会に製品やサービスを体験したか。
4　体験やサービスの顕著な属性。

私たちは、この階層を念頭に置いて、次のシナリオに従って製品やサービスの説明を作成した――あなたは（　）と一緒に、（　）というきれいな場所に来ており、（　）の機会に、（ここに製品かサービスの属性を1つか2つか3つ入れる）な体験を楽しんでいる。

製品の機能やメリットについて説明する際には、その前提条件として、こうした社会的／空間的／感情的な視点を設定する必要がある。製品そのものは人、場所、感情に支配されたエコシステム（生態系）に存在している。だから、製品の創造性やイノベーションを評価するには、そうしたコンテキストが必要なのだ。

どちらの方法論の場合も、まず新製品のコンセプトをもとにラジオ広告が作成され、消費者はそのコンセプトを言葉にした内容に耳を傾ける。その間ずっと、脳の反応を記録し続けて、製品説明で言及された特徴で、最も高いレベルの注目、感情関与、記憶保持、説得力（購入意向）、認知・理解、新奇性、そして神経学的総合効果を発生させたものをそれぞれ特定していく。私たちの研究で、この神経学的な確認作業を事前にしておくことで、市場導入が失敗するリスクを最小限に抑えられることが明らかになっている。


ニューロメトリクスのデータを取得しておくことには、もう1つ重要な目的がある。従来のマーケティングの常識にとらわれたマーケターは、製品があまりに目新しく見えると市場で成功しないのではないかと不安になる。新製品の場合、高レベルの目新しさと高レベルの購買意欲がうまくバランスを取っている必要があるのだ。

これを横軸と縦軸をそれぞれの中心点で交差させた4象限マトリックスという古典的な図表で分析してみよう。購買意欲を縦軸に、目新しさを横軸にとって、4つの象限に分類すると、目新しさと購買意欲の両方で高レベルなのはどの製品やサービスであるかが明らかになる。当然、それらはイノベーションを通じた新製品の開発でトップを切ることになる。

私たちのクライアントの多くは、従来の方法論による調査も同時に行ったが、その中にはコンセプトの有効性に関して消費者に直接尋ねたインタビュー調査やフォーカスグループも含まれていた。その結

図13.1——神経学的調査と言葉による調査の双方で有効性が高ければ、「次のビッグアイデア」が見つかるかもしれない

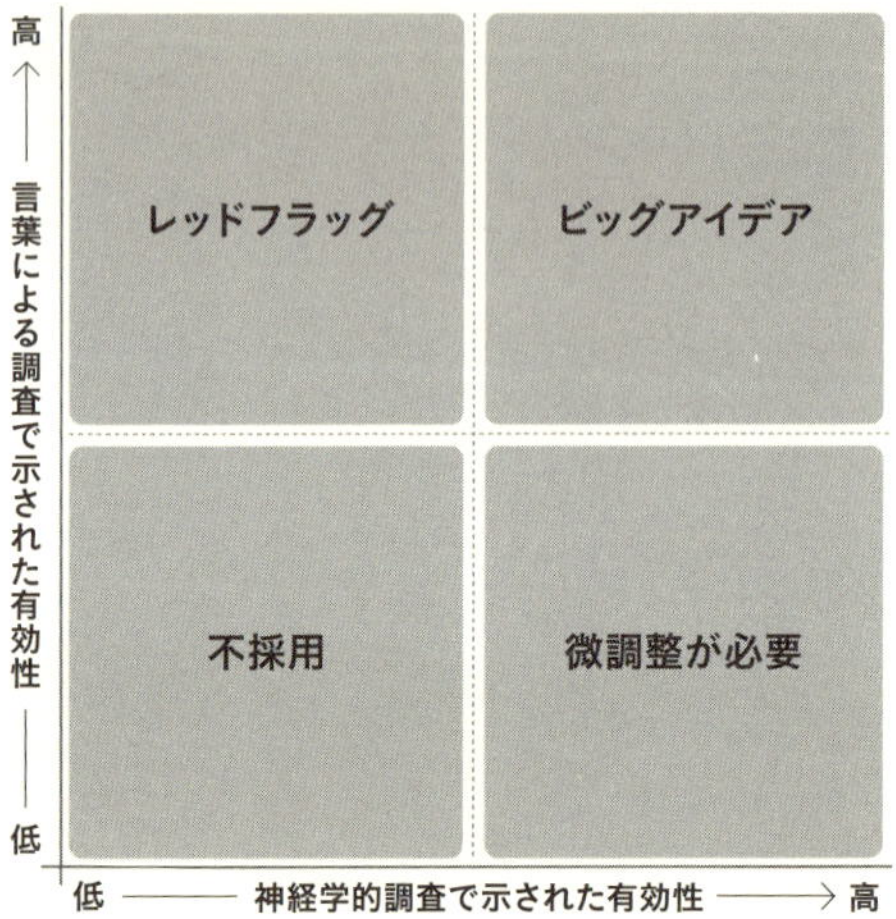

資料：NeuroFocus, Inc.

果、横軸に神経学的に測定された有効性、縦軸に言葉で表現された有効性を設定して、興味深いクロス分析を行うことが可能になった。私たちは、ポジティブな反応とネガティブな反応を4つの象限に分類した（図13・1参照）。

右上の箱（第1象限）は、最も高い認知反応を表している場所だ。そこに入るコンセプトは、神経学的調査と言葉による調査の両方で最大の有効性を示した。**つまり、潜在意識と顕在意識の双方から大きな反応が得られたということだ。私たちは、ここに分類されるコンセプトは「次のビッグアイデア」になりうると考えている。**

その隣の左上の箱（第2象限）には、神経学的調査の結果は低かったが、言葉による調査では高い有効性を示したコンセプトが入る。大抵の場合、それは「レッドフラッグ」を意味している。なぜなら、それは、被験者が自覚しているか、真実から目をそむけようとしている何かを言葉では肯定しながら、実は感情的に強く拒否していることを示しているからだ。ここに入るコンセプトは、市場ではある程度の人気を確保できるものの、消費者から本当の意味で深い支持を受けられずに最終的には失敗する運命にある。私たちはクライアントに対して、この種のコンセプトは大幅な変更を加えない限り、偽りの成功を約束するものでしかないので注意するように警告している。

右下の箱（第4象限）には、神経学的調査の結果は高かったが、言葉による調査では良い結果が出なかったものが入る。つまり、人々はここに入るコンセプトを純粋に楽しむが、同時にそのことを公然とは認めたくないということだ。こういうケースでは、パッケージに変更を加えて、コンセプトの微調整を行うことが必要不可欠だ。たとえば、ちょっと知恵を使って、名前を社会的に許容されやすいものに変更するのも1つの方法だろう。その程度の微調整で、市場で成功を確保できるのだ。

左下の箱（第3象限）には、神経学的調査と言葉で回答された調査のどちらでも良い結果が出なかったコンセプトが入る。これは間違いなく市場で失敗するはずなので、絶対に採用してはならない。

イノベーションのコンセプトに神経科学を応用する方法論は注目すべき成功を収めてきた。その結果、この方法論と神経科学は今や、いくつかの企業でイノベーション・プロセスの一部として組み込まれ、新製品が必ず通過しなくてはならないチェックポイントの役割を果たしている。

イノベーションの測定と評価にニューロメトリクスを応用した方法論には、成功しそうなものを特定する以外にも重要な目的がある。多くの場合、コンセプトを製品化するプロセスには、必ず何らかの欠陥がある。つまり、どんなに偉大で素晴らしいコンセプトでも、製品やサービスに生まれ変わる過程で輝きを失い、機能は歪曲され、当初の目的を完全に見失ってしまうことがあるのだ。そのため、多くの企業は、ニューロメトリクスをイノベーション・プロセスの全過程に組み込み始めているのだ。これによって、最初にコンセプトが誕生した瞬間と同レベルの有効性が、製品化されてマーケティングが開始されるまで劣化せずに維持されていることを確認できるようになる。コンセプト誕生から製品やサービスの実現化までの様々なステージを通じて、ニューロメトリクスで常に同じ測定基準を使い続ければ、コンセプトの当初の意図と目新しさは失われることなく、全過程を通じて維持されるはずだ。

神経学的調査を広告に応用するメリットについては、第16章で詳しく説明するが、新製品の市場導入にマーケティングが果たす重要な役割を考慮して、ここでも簡単に触れておこう。

新しい製品やサービスの特徴のうち、消費者に最も強くアピールする部分はどれか。最適のポジショニングをどうしたら実現できるか。パッケージデザインの要素で、消費者の反応が最も良いものはどれか。最も反応が良い名前はどれか。消費者にとってどんな価格が最も受け入れやすいか。広告キャンペーンを計画する前の段階で、消費者の脳がこれらの質問にどう反応するかを科学的に精度の高い方法で知ることができたら、あなたは確実に有利な立場でそのプロセスに臨めることになる。

あなたがこれらの質問に含まれるどれか（あるいはすべて）の項目で、新製品の発売に通常必要とされる多額の投資を行う予定なら、成功率を最大化する努力をしておいて損はない。「知識は力なり」という言葉があるが、新製品の市場導入においては、知識は金、つまり利益の源泉であり、その獲得が十中八九、事業の命運を分けることになる。

新製品が失敗する6つの理由

私たちは、新製品の導入が失敗した理由を調査してほしいと企業から依頼されることが多い。時には製品そのものに問題があった場合もあるし、パッケージ、広告キャンペーン、売場展開、競合の動きに原因があったか、それらのうち複数の要素が組み合わさった結果ということも考えられる。しかし、どの場合も、新製品導入の失敗例には、成功例と同じくらい多くの教訓が含まれている。神経学的な方法で分析したところ、失敗要因をいくつかの具体的な項目に分類できることがわかった。

●失敗要因その１――コンセプトが、消費者の深層潜在意識反応ではなく、言葉による調査結果に基づいて決定されていた。

●失敗要因その２――目新しさと購買意欲の間で適度な妥協点が見いだされておらず、バランスを欠いていた。

●失敗要因その３――マーケティング・キャンペーンをニューロメトリクスで分析したところ、製品がもたらす深い感情的ベネフィットについて、キャンペーン中に的確な言語表現が行われていなかったことが判明した。

●失敗要因その４――コンセプトの製品化過程を通じて製品そのものとパッケージをニューロメトリクスで分析したところ、その数値はコンセプト自体の数値よりかなり下回っていた。つまり、コンセプトのイノベーションとしての特性が製品化の過程で失われたことを意味する。

●失敗要因その5——製品の特徴とパッケージに競合他社が付け入る隙があったため、ニューロメトリクス的観点からより優れた競合製品の登場を許す結果となった。

●失敗要因その6——製品やサービスへの深層潜在意識反応とブランドの中核的属性への潜在意識反応との間に断絶があった。これは、製品やサービスとブランドとの間に感情的な断絶があったことを意味する。

ここから学べる教訓は、新たな製品やサービスの導入を成功させる方法を理解するだけでなく、導入が拙劣だった場合に起きる様々な問題に目を向ける必要があるということだ。神経科学のレンズを通して、何が良くて何がまずかったのか——そして、その理由は何か——をつぶさに検討する必要がある。

新製品が失敗に終わった時、優秀な企業はマーケティング的観点から事後検証を行って、その理由を探る。失敗例から教訓を得ることは、間違いなく、将来それを繰り返さないための有効な手段だ。だが、新製品のコンセプト作りから、開発、製造、マーケティングに至るまでの全工程から個別的要素を取り出して検証するというのはあまりにも厄介な作業で、どこまで正確な分析ができているか自信が持てなくなることもあるだろう。

そんな時、潜在意識に直接アプローチする方法を採用すれば、これまでとはまったく違うレベルの洞察と理解が可能になる。それなしにビジネスを行うのは、ある意味で、地上にある望遠鏡で宇宙の全体像を把握しようとするようなものだ。地上望遠鏡で得られる画像は、大気の揺らぎによって解像度が落ちるためにぼやけてしまうが、大気圏外に打ち上げられた望遠鏡は、人間に可能な限界まで宇宙の深淵をのぞき込み、シャープな画像を得ることが可能だ。

『神経科学の基礎』の著者、フロイド・E・ブルームはこう語っている。「21世紀に入ると、ハッブル宇宙望遠鏡はこれまで未知の領域だった宇宙の深淵部に関する情報と、宇宙の起源について学べるかもしれないという期待をもたらした。現在、同じ冒険の精神は、宇宙で最も複雑な構造物にも向けられている――人間の脳である」

ニューロマーケティングとマーケティングの関係は、ある意味でハッブル宇宙望遠鏡と天文学の関係のようなものだ。つまり、前者は後者における飛躍的進歩を可能にし、従来とは比較にならないほど多くの知識と科学的で精度の高い洞察をもたらした。

従来型の市場調査で使用されている方法論では、集めた情報にここまで高い精度は望めない。本書では、人間が言葉にした反応だけに頼っていては、本質的に欠陥のある結果しか得られないということを繰り返し強調している。これは、人間の脳の構造と機能がそのようにできているからで、より正確な回答を得るには、言語化されるより前に記録された情報に潜在意識の深いレベルでアクセスするしかない。

消費者に、ある製品を買わなかった理由を言葉で説明するように求めれば、返ってくる反応は当然、事実を歪曲しているはずだ。対照的に、脳に直接「聞いた」場合、つまり神経学的反応を前認知的（意識に上る前の）段階で測定した場合には、情報の源泉に直接アクセスできるので最も正確な反応が得られるのである。

神経学的調査は、失敗した製品の「死因」をはるかに高い精度で特定できるため、メーカーに強力な分析ツールを提供する。この方法論を使えば、次の要素について消費者の反応を測定することが可能だ。

●味、肌触り、成分、色、音、においといった製品そのものを特徴付ける具体的要素。
●アートワーク、写真、ロゴ、書体、栄養成分表示、警告マークを含むパッケージの要素。
●容器を開封して使用する際の開けやすさ／使いやすさ。
●「納得できる範囲の」価格帯。
●ブランド拡張の場合、親ブランドから受け継いだ価値（あるいはその欠如）。

詳しい説明は、店内マーケティングに関する章（第15章）に譲るが、移動式ＥＥＧとビデオ・リアリスティック分析法を使って、リアルとバーチャルな売場環境における消費者の潜在意識反応を調べる方法がある。これらのツールは、マーケターに陳列棚での商品の配置、製品ディスプレイ、競合製品の存在、陳列棚・店内での販促活動とプロモーション的要素の効果を測定する手段を提供するため、製品の失敗例の分析にも利用できるはずだ。

特定の製品が失敗した理由を推測したり、消費者に製品のどこが好きでどこが嫌いだったかを事後に口頭で質問したりするより、神経学的調査を使って脳内の情報源に直接アクセスした方がはるかに手っ取り早い。結局、製品の選択と購買の意思決定は、最終的には消費者の潜在意識を通じて行われるのだから。

リニューアルをするなら、まず脳に聞け

◎最高のデータを得る最善の方法は、脳に直接聞くことだ。

有名なブランドや製品のよく知られたパッケージのように、製品の必要不可欠な一部というだけでなく、消費者が日常的に接している要素に根本的な変更を加える際には入念な準備が必要だ。たとえば、消費者の潜在意識がそのブランド／製品に対して現時点でどんな認知を持っているかを、明確にかつ正確に理解しておくに越したことはない。パッケージのデザイン変更は、ひとつ間違えばやぶ蛇になりかねない厄介な作業だ。着手するのは、消費者がその変更を支持し、陳列棚で手に取って実際に財布を開くことを確信できるようになった後でも遅くない。

あなたが広告展開、クーポニング（クーポンを使った販促活動）、マーチャンダイジング、パブリシティー、棚代、販促活動などにいくら投資したところで、期待できる最大の効果はせいぜい陳列棚の前で消費者をほんの少しの間立ち止まらせるくらいだ。そこで問題は、棚の上で消費者が目にするパッケージデザインにどれだけの効果があるかである。レジまで消費者の背中を押し続けるほどの究極の購買刺激を提供するか、それともこの一番大事な局面で購買意欲に水を差して売上達成の阻害要因になるか――神経学的調査は、明白にかつ正確に、しかも確実な方法で、それを事前に確認する手段を提供する。

価格決定フレームワーク

多くの企業は、価格決定フレームワークを構成する2つの要素の理解を深めるために多くのリソースとエネルギーを割いている。

1 スイートスポット――製品やサービスにある価格を設定すると、消費者の注意を引き、お買い得感を出せるだけでなく、競合に負けない値段を維持できる。これがいわゆる「スイートスポット」である。

2 妥当な価格として納得できる範囲――この範囲を設定することで、リスクを冒さずに値上げをすることが可能になる。消費者にとって、ぎりぎり妥当な価格とはいくらなのか。その一線を越えた瞬間、消費者側には「納得できる」から「納得できない」への絶対的な認知の変化が起きる。

価格は常に変化する。消費者には、製品の製造コストや各種のマージンに関する知識はほとんどない。たとえば、消費者に自動車や香水のマージンの違いについて聞いても、一切答えられないだろう。だから、消費者が特定の価格を妥当かどうか決めつけるのは、ある意味でフェアでないように思えるかもしれない。しかし、私たちの思惑はどうであれ、現実はそうなっている。「妥当な」価格は確かに存在するだけでなく、消費者にとって価格弾力性には限界があるのだ。もっとも、消費者に、価格設定の変数にどんな数値を使っているのか言葉で説明を求めても、マーケターがその妥当性と正確性を確認できるような形で回答が戻ってくることはないだろう。

一方、「スイートスポット」を特定し、理解する最良の手段は、深層潜在意識反応の調査を行うことだ。まず、消費者に製品とその価格を見せ、その間に製品とも価格ともまったく無関係の作業を行わせる。そのうえで、目新しさに対する反応が最も高かった瞬間と低かった瞬間を特定する。こうすると、どの価格を目にした時に、潜在意識レベルでそれが途方もなく安いか、途方もなく高いと感じているかが確認できる。

この2つの数値は、価格の「伸縮」可能な範囲の外側と内側の限界値を表している。価格があまりにも低く思える時には、お買い得感と同時にうさん臭さ（品質の低さに関する疑問）を感じる傾向もある。また、価格があまりにも高く思える時には、信じられないという思いと同時に、妥当性の範囲を完全に超えたという絶対的な認知の変化が起きる。こうして、製品の価格弾力性が特定され、値段をどこまで上下させても悪影響が出ないかが明らかになるわけである。

また、私たちは、価格妥当性の範囲の外側と内側の限界値を明らかにするだけでなく、価格に小幅の変更を加えた際に、潜在意識の反応に生じた変化も小幅ですむか、それとも重大な影響を生じるかを確認してみた。

結論から言うと、価格設定のスイートスポットは、価格を少し上下させたくらいでは潜在意識の神経学的反応に大きな変化を生じさせない価格帯として定義できることがわかった。つまり、それはかなり安定した価格帯と考えていい。小幅の価格変動で潜在意識の反応も大きく変化してしまうほど不安定では、スイートスポットとは言えない。安定した価格帯と不安定な価格帯を測定してわかったのは、安定した価格帯――つまり、スイートスポット――は、一種の谷間のようなもので、価格は両側の山から必ず転がり落ちてくるということだ。一方、不安定な価格帯は山頂のようなもので、一方に軽く押しただけで、転げ落ちてしまう。つまり、私たちは神経学的均衡の考え方から、価格設定のスイートスポットを導き出したわけである。

バンドリング・フレームワーク

製品のバンドル（セット販売）には様々なタイプがある。それらは、バンドリング・フレームワークを通じて測定するのが効果的だ。

●製品の機能や特徴に基づく測定。
●製品の形状やサイズに基づく測定。
●製品の消費機会に基づく測定。
●製品の使用者層に基づく測定。
●製品の品質、価格、取り扱い、保管に基づく測定。

ここで一番重要なのは、特定の製品をバンドルすることについて消費者がどう考えるかだ。その製品をバンドルすることで、バンドル自体の本質的な価値にどんな影響を与えることになるのか。消費者がバンドル製品を購入したり、その有料会員になったりするのは、製品を1つひとつ単体で購入するよりも付加価値があることを期待しているからだ。その付加価値は、製品自体の機能とは無関係で、消費者にとって様々な理由で便利だから――バンドルされているので保管しやすい、運びやすい、使いやすい、買い増ししやすい――というものである可能性が高い。消費者にとっては買い替えるまで付き合っていかねばならない製品なので、使いやすいに越したことはないのだ。

消費者は、1つひとつの製品を個別に購入するより、メーカーによってセットにされている製品に価値を見いだす傾向がある。これが本質的価値として知覚されるのは潜在意識のきわめて深いレベルであるため、ほとんどの消費者は、言葉で論理的、あるいは合理的に説明することはできない。買い物中の消費者にとって、個別の製品を選ぶのは簡単そうに見えて、実は大変な作業なのだ。そのため、論理的・合理的思考では説明できないレベルで、選ぶ手間を省いてくれるバンドル製品が隠れた価値を提供している可能性がある。

私たちも、潜在意識の深いレベルで、バンドル製品の簡便さと単純さがそれ自体の本質的価値と関係していることを確認済みだ。潜在意識レベルのフィーリングが言語化されることはめったにないので、当社では、バンドルを評価する際には必ず深層潜在意識反応の調査を行うことにしている。

この章で学んだこと

●神経学的調査を使えば、製品の消費・体験プロセス全体を通じて、消費者が潜在意識レベルで製品にどう反応しているかを正確に知ることができる。

●消費体験でとりわけ楽しかった場面は、脳に「刻印」されている。これらの神経学的アイコンシグネチャー（N-S）を製品デザイン、パッケージ、マーケティングで使われる素材すべて、そして売場環境にうまく取り入れることができれば、マーケティング効果の強化につながるはずだ。

●神経学的調査を応用すれば、市場導入を計画中の新製品に消費者が潜在意識でどう反応するか包括的理解を得られる。しかも、製品設計、ネーミング、価格設定、それにマーケティング・キャンペーンのコンセプトと素材に多額の投資を行う前にその知識が得られるというメリットがある。

●神経学的調査を行えば、新製品やブランド拡張が市場で失敗した最も重要な原因を解明できる。

第14章 脳とパッケージ

この章で学べること

- すでに市場で検証済みの最先端の神経科学の原理を応用して、新しいパッケージデザインの効果を最大化し、既存のデザインを改良する方法。
- パッケージデザイン作成のプロセスで応用できる「神経学的ベストプラクティス」の具体例。
- 神経学的調査を応用して、パッケージデザインをブランドポジショニングの中核的要素として利用する際の効果を最大化する方法。

課題——縮小する市場シェア

それは、ブランドが体験しうる最大の悪夢と言ってよかった。新製品を導入すると、それが新しいサブカテゴリーとして定着し、売り上げも急上昇した。ところが、最大の競合企業が類似製品を発売すると、市場シェアを奪われ、売り上げが激減した。当然ながら、私たちのクライアントはこの状況に大いに落胆していた。

両者とも似通った製品で、市場シェアもとんとんだったため、クライアントはすぐにでも変更できる部分に努力を集中したいと考えた——製品のパッケージである。それに、すでに彼らは競合のパッケージの方が優れており、店頭でも魅力的に見えて、新製品に関するメッセージを伝える点でも相手が勝っているのではないかとにらんでいた。そこで、クライアントが最も知りたがったのは、脳が両製品のパッケージを比べてどう反応するかということだった。

脳はハンターである

実際に、脳は地球の歴史上類を見ない高性能な狩猟機械である。何十万年もの年月をかけた進化の過程で、何兆回のそのまた何兆倍という気が遠くなるほどの回数繰り返された機能改善のステップが、頭蓋骨に格納されたこの器官を理想的な追跡装置に仕立て上げたのだ。この恐るべき捕食者に比べれば、人食いザメの「ジョーズ」もビニールのおもちゃに等しい。

脳の構造と機能の発達によって、黎明期の人類は周囲の環境に対するパターン識別能力を身に付けた。たとえば、どのベリーが一番おいしいか、獲物として理想的なのはどの動物か、食料を確保するためにどんな道具が必要か——それは、生存のために必要な能力だった。もはや、食べ物を探して密林の中をこそこそと移動したり、大平原を歩き回ったりしなくてよくなった現代でも、脳はこの高度に発達した能力を失っていない。

たとえそれが現代の食料品店へと環境が変化しても、脳が世界で最も完璧な狩猟機械であることに変わりはない。それは、貪欲に、絶え間なく、執拗に狩りをする。

店内の通路を楽しげに物色して回る消費者は、脳のそんな側面にはまったく気付いていない。前頭前皮質は意識のすべてのリソースを認知力が必要な雑多な問題の解決に集中させている。その中には、価格の比較や、オレオ・クッキーはレギュラーにするか、クリーム倍増の「ダブル・スタッフ」にするかといった選択も含まれている。その間にも、水面下に深く潜行したハンターは、周囲に目を配り続けている。

だが、脳は一体何を探しているのか？　答えは、普段から慣れ親しんでいる風景や物である。特に男性にとって、周囲の環境で今いる場所の目印となるような何かは、買い物体験の重要な構成要素だ。一方、女性にとっては、その体験を取り巻く全体的なコンテキストの方が重要だ。これらの２つの事実は、効果的なパッケージが、売場環境におけるマーケティングの成功に必要不可欠なだけでなく、ニューロマーケティングの最も重要な要素の１つである理由となっている。

これまでマーケティングの専門家たちは、パッケージはブランドの顔であると主張したり、フォント（書体）とロゴの関係やサイズの釣り合いが大切だという仮説を立てたり、お得サイズと通常サイズのアピール度を比較したり、形状について考察を試みたりしてきた。これらはすべて妥当な意見だし、検討する価値も必要もあるだろう。だがパッケージに対する消費者の本当の反応を知るには、パッケージデザインに関するデータを実際に検討し、分析し、評価する、脳のもっと深い部分にアクセスする必要がある。

潜在意識

昨夜、食料品店にいた私は、ポテトチップとディップが並べてある通路で陳列棚を物色している自分にはたと気付いた。私は突然、自分が積極的に何かを探し求めている状態であることを意識し、その瞬間に脳が何をしているのかについて考えてみた（年中ニューロマーケティングのことばかり考えているせいで、これはもはや職業病になっている）。あなたの脳も含め、消費者の脳はすべて同じように行動する。

私たちには慣れ親しんだもの、気持ちのいいもの、安心させてくれるものを探し求める傾向がある。そして、以前に持っていたつながりを探し求める傾向もある。なぜなら、そのつながりが自分たちにもたらす恩恵を予測できるからだ。

その一方で、脳には新しいものの価値を認め、それを探し求める傾向もある。

つまり、慣れ親しんだものを探し求めると同時に、私たちの脳は目新しさにも引かれる傾向があるのだ。脳の構造と機能を発達させた進化の力によって、人類は多くの試行錯誤——その多くは生死を分ける選択だった——を経て新しい経験を求めるようになった。なぜなら最終的にはそうした方が、肉体的にも、精神的にも見返りが大きいからだ。

平均的なスーパーの通路、あるいは巨大スーパーマーケット・チェーンのウォルマートの店内に陳列された膨大な数のブランド、製品、パッケージを眺めていると、次のような質問（特にマーケターにとってはきわめて重大な質問だ）が頭に浮かぶのではないだろうか——こんなクラッターの中でも、自社のパッケージは消費者の目を引くことができるのか。とりわけ気になるのは、競合より目立つかどうかだ。答えがイエスなら、それはどうしてか。その効果をさらに強化することはできないか。さらに、縁起でもない話だが、答えがノーだった場合、状況を打開するために何をすべきか。

幸いなことに、神経科学の進歩によって、ついにこれらの質問に対する答えがもたらされた。

パッケージ有効性フレームワーク

複数のカテゴリーにおいて、様々な売場環境に置かれたパッケージへの反応を神経学的調査で分析したところ、それらにいくつかの共通点が発見された。私たちは神経学的な観察に基づき、「パッケージ有効性フレームワーク（PEF）」を作成した。これを使えば、パッケージを目立たせるだけでなく、中の製品を一番良く見せるのに役立っている主要な要素を神経学的観点から評価することが可能になる。

それはまた、あらゆるマーケターを悩ませる3つの質問に答える役に立つはずだ。

1 自社の製品は店舗の陳列棚で飛び抜けて目立っているか。これはニューロメトリクスのうち、神経学的総合効果と新奇性によって確定される。

2 消費者ははたして自社の製品を選んで実際に家に持ち帰ってくれるだろうか。これはニューロメトリクスのうち、説得力（購入意向）と認知・理解によって確定される。

3 製品を家に持ち帰ったとして、それを実際に使ってもらえるのだろうか。使うとしたら、いつ？これはニューロメトリクスの数値のうち、説得力（購入意向）と新奇性によって確定される。

マーケターにとって難しいのは、消費者に「パッケージを本当に目立たせるのは何か」という質問をしても、まともな答えを期待できないことだ。パッケージを構成する全要素のうち、どれに一番大きなインパクトがあったか、消費者の記憶はきわめてあいまいなはずだし、まして言葉で言い表すことなどできるはずがない。ＰＥＦには、私たちがパッケージとそれが目を引く可能性を評価するために使うべストプラクティスが組み込まれている。以下は、ＰＥＦの個別の要素だ。

イメージとアイコン

深層心理レベルにインパクトを与えるほど、パッケージに目を引く力があるかどうか——それを決定づけるのは、イメージとアイコンの選択だというのが私たちの調査の一貫した結論である。イメージとアイコンを評価するために、私たちが測定した主要なニューロメトリクスは注目、感情関与、記憶保持、それに新奇性だった。

イメージとアイコンには、店頭で消費者の感情に大きくアピールするという役割がある。注目も重要だが、それ以上に、イメージとアイコンが通路でどれだけの感情を引き出せるかが勝負の分かれ目と言える。神経学的に観察した売場環境は、まるで数と文字でできた巨大なマトリックスのように見える。つまり、消費者は、相互に無関係な無数の数や単語が記入されたエクセル表をのぞき込んでいるような状態に置かれているということだ。

消費者がこの数と言葉の意味でできた大海に乗り出す時、感情的な避難所——私たちはこれを「感情のオアシス」と呼んでいる——を探し求めるのはごく自然な行為で、そこは合理的思考から一時的に避難できる場所である。パッケージのイメージとアイコンには、消費者にこの感情のオアシスを提供する力がある。そのため、感情的に強い喚起力があるイメージとアイコンには、パッケージを無理なく目立たせる効果があることが確認されている。

もう1つ注目すべき発見は、目を引くイメージは通常、消費者が前にどこかで見たことがあるものだということだ。消費者が広告で見た場面やイメージやアイコンを使っているパッケージは、消費者に強い反応を引き起こすことがわかっている。この現象の典型例が、テレビでよく見る顔がパッケージに印刷されているケースだ。見慣れた顔を認知すると、消費者は前に見た何かを思い出し、パッケージに対して暗黙的な親近感——たとえ、本人がその親近感を意識していなくても——を覚える。

ニューロマーケティング的観点からこれが重要な理由は、脳は最初に見慣れたものに注意を集中するからだ。脳は、種の存続のために、この驚異的な能力を発達させた。だから、親近感を覚えさせるだけでなく、ブランドとも関連しているイメージとアイコンを使えば、様々な製品が入り乱れたクラッター化した環境でもパッケージを目立たせることは可能なのだ。

他の章でも書いたが、私たち自身の研究や、多くの学術的文献によって、ヒトの脳は顔を見分けるようにユニークな発達を遂げたことが明らかになっている。つまり、パッケージ上のイメージやアイコンとして人間の顔を使ったり、その一部として含めたりすれば、パッケージは自然にクラッターから抜け出て目立つ傾向があるということだ。ヒトの脳は、クラッターの中から顔を探し当てて見分けるように生物学的にプログラムされている——特に見慣れた顔を探そうとする——ため、パッケージデザインの制作にこの事実を応用するのは、戦略的にも戦術的にもきわめて有利なやり方である。

イメージとアイコンは、製品カテゴリーと関連性が高い場合の方がうまく機能する。あらゆる製品カテゴリーには、共通するテーマがいくつかある。その1つが、パッケージ上で製品の原材料を表現することで消費者の注目と感情関与を高めるやり方だ。たとえば、消費者は、牛乳パックの上に牛の絵があると喜ぶ。オレンジジュースの容器にも、みずみずしいオレンジの絵があればいいと思っている。健康や美容関連の製品のパッケージには、花や露のしずくが描かれているのがいい。製品の原材料が描かれていると、消費者は自然にそれに引かれる傾向がある。多くの場合、製品の原材料が持つ顕著な特徴を何らかの形で描写したり取り入れたりしたパッケージは、そうした情報を伝えないパッケージよりも効果的であることが判明している。

フォント（書体）の構造

パッケージが人目を引くかどうかには、フォント（書体）の構造が重要な役割を演じている。面白い書体、ユニークな書体、あるいは奇抜な書体を使ったパッケージは、ちょっと不思議な雰囲気を漂わせ、それだけで製品の特徴を表すことが可能だ。書体の構造を分析する際に使用される主要なニューロメトリクスは、注目と新奇性である。

書体によっては、製品やブランドの特徴と暗黙的にマッチしているものもある。それらの書体を使用すると、脳の言語中枢がテキストを読んで解釈するより速く、製品のアイデンティティを瞬時に解読することが可能になるため、その分パッケージが目に入ってきやすくなる。たとえば、コカ・コーラは、遠い距離からでもすぐに見分けられる特殊なフォントでブランドを特徴付けている成功事例だ。

書体に関するもう1つの発見は、多様な書体を使いすぎるとクラッター化して、注目と感情関与を引き下げるということだ。2種類以上、3サイズ以上の書体を使ったパッケージは、それより少ない数の種類とサイズを使った場合と比較して効果が大幅に低下した。

最後に、パッケージ上における書体の向きも重要な役割を演じる場合がある。目と脳は通常、周縁から中心に向かう物に対して鋭敏に知覚を働かせる。対照的に、中心から周縁に向かって動く物には同じような注意を払わない。つまり、進化的観点から見ると、周縁から中心に向かって急速に動いているように見える物体や書体やテキストは注目を集めやすいということだ。中心から周縁に向かって動く印象のあるテキストは、遠ざかっている（つまり脅威ではなくなる）ように見えるため、注目度も低くなるのだ。

離散量

これは、簡単に説明すると、パッケージ上で脳が理解したり処理したりする必要のある情報の数、あるいはその集合体の数を表す言葉である。離散量のインパクトを測定するために使用される主要なニューロメトリクスは注目と認知・理解だ。離散量は、見せられたイメージや物体の集合体の数に影響を受ける「処理の流暢性《りゅうちょうせい》」と呼ばれる現象に関連している。

パッケージが5つかそれ以下の特殊なイメージの集合体で構成されている場合と、それ以上の数の集合体で構成されている場合とでは、前者の方が脳にとってはるかに処理しやすい。より高い認知処理の「流暢性」が確保できる範囲内にとどめておいた方が、潜在意識がパッケージから引き出せる「楽しみ」

も大きくなる。さらに言えば、イメージの数がもっと少ない方（3つ程度）が処理が容易になることが、数多くの神経学的データによって明らかにされている。

空間的配置

イメージの空間的配置を意味内容（テキストと数）に合わせて調整すると、パッケージの総合的な有効性を大幅に改善できることが判明した。使用される主要なニューロメトリクスは、注目、感情関与、認知・理解である。

空間的配置はうまく機能する場合とそうでない場合があるようで、たとえば、左側にイメージを、テキストを右側に配置した方が、脳の処理速度を高めることがわかっている。その理由は、視界の左側は右側の前頭葉で知覚され、視界の右側は左側の前頭葉で知覚されるためだ。ほとんどの人の脳では、左側の前頭葉は意味解釈をつかさどる領域で、右側の前頭葉はイメージやアイコンの情報を処理する領域であるため、空間的配置を工夫することで処理速度を向上させ、感情的にポジティブな印象を与えることができる。つまり、パッケージデザインを作成する時は、イメージとアイコンは左側に、テキストと数は右側に配置した方が（他の要素を変えない限り）大体においてより効果的だということだ。

色彩

私たちの調査によって、これまで広く信じられていたある俗説の正しさが証明された。それは色彩の選択がパッケージに深いレベルでインパクトを与えるという説で、音楽が脳に与える影響とよく似ている。色彩は、音楽のように、パッケージに対して言葉で表現されない感情反応を引き起こすようだ。色彩の効果を分析するために使われる主要なニューロメトリクスは、注目と感情関与である。

パッケージだけを分離して調べるのも効果的な方法だが、通路の照明が神経学的な有効性に大きなインパクトを与えることがわかった。そこで、パッケージの分析においては、照明に関して適切な変数を使う必要がある。具体的には、買い物体験を最も効果的に刺激するパラメーターである。

また、私たちの研究では、文化的な違いが色彩への反応にかなり大きな影響を与えていることが明らかになった。グローバルな調査を行う過程で、社会的に強い意味付けをされた色彩と、文化を取り巻く自然の中にごく普通に存在する色彩との間に興味深い関係性があることも確認された。深層潜在意識反応を使った測定法を応用すれば、違う文化における違う色彩の選択が潜在意識に与える影響についても確認することが可能だ。

形状

私たちは、パッケージの形状についても、それが目立つ役に立っているのかどうかを評価してみた。するとパッケージの形状には、単に外見を魅力的にするだけでなく、パッケージを手にとって、実際に使って楽しむ行動をシミュレーションするという脳の傾向を強化する作用があることがわかった。ここで使われる主要なニューロメトリクスは注目、感情関与、新奇性である。

私たちはまた、形状のそれぞれ異なる側面――線、輪郭、そしてそれ以外の独特な特徴――にどれだけ脳の注意を引き、感情的に引き込む力があるか、継続的に測定してみた。すると、消費者がパッケージの形状に関心を持つほど、デザインの最も新しい部分の曲線や主要な輪郭を目線で追っていることがわかった。思わず触れたくなってしまうような独特で新しい特徴のあるパッケージは、そうした特徴がない場合と比べて、目立ちやすいことも明らかになっている。

また、手に快適にフィットする形をしているパッケージは、それ以外のパッケージと比べて比較にならないほど大きな刺激を提供した。パッケージや製品デザインが手に快適にフィットする形をしていると、注目と感情関与を高める効果があるようなので、私たちはこれについても継続的な測定対象としている。

サイズ

私たちは、様々なカテゴリーを調査した結果、サイズと消費者が認める価値と価格の許容範囲は潜在意識の深いレベルで常につながっているという結論を得た。簡単に言うと、消費者は支払った値段が高いほど、大きなサイズのパッケージを期待するということだ。製品の価値が高いほど、大きなサイズのパッケージが期待される。「小ささ」に価値があるとされる製品の場合でさえ、パッケージ自体は「より大きな」サイズが期待されている。私たちがサイズを評価するために使う主要なニューロメトリクスは注目と説得力（購入意向）だ。

価格とサイズの間の強い相関性は、メーカーに興味深い機会を提供している。パッケージのサイズを変えることで価格柔軟性を確保できるからだ。深層潜在意識反応の調査によって、価格帯とパッケージのサイズの相関性を明らかにすれば、許容価格帯の範囲を特定し、そこから逆算して適正価格に見合ったパッケージの適正サイズを決めることも可能になる。もちろん、製品パッケージが特定の場所で最後まで使われる可能性が高い場合（たとえば、洗濯用洗剤など）には、その場所の広さにパッケージのサイズを合わせる必要がある。消費者は、そうしたパッケージのサイズが置く場所にフィットするかどうか、言葉に出さなくても自動的に頭でシミュレーションする。そして、駄目そうな場合は容赦なく、瞬時に買い物候補から外してしまう。

イメージと意味の相互作用

多くの場合、神経学的な有効性の数値が低いパッケージには1つの共通点がある。それは、背景にせっかく興味深いイメージがあるのに、その上にテキストが被っているという点だ。たとえ重要で適切な内容のテキストであっても、背景のイメージの上に重なっている場合、脳は前面のテキストを無視して背景のイメージだけに注目してしまうようである。脳はイメージと重なったテキストを「視界を遮るもの」としか見なさず、意図的に見ないようにしているようだ。

その後の調査で明らかになったのは、邪魔なテキストが記憶にあまり残っていなかったこと、そして記憶処理の過程でないがしろにされていたことだ。ここでイメージとテキストの相互作用を調べるために使われたニューロメトリクスの数値は、注目、神経学的総合効果、そして記憶保持である。

視線の動きのパターン

パッケージ有効性フレームワーク（PEF）に関連して、私はこれまで主に脳の反応に言及し、周辺的な生理学的数値には触れてこなかったが、1点だけ、ある興味深い生理学的な現象を紹介しておきたい。パッケージ上で、イメージ、アイコン、テキスト、ブランド的要素を被験者の視線が曲線をたどって動くように配置すると、それらを直線的に配置した場合と比べて効果が優れているという結果が出た。

つまり、まったく同じ要素を使った場合、それらを直線的に配置するより曲線に沿って配置した方が、数値が高かったのだ。同様に、同じ要素を視線が曲線に沿って時計回りに動くように配置した方が、時計回りと反対に動くように配置するより、有効性の数値が高かった。

製品露出

複数のカテゴリーにわたって行ったパッケージの調査では、別の興味深い現象が明らかになった。それは、製品自体を「露出」したパッケージの方が、そうしていないパッケージより消費者の反応がいいということだ。私がここで言う「露出」とは、パッケージを通じて製品を見たり体験したりする手段のことである。

視覚、聴覚、味覚、嗅覚、あるいは触覚を通じて、実際の製品を知覚できるように工夫されたパッケージは、どれも消費者の反応がよかった。製品露出を測定するために私たちが使っている主要なニューロメトリクスは、注目、感情関与、説得力（購入意向）、新奇性、そして認知・理解である。

通路での連携度

パッケージと店内の広告やディスプレイとの連携度は、有効性にとって重要な要素だ。パッケージが広告やディスプレイとは無関係に作成されている場合、両者間の連携はほとんど期待できない。だが、パッケージの要素と売場のディスプレイが有意義な形で連携していれば、パッケージの有効性が高まる。

特に通路に様々な製品が陳列してあってクラッターが目立つケースでは、その効果が大きい。通路での連携度を測定するために私たちが使っている主要なニューロメトリクスは、記憶保持と認知・理解である。

メッセージの一致度

これは、ＰＥＦのきわめて重要な構成要素である。パッケージ上のテキストは、製品とブランドの本質を消費者に明示的に伝える必要があるが、同時にパッケージ自体も同じメッセージを暗黙的に伝えなくてはならない。

私たちは、深層潜在意識反応調査を使って、両者がどの程度一致しているかを確認する。これを効果的に実行するには、パッケージはブランド・エッセンス・フレームワークの主要な要素を強化するものでなくてはならない。その際に、パッケージとブランド・エッセンスの要素であるフィーリング、価値感、ベネフィット（便益）、メタファーとの間にはかなり高い一致度がなくてはならない。

パッケージは脳の二元性を表す

パッケージを対象とした神経学的調査を行うと、脳は周囲の世界全体をマクロの視点で認知しているだけでなく、きわめて詳細なミクロの部分の情報までとらえて処理していることを再認識させられる。この能力は、人類が食物連鎖の最上位に君臨できる理由の1つだ。

人間は現実の全体像を見て、認知し、反応し、適応する。同時に、人間はその全体像を構成する膨大なディテールに囲まれて生きている。パッケージそのものも、この二元性をよく体現している――脳はパッケージ全体を認識し理解すると同時に、それを個別の要素に分解し、それぞれの要素を全体の一部として、そして個別の要素として別々に評価する。

神経学的調査も、それと同じように機能する。つまり、調査そのものが脳のやり方を模倣し、現実のマクロな全体像とミクロなディテールに対する消費者の潜在意識反応を測定するわけだ。ここでは、このアプローチの重要性を特に強調しておきたい。なぜなら、自称「ニューロマーケティング」企業は脳波活動を測定すると主張しながら、実際にはバイオメトリクス（生体反応測定）の技術しか使っていなかったり、大脳皮質の小さな一部しか測定していなかったりすることが多いからだ。その点で、ニューロフォーカス社のアプローチとは根本的に違っている。

科学は時に、私たちに断定的な物言いを許してくれるが、次もその1つだろう。これは、ニューロマーケティングを試すことを考えているマーケターなら、誰でも知っておくべき事実だ。

◎脳全体を対象としたEEGだけが、複数の神経回路において生じた広範囲にわたる脳波活動をとらえることができる。

そうしたEEGから得られるのは、正確で、徹底的でかつすぐに実行できる調査結果である。それ以外の方法論で満足してはならない。もし、この点に疑問がある場合は、誰か有名な神経科学者に確認してみるといい。

何らかの過失によって脳に意図せぬ形で影響を与え、パッケージに対する潜在意識の反応にバイアスを与える可能性はいくらでもある。だが、パッケージデザインに関して、脳全体を対象とするEEGをしておけば、そうしたリスクを最小限に抑えることが可能なのだ。これを考えれば、この方法論の重要性は一目瞭然だろう。

自分の体に直に触れさせたり、摂取したりする製品の場合、脳が活性化させる感覚は、他の製品の場合とは違うヒエラルキー（優先順位）に従っている。

これらの製品は、きわめて競争的なカテゴリーに属し、一部は薄利型の製品でもあるため、優位差別化によって市場で競合優位に立てれば、市場シェアと収益性を期待以上に向上させることもできる。市場で優位性を確立するには、神経学的調査を通じて潜在意識が何に一番敏感に反応するかを測定するのが一番だ。あとは、マーケターがこの知識をうまく利用して、パッケージの有効性を向上させる工夫をすればいい。

ニューロマーケティングはまだ新しい分野なので、誤解されることも少なくないが、その1つが「規模」に関するものだ。それは、消費者の潜在意識反応を脳波測定で調べて活用できるのは、莫大な費用が払える大企業だけに違いないという誤解である。

この誤解を解くために、あるケーススタディを紹介しよう。これはパッケージデザインという重要な要素をどう評価しているか、脳に直接聞くことによって、ある小さな新興企業を優位に立たせた1例だ。この企業は、高いブランド・ロイヤルティを持つ複数の老舗ブランドがすでに存在し、しかも製品そのものがさほど差別化されていない成熟したカテゴリーで新ブランドを出すという大きな賭けに出た。

オリーブオイルのケーススタディ

カリフォルニア・オリーブ・ランチは、ただ1つの目標を達成するために設立された新興企業である。それは、消費者に喜んでもらえる新しい高級オリーブオイルを作り出し、市場で売り出すことだった。この会社の技術力に関しては、まったく問題がなかった。どこよりも新鮮な油を生産するために、新しい収穫技術を開発していたので、同社が作るオリーブオイルは、おいしくて素晴らしく品質が高かった。だが、優れた製品を作り出すだけでは競争に勝てない。すでに競合が目白押しのカテゴリーで新しいブランドを発売するには大変な覚悟が必要だ。カリフォルニア・オリーブ・ランチ社は、考えられる限り最も効果的なマーケティングを行わなくては、事業戦略と目標が絵に描いた餅に終わることを十分に認識していた。

脳は、食品に関するマーケティングに特別な方法で反応することがわかっている。この時に重要な役割を演じるのが、第9章で説明したミラーニューロンだ。他の誰かが食べ物を口にしているのを見ると、脳はまるで自分が実際にそれを食べているかのように、その人物と同じ知覚体験をする。

図14.1——カリフォルニア・オリーブ・ランチ社の「果樹園」バージョンの製品

資料：Photo by The Olive Board

先に述べたように、自分の体に直に触れさせたり、摂取したりする製品の場合、脳が活性化させる感覚は、他の製品の場合とは違うヒエラルキーに従っている。もう1点、重要なのは、脳は「自然な」イメージが食品と関連づけられるのを好むということだ。これ以外にも、食品に関するマーケティングをより効果的に展開するために利用できる神経学的特徴はいろいろある。

有能な実業家集団でもあるカリフォルニア・オリーブ・ランチの経営陣は、使える利点はすべて利用しようと考えた。彼らが進出しようとしているのは、すでに老舗企業が目白押しのカテゴリーであり、店舗で貴重な棚スペースを確保するのは至難の業だった。

そこで、同社は2つの異なるパッケージデザインを考案した。1つは、製品のラベル上に様式化されたカリフォルニアの地図が印刷されていたので、仮に「地図」バージョンと呼んでおこう。もう1つは、説明不要の「果樹園」バージョン（前ページ図14・1参照）である。これら2つの案の神経学的有効性を測定するには、潜在意識の深いレベルを探る必要があった。

消費者が店舗で新製品にどう反応するかを測定するための神経学的調査は、次のシナリオに従って行われた。まず、最初のフェーズでは、消費者のパッケージデザインに対する潜在意識反応を探った。第2のフェーズでは、意識される前の段階で、新ブランド自体とその属性と考えられている特徴に対して、深いレベルでどんな反応が起きているかを探った。

調査における変数は、カリフォルニア・オリーブ・ランチが考案した2つの異なるパッケージデザインだ。

今回の調査では、4つの基本的な目標が設定された。

1 それぞれのパッケージが、ニューロメトリクスの3つの基本数値で高い数値を獲得する能力を確定する。すなわち、消費者の注目を集める能力、消費者に感情関与させる能力、そして記憶保持を刺激する能力。

2 それぞれのパッケージが、市場パフォーマンスを数値化する派生数値の説得力（購入意向）、新奇性、認知・理解でどれだけ高い数値を出したかを評価する。

3 それぞれのパッケージが、意図されたメッセージをどれだけ効果的に伝えたかを測定する。

4 それぞれのパッケージのパフォーマンスを2つの競合製品と比較する。

ここで使われた方法論については、ブランドについて説明した第12章で詳しく触れているが、ブランドの属性を特定し、数値化するためのフレームワークについても簡単に言及しておきたい。このプロセスについて学べば、まがいものではない真の意味でのニューロマーケティングとそれを可能にした神経科学に関する理解を深めることができるだろう（次ページ図14・2参照）。

基準値

今回のケースでは、最初に、ブランド属性（ブランドの価値・イメージを表す言葉）を表す3つの単語に対する脳の反応を測定するために神経学的調査を行った。これによって、脳がこれらの具体的な刺激にどう反応するかについて明確な「基準値」が確定される。選ばれた3つの単語は、調査中に特別な注目を集めないように、無関係な単語の間に散りばめられた。

ブランド／製品のプレゼンテーション

次のステップは、ブランドか製品のイメージを見せることだ。カリフォルニア・オリーブ・ランチの場合、2つの異なるデザインのラベルを貼ったボトルを被験者に見せた。

メッセージへの反応

3番目のステップは、前述の3つの単語を無関係の単語の間に散りばめたまま、被験者に何度も見せ

図14.2——深層潜在意識反応調査は脳の潜在意識が刺激にどう反応するかを測定する

資料：NeuroFocus, Inc.

続けることだ。

ブランド／製品を被験者に見せた後で、単語への「反応」を測定した結果を神経学的調査の基準値と比較すると、潜在意識においてこれらの属性がブランドとどの程度結びつけられているかがわかる。科学的観点から見て、このプロセスから生じたデータは明白な証拠になる——他の変数は導入されていないので、ブランド属性の指標として信用できる。

カリフォルニア・オリーブ・ランチの例では、パッケージデザイン全体の神経学的調査の結果とブランド属性の調査を組み合わせることで、消費者が2つの異なるラベルにどう反応するかについて同社に詳細なデータを提供できた。フォーカスグループ・インタビューや、2種類のボトルをテストマーケティングするなどの従来の方法にかかる費用を考えれば、新製品導入のこの段階でかなりのコストを節約できたはずだ。

従来型の方法と比較すると、神経学的調査は、問題の核心にずばりと切り込み、正確で簡潔な回答をもたらしてくれる。しかも、調査に要する時間も従来の方法の数分の一にすぎない。では、カリフォルニア・オリーブ・ランチの2つのパッケージデザインを見た消費者の潜在意識反応の測定結果はどうだったのか。また、この新ブランドを2つの既存ブランドと比較した場合、どんな結果が出たのか。

以下に、核心部分をかいつまんで紹介しよう。

「地図」vs「果樹園」

さあ皆様、お待ちかねの結果発表です。勝者は……「果樹園」でした！

消費者の脳は、6つの数値のすべて——注目、感情関与、記憶保持、説得力(購入意向)、新奇性、そして認知・理解——において、「果樹園」のラベルに好反応を示した。6つのうち5つでは、両者の差は歴然としており、大差が開いたケースもあった。記憶保持に関してだけ、2つのデザインで引き分けと言えるほど近い結果が出たが、「果樹園」の方がやや優勢だった。

両方のボトルに関して、神経学的総合効果を測定すると、「果樹園」の方が「地図」よりかなり高いスコアを獲得した。

ブランド属性——両方のラベルデザインとも、調査対象となったブランド属性で高いスコアを獲得した。「果樹園」は、その3分の2の属性で「地図」よりも優勢だった。

競合製品との比較――カリフォルニア・オリーブ・ランチのパッケージデザインは両方とも、テスト結果で2つの競合製品より優勢だった。同社の2つのデザインを1対1で比較した場合よりも、6つの個別のニューロメトリクスの数値で大きく差が開いたが、全体的には次のような結果となった。

- 「果樹園」は、神経学的総合効果と感情関与、説得力（購入意向）、そして認知・理解で競合製品より高いスコアを獲得した。「地図」と1対1で比較した場合と同じくらいの差が開いたケースが1つ、もっと大きな差が開いたケースが1つあった。
- 「地図」もこれらのカテゴリーで健闘し、競合製品と同等かそれより高いスコアを獲得した。

なぜパッケージを神経学的調査で測定するのか？――パッケージデザインのパフォーマンスを客観的に評価する手段としては、統計的に数値化する方法が優れている。しかし、いくら優れていると言っても、それができるのは、神経学的調査も含めて、あらゆる市場調査から得られる結果を数字で示すことだけだ。これらの結果が生じた背景にある、もっと戦略的に重要な理由を知るには、ニューロマーケティングだけに提供可能な情報に頼るしかない。神経学的調査の結果を分析すれば、パッケージデザインの改善方法について具体的ですぐに実行可能な提案を行える。その意味では、ニューロマーケティングは他の方法論のはるかに先を行っているのだ。

カリフォルニア・オリーブ・ランチのケースから、ほんの1例を紹介しよう。脳波測定とアイトラッキングから以下のような分析結果が出た。これらは、パッケージデザインの作成に関する「神経学的ベストプラクティス」とも言うべき内容になっている。

●クラッターを排除した構成の方が確実に効果的であること。競合製品のパッケージはいずれもクラッター度が高く、それに比べてカリフォルニア・オリーブ・ランチのデザインは両方ともその度合いがかなり低かった。これは、同社のブランドに明白な競争優位をもたらした。

●自然らしさを強調するのが効果的。カリフォルニア・オリーブ・ランチは、脳が好んで食品と関連づけられる「自然らしい」イメージをすでに効果的に利用していた。そこで私たちは、製品の現実に即した「自然」のイメージ（たとえば、オリーブや果樹園の木など）を盛り込めば、さらに効果的だと提案した。

●故意に中央を避けたオフセンターな構図が効果的。私たちの調査によると、脳には中央から少しだけずれた場所に注目の焦点を置くことを好む傾向がある。カリフォルニア・オリーブ・ランチはすでにラベルの中央にイメージを配置しており、潜在意識にとってこれは基本的に好ましいことだった。だが中央のイメージを少しだけ左側にずらせば——脳は視界の左側にあるイメージを好む傾向があるため——神経学的総合効果をさらに高めることが可能である。

これ以外にも、ボトルのキャップ部分を使って神経学的総合効果を高めたり、別の部分で色やテキストなどのデザイン要素に工夫をするなどの具体的な提案をした。

解決策――どこが劣っているかを調査

この章の冒頭で紹介した、市場シェアの縮小に悩むクライアントの話に戻ろう。

クライアントの製品とその後に市場に出た類似性が高い競合製品について、私たちは両者のパッケージデザインを調査した。すると予期した通り、競合製品は注目、感情関与、記憶保持のいずれにおいてもクライアントの製品よりかなり高いスコアを記録した。さらに、メッセージに対する深層潜在意識反応でも、競合製品の方が優勢だった。調査結果を以下に要約する。

●イメージとアイコン――競合製品の方が製品の特徴をより効果的に表すイメージを使っていた。
●フォント（書体）――クライアントの製品は、使っている書体の種類が多すぎて、読みづらかった。
●離散量――クライアントの製品は、イメージ集合体が多すぎて、情報処理がしにくかった。
●製品露出――競合製品の方が見やすくて、より効果的だった。
●メッセージ伝達の効果――競合製品は「新しさ」や「おいしさ」といった主要なメッセージで、クライアントの製品より高いスコアを出した。

数ヵ月後、クライアントの製品が新しいパッケージデザインで出荷された。前と比べると、かなりすっきりして、製品そのものの特徴に合致しており、全体として好ましいデザインになっていた。それだけでもやった甲斐があったというものだが、一番重要なのは、売り上げが伸びたことだった。

この章で学んだこと

●脳が好む、すっきりしてクラッターの度合いが低いパッケージデザインを目指すこと。

●脳は目新しいものを探し求める傾向があるので、どこが新しくなったのか、見つけやすいように目立たせること。

●脳の感受性を刺激するために——つまり、注目、感情関与、記憶保持を高めるために——この章で紹介した神経学的ベストプラクティスの具体例を活用すること。

●パッケージデザインの一番小さいディテールであっても、潜在意識に予想外の大きなインパクトを与える可能性がある。脳は何も見逃さないので、神経学的なエラーは、パッケージデザインの神経学的総合効果を低下させる。

第15章 脳と店舗環境

この章で学べること

脳は店舗環境で何を避けて通ろうとするか。
脳が買い物体験を整理する際に必要不可欠なフレームワーク。
店舗環境におけるベストプラクティス。
店頭で神経学的アイコンシグネチャー（NIS）を活性化する方法。

課題——売場で消費者の目に留まるディスプレイとは？

クッキーとケーキのミックス粉を製造している企業が、ある問題についてフォーカスグループ・インタビューを繰り返し、何度も同じ所を堂々巡りしていた。その問題とは、店舗の通路の端まで来た消費者に注目されるように、新しいコンセプトで製品のディスプレイを作り直したいのだが、それをどんなデザインにすべきか、というものだった。

同社が知りたいのは、新しいデザインにすべきか、それとも従来のやり方を続けるべきか、という点だったが、フォーカスグループは何度やっても矛盾した結果が出るため、らちがあかなかった。だが、新デザインに変えた場合には馬鹿にならない費用と時間がかかるし、買い物客は納得できる理由がない限り、慣れ親しんだ売場の配置が変わることを喜ばない。

脳にとって、ある意味で、小売店はジャングルのようなものだ。たとえば、私たちがよくあるスーパーマーケットに足を踏み入れる時には、遠い祖先が危険に満ちたサバンナに足を踏み出した時と同じ脳の領域が反応を示す。つまり、店内の通路を歩いている消費者の潜在意識を刺激して、10万年前から脳内に存在する警報システムを鳴り響かせるものが、店舗にもあるということだ。それは一体どんなものだろう。

その答えは、陳列棚の端に置かれるエンドディスプレイのように月並みなものであるかもしれない。それは、潜在意識の深いレベルで、神経科学で言う「回避反応」を引き起こす。金属製の棚の鋭利な縁は、ジャングルで木の枝の鋭い先端がそうだったように、あなたに害を及ぼすかもしれない。目に当たれば失明するかもしれないし、切り傷を負って出血死するかもしれない――チェリオやキャプテン・クランチのようなシリアルの箱に囲まれた空間であっても、危険への回避反応は必ず起きる。

原始時代ではあるまいし、馬鹿げた反応だとお思いだろうか。もちろん、その通りだ。だが、脳は危険を察知して適切と判断した反応を示しているにすぎない。潜在意識で危険を感じ取ると、体に警報を送り、脅威となる対象を回避してその場を立ち去るように指示するのだ。

脳は何万年もの進化の過程において、周囲に潜む危険を察知して人間を守るように発達してきた。鋭い先端を持つもの――エンドディスプレイからキッチンキャビネットまで――も、そんな脅威の1つであり、脳は瞬時に、潜在意識レベルで、それを回避するように反応せざるをえないのだ。

◎脳は、直線や鋭い縁が嫌いなので、可能な限り鋭い線や角が生じないように売場の配置を工夫すると、脳にとってより快適な買い物体験が実現できる。

多くのカテゴリーや小売店における研究を通じて、私たちは角を丸くしたディスプレイの神経学的総合効果が優れていることを発見した。そして棚の間の仕切り板も縁が丸くなったものが、通常の角が付いたものより高いスコアを記録した。ここから得られる教訓は、脅威と感じられるような鋭い縁のある物はあらかじめ取り除いておかないと、消費者の両肩の上で、24時間体制で周囲に目を光らせている監視者――脳と潜在意識――がリラックスも満足もできないということだ。

この原理は、別の食品メーカーのために行われた最近の調査でも確認された。以下は、その調査内容と成果の要約である。

●調査対象――売場のディスプレイ・デザイン（そのうち一つは角を丸くしたもの）。
●被験者の男女比――男性50％、女性50％。
●結果――角を丸くしたデザインは、それ以外の2つよりも著しく高いスコアを出した。これをテストマーケティングしたところ、売り上げの大幅アップ——なんと15%だ——に貢献した。脳は丸い角がそれだけ好きということだ。

店舗をうろついている時に、消費者の潜在意識に反応を促すものはそれ以外にないだろうか。**私たちが売場環境で行った調査によれば、脳は自然に近い手触りを好むことが明らかになった。**まったく同じ売場に同じ製品を並べ、手触りだけ変えてみたところ、脳の反応にはかなりの差が生じた。自然に近い手触りをした製品の方が、脳に深い感情的反応を引き起こしたのだ。これは重要な発見だった。人間もまた自然界に生きる生物なので、五感を通じて木や草や葉や水を体験することで、それらに親しみや、心地よさや、魅力を感じる志向性が神経学的に組み込まれているのだ。

だが、潜在意識は結構簡単に「だまされて」しまうこともある。たとえば、木材の表面の手触りを模倣したプラスチック製品を本物そっくりに見せることさえできれば、木製品の代替物として十分通用するケースもある。

それは新しい買い物体験か

脳は新しい体験を楽しむ傾向がある。だが、皆さんもよくご存じのように、世の中には様々な体験があって、そのすべてが楽しい体験とは限らない。

小売業者は買い物をポジティブで、楽しくて満足できる体験にしようと精一杯努力する。だが市場調査の観点からすると、買い物体験には一度に1000個もの感覚情報のインプットが伴うため、わかりやすくて利用可能な形で要約したり描写したりするのはほとんど不可能に近い。それでは、売場環境で、神経学的観点からポジティブな体験をもたらすには何が必要なのか。

また、消費者にとって買い物をする際に苦痛に思える部分とは何なのか。

●山ほどある製品の価格や特徴の中から、ニーズに合うものを見分けなければいけないこと。
●複数の選択肢から一つだけ選ばなければいけないこと。
●実際に買い物をするにはお金を払わなくてはならないこと。

こうした苦痛を和らげるには、娯楽を提供するという方法があるが、これについては後述する。まず、脳の視点から見た買い物体験の基本を押さえておこう。

買い物体験フレームワーク

小売店における良質の体験を数値化する方法はないのだろうか。

消費者にとって楽しい買い物体験は、そうでない場合と比べて異なる要素をいくつか含んでいる。私たちは、複数のカテゴリー、小売店、世界各地の市場を調査した結果、それらに驚くべき共通点があることを発見し、それを売場環境での買い物体験を分析・評価するフレームワークに組み込んだ。

買い物体験フレームワークは、7つの重要な要素によって構成される。ブランド・エッセンス・フレームワークと同様、買い物体験フレームワークは、包括的な意味で体験そのものを対象とし、そのプロセスを脳と同じやり方で、単純で個人的なレベルから複雑で隠喩的なレベルへと分類していく。買い物体験フレームワークに対する消費者の反応は、ＥＥＧと深層潜在意識反応を継続的に測定する方法によって数値化される。

以下は、買い物体験フレームワークを構成する7つの要素である。

1 情報
2 環境
3 娯楽
4 教育
5 単純性
6 自己価値／社会価値
7 共同体

情報

買い物体験の真っ最中の消費者は、豊かな情報量と、役に立つ情報が常に与えられている状態を必要とする。情報は「見つけやすさ」と密接に関係している。自分が欲しいものを簡単に見つけられるのは、それが優れた買い物体験であることの証明であると同時に重要なベンチマークでもある。

私たちが情報を評価する際に使うニューロメトリクスは、注目、記憶保持、そして認知・理解である。私たちは通常、売場のデザインを見て、各カテゴリーがどう配置されているか、利便性と直観的な使いやすさの観点から評価する。ディスプレイ、プロモーション、製品情報についても、平明さや理解しやすさを軸に評価を下す。また、メニューやメニューボードに関しては、包括性の観点から評価する。**この場合、深層潜在意識反応で次の主要な属性を測定すると評価の役に立つ——すなわち、見つけやすさ、容易さ、単純性、発見、気持ちよさ、である。**

言葉や数字を使わずに知りたい情報を探し出せるようにすれば、店舗環境は見違えるほど消費者に受容されるようになる。私たちの調査によれば、効果的な店舗環境では、イメージやアイコンを創造的に使って消費者から感情的な反応を引き出し、言葉や数字で記憶に不要なストレスをかけないように配慮されていた。

店舗の服飾品売場にいるファッションアドバイザーや、化粧品コーナーのビューティーアドバイザーから、パソコンショップの営業担当者まで、**消費者への情報提供で生身の人間が果たす役割はきわめて重要だ。**売場環境の分析で人間が主要な情報提供者である場合、私たちは彼らが消費者と交わす会話の神経学的総合効果を評価するために、それらを記録し、分析する。この方法は、とりわけ製薬業界において効力を発揮する。医師たちはこのプロセスに平均90秒しか費やさないので、情報提供を行う立場にある営業担当者の役割はきわめて重要だ。そこで、彼らのセールストークの神経学的総合効果を分析するために、この方法が用いられている。

新しい製品や機能に関しては、人々は貪欲に知識や情報を求める。店内の通路を物色しながら、私たちは潜在意識で「何か新しいものはないのか？」とつぶやきながら、常に情報を求めている。「前回来店した時にも、あれはあっただろうか？　それとも、新製品だろうか？」

神経学的調査を使えば、売場に存在する情報量が脳にとって吸収できるキャパシティーの範囲内か、それとも潜在意識が圧倒されて個別の刺激に振り向けるべき注意をシャットダウンしてしまうほど大量かを確認することが可能だ。

環境

ここで言う環境とは、買い物体験の物理的なコンテキスト（前後関係や状況・背景）のことである。このコンテキストには、当然ながら、複数の知覚がかかわっており、買い物客をその気にさせたり、購買意欲を刺激したり、自分の生活に直接かかわる製品を楽しみながら使用している場面を想像させたりするなどの暗黙的プライミング（先行する刺激によって特定の行動を促す）の機会を多く提供する。ここで使用される主要なニューロメトリクスは、注目、感情関与、記憶保持、説得力（購入意向）、それに新奇性である。

様々な製品カテゴリー、小売店、レストラン、ファストフード店、ショッピングモール、ウェブサイトを調べてわかったことがある。それは、複数の知覚を刺激する環境を設ければ、消費者の潜在意識にブランド、製品、機会、ライフイベントなどにかかわる複数の連想を呼び起こすことができるということだ。私たちの調査では、製品を実際に使ったり体験したりする環境を店舗で模倣した方が、そうしなかった場合より、常に消費者の購買意欲を刺激できることが確認された。

消費者が展示された製品やサービスを実際に使ったり体験したりする機会や状況を想起させる環境で

は、感情関与、説得力（購入意向）、そして新奇性で高いスコアを期待できる。私たちは、ベビーフードなど幼児向け製品のあるメーカーから、赤ん坊や小さい子供のために買い物をする母親にとって理想的な環境を提案してほしいという依頼を受けた。売場環境に関する独自調査に基づき、私たちは、ハイエンドな家庭向けAV機器を販売する小売店がハイファイ設備の整った部屋を用意しているように、特別な部屋を用意してクッション材の入った床やソフトな照明、それに子守唄が流れる静かな雰囲気などで安心感を演出してはどうかと提案した。目標は、母親が外部の騒音から安心して避難できる環境を提供することだ。複数の知覚を通じて安らぎを提供する空間は、神経学的調査でも、感情関与、説得力（購入意向）、そして新奇性において高いスコアを記録した。

理想的な環境を作るには、ディスプレイ、通路の設計、看板、エンドディスプレイといったマーチャンダイジングの構成要素を上手に利用する必要がある。これらの要素は、製品が実際に消費される環境を店内で再構成する際に重要な役割を演じるが、あまり多くの要素を盛り込んでも互いに衝突し合って全体的な効果を低下させてしまう。つまり、これらの要素の有効性、感情関与、説得力（購入意向）のレベルを知るためには、個別に調査することも重要だが、すべてが合わさった時の総合的な数値を測定する必要があるということだ。

また、店内の異なる場所に配置されたディスプレイは、それぞれ異なる役割を演じていることも明らかになった。たとえば、通路のエンドディスプレイには主に注目を高める効果があるが、店内のロビーにあるディスプレイは新奇性を演出しているといった具合だ。だが、消費者がロビーの方向から通路に接近してきた場合、エンドディスプレイはその感情関与を高め、通路で製品を実際に見せるという物理的コンテキストを提供して説得力（購入意向）を大幅に高める役にも立っている。

一方、デザインが異なる環境を消費者に見せて深層潜在意識反応を分析したところ、興味深い発見があった。買い物体験が「気持ちよかったか」「心地よかったか」「刺激的だったか」といった質問より、消費者の日常生活と密接に関連した質問──「自宅にいるようだったか」「本物らしかったか」「夕食時間を思い出させたか」──をした方が反応の違いを明らかにする上で有意義だったのだ。

私たちはまた、カテゴリーや製品の隣接性を通じて「暗黙的環境」を作り出せることを突き止めた。つまり、複数の製品を隣同士に配置しておくことで、明示的な説明なしでも、暗黙的に了解できる環境を作り出せるということだ。それ以外にも、消費者にとって感情的あるいは論理的に関連性のある異なるカテゴリーを一緒にすることで、違った種類の暗黙的環境を作ることも可能だ。こうした「ミクロ環境」を作り出すことによって、製品単体では不可能なほど高レベルの感情関与と説得力（購入意向）を実現することが可能になる。

さらに、私たちの調査では、店内では倉庫に荷物を積み上げるように製品を直線的に配置するより、消費者にとってより自然な形で効果的にかつ直観的な体験ができる売場環境を作る方が優れた買い物体験を提供でき、神経学的にも有効性が高いことが判明している。

娯楽

買い物体験そのものが娯楽の機能を果たすというのは、現代社会の大きな利点の1つだ。それは確実に消費者を引き付ける要素だし、私たちはどこへ買い物に行く時にも、それを期待し、探し求める。常に捕食動物の脅威に怯えながら食物を探す必要もなく、おいしそうな食べ物を品定めしながら買い物ができるとは、何という贅沢だろう！　何度繰り返しても、その楽しみが減ることはない。買い物（脳はそれを狩猟や採集の行為とほぼ同等に位置付ける）と娯楽ほど強力な組み合わせは他にない。だからこそ、買い物は国民的娯楽なのだ。

すでに指摘したように、**多くの場合、消費者の潜在意識にとって買い物とは数字と言葉の大海へざぶざぶと歩き出すような行為だ。この情報の海をうまく渡っていくには、娯楽の島を通じて誘導してくれる感情的な手掛かりに従うのが一番手っ取り早い。娯楽には感情的な安心感を与え、購買に伴う苦痛を最小限に抑え、消費者が買い物に費やす時間を長引かせる効果がある。**

娯楽にはまた、確固とした目的意識を持って売場を訪れた消費者をより寛いだ精神状態にして、漫然と商品を見て回る別のタイプの消費者に変貌させるという副次的効果もあるようだ。その結果、消費者には当初は検討リストにさえ入っていなかったカテゴリーや製品に目を向ける余裕が生まれる。娯楽を測定するために使われる主要なニューロメトリクスは、感情関与と新奇性だ。製品のディスプレイや機能の娯楽価値も決して低くはないが、感情関与や新奇性を大幅に増大させるのは、人間や動物やテクノロジーと直接触れ合う形の娯楽であることがわかっている。

消費者への娯楽提供を意図して作られた店舗環境の個別的要素を分離・測定し、娯楽価値や娯楽を提供しうる可能性についてランク付けしてみたところ、高い娯楽価値を提供している環境は、全体的な買い物体験についても高評価を得る確率が高いことがわかった。また、店内の従業員は全員、販売員、ウェーター、売場監督者といった地位や仕事の違いを超えて、娯楽的要素を強化する上で重要な役割を担っている。そこで私たちは、従業員と消費者の日常的なやり取りの神経学的総合効果を分析することにしたのだが、その際に大いに役立ったのが、彼らの業務マニュアルや現場でのパフォーマンスを評価することだった。

教育

優れた買い物体験とは、消費者に多くの情報を与えるだけでなく、新たな物の見方を習得させるなどの一種の教育体験を伴うものだ。情報を与えるだけでは教育とは言えない。教育とは、新たな発見や物の見方を凝縮した知恵の塊で、すぐに日常に応用できる。人間の脳は私たちが住むこの混沌とした世界を分類し、整理し、そこに意味を見いだそうとする。そこから得られた知恵は、人間に関すること、文化に関すること、自分に関すること、人生や社会に関すること、あるいは未来に関することかもしれない。

脳は、ちょっとした雑学から高尚な知恵に至るまで、常に知識と事実を探求し続ける。小売店におけるこの神経学的傾向の重要性と妥当性がよくわかる具体例を1つ挙げておこう。まず、特定の製品カテゴリーを陳列した通路にディスプレイを設置し、消費者に対して通常のプロモーションを行い、価格帯を告知し、購入するように呼びかけた。そして、その通路における消費者の体験全体の神経学的総合効果と深層潜在意識反応を測定した。それから、通常のディスプレイをもっと小さなサインやポスターなどと差し換え、それらに教育価値のある事実や新しい視点や雑学などを盛り込んでから、通路を測定し直してみると、神経学的総合効果に大幅な改善が見られたのである。

ここでわかったのは、教育価値を強調したディスプレイは、純粋に娯楽価値しかないディスプレイと比べて、脳内での情報処理のされ方が違うということだ。新しい視点や教育価値を含むディスプレイは、より「合理的に」処理され、「熟慮の上で買い物」をするように促す効果がある。そのため、消費者は、娯楽志向のディスプレイを見せられた時より、製品の価格や機能を比較検討する傾向があった。

また、店頭で教育的な内容を見せると、ブランド・ロイヤルティが大きく変動しやすくなることも明らかになった。同様に、あるカテゴリーのトップブランドに占有されてきたスペースに新しいブランドが進出しようとしている場合、教育的ディスプレイを使えば、トップブランドのブランド・ロイヤルティを弱めて、消費者により合理的にブランドを選択するように促せるかもしれない。

単純性

単純性は買い物体験の質を高めてくれる。たとえば、消費者が製品やサービスを見てすぐにその本来の目的を理解できるとか、追加の情報が見つけやすいとか、購入するまでのプロセスが面倒でないとか、製品が消費者の家に届きやすいとか、パッケージを開けやすいとか、問題を解決しやすいといったようなことだ。こうした単純性は、買い物体験の中核的要素でなくてはならない。

慣れ親しんだ店内に新しいデザインの通路が作られると、いくら見栄えがよくて機能性が高くても消費者から嫌がられるのはそのためだ。すでに脳は店のレイアウトに慣れているのに、新しいレイアウトの登場で単純だったものがそうでなくなり、再学習のために余計なエネルギーと認知処理のリソースが必要になるからだ。新しいレイアウトが良い出来で、心地よいものなら、脳は反発しながらも短時間でそれを学習し、いずれ買い物体験を以前よりも楽しむようになるだろう。単純性を測定するために使われるニューロメトリクスは、注目と記憶保持である。さらに単純性が高まると、ことさら目立つ形で注目を引く必要はなくなり、消費者は記憶――多くの場合、それは暗黙的記憶だ――にアクセスするだけで必要な「道順」を見つけられるようになる。店内の通路を歩くのは、もはや職場から車で帰宅するのと同じように単純な作業となる。

単純性は離散量、色彩、タクソノミー（分類法）、そして処理の容易さと関連づけられることが多い。店舗環境に対する深層潜在意識反応を測定したところ、その環境に物が少ないほど単純性の印象が強まることがわかった。これは、意外な結果ではなかったが、同時に、環境をあまりに単純化しすぎると選択肢が少ないという印象を与えることも判明した。店内で実行した調査の結果、単純性は、それぞれのカテゴリーや通路ごとに異なる形で、選択肢の欠如に結びついていることが明らかになった。**私たちは、これらの調査から、買い物の環境における単純性を最適化するための法則を一般化することはできないと結論せざるをえなかった。**

一方、店内で色彩の使い方を工夫することによって、単純性の印象を強化できることがわかっている。デザイナーが色彩の使い方を工夫して、通路を分離したり、強調したりすれば、店内巡りの単純性を向上させることが可能だ。単純性にとって、もう1つの重要な要素がタクソノミーである。文言、カテゴリー、サブカテゴリーの選択を通じて情報の論理的階層を構築し、見つけやすさを大幅に改善させれば、単純性の向上にも大きく貢献できるはずだ。

自己価値／社会価値

店内で販売員が「とてもお似合いです」と言ってくれれば、その体験で消費者の自己価値は高まるかもしれない。また、店を出る時に店員が「本当にお値打ちなお買い物をされましたね」と声をかけてくれれば、同様の効果が得られる可能性がある。自己価値は、買い物客が自分に自信がつくような体験をすることで得られるからだ。

一方、社会価値は、買い物客が自分は社会に貢献したと感じることで体得するものだ。たとえば、「厳しい家計の中、家族のために環境に配慮した製品を探し出す自分は買い物上手だ」と感じることで、自己価値と社会価値を両方とも体得できる。人間の脳は、個人のニーズと社会のニーズの間でバランスを取るように「配線」されている。だから、買い物体験によって両方のニーズが満たされれば、私たちも大きな満足感を得られるのだ。自己価値と社会価値は両方とも、買い物によって所持金が減る苦痛をやわらげてくれる。自己価値と社会価値を測定する主要なニューロメトリクスは感情関与である。

私たちは、店舗環境で自然に自己価値を高めてくれる要素をいくつか発見した。店内に自己価値の肯定を促すようなサインを置くと、実際に自己価値が高まることが調査で確認されたのだ。「お客様にはその価値があります」と書かれた店内のサインは、消費者の自己価値を高める効果がある。また購入額の一部が、消費者自身が選んだ価値ある運動に募金される場合にも自己価値は高まる。**募金活動に貢献するクーポンや割引券にも、説得力（購入意向）を大幅に高める効果があることが判明している。**大半の企業はすでに何らかの慈善活動に取り組んでいるので、そうした活動に消費者を巻き込むことによって、消費者の自己価値を高めると同時に慈善活動を支援するという一挙両得が期待できる。

慈善活動への募金が店頭で買い物客に与えるインパクトについて、私たちは以下のような調査を行った。まず、購買額の一部を募金する対象として、消費者に４つの慈善運動から１つを選択してもらった。この単純な行為を付け加えるだけで、感情関与が劇的に高まり、買い物体験との関連で「気持ちよさ」や「満足感」を想起させる言葉への深層潜在意識反応のスコアも大幅な伸びを示した。

共同体

人間には集団に所属したいという欲求がある。カーマニアの団体、営業担当者の勉強会、パンダ愛好クラブ、グリーン製品支援団体など、目的や形態がどうあれ、人間の脳には共同体に所属したいという欲求が組み込まれている。

狩猟採集社会における人類は、生き残るために共同体に依存する必要があった。だが人類の進化とともに、意識と潜在意識のレベルで共同体がもたらす恩恵は以前より微妙でとらえがたくなっていった。仲間同士の交友、集団の中の個人として得られる満足感、文化体験の共有など……。それでも、私たちはいまだにそれらを重視し、求め続けている。

これ以外にも、共同体はもっと大きな目的を担っている。ネットで爆発的に普及したソーシャルメディアも、この基本的事実を示す最新例と言えるだろう。デジタルコミュニケーションは人々に自分が本当にいたい場所を探したり、所属したい共同体を見つけたり自分で作ったりする手段を提供した。神経学的観点から言うと、人々は特定の人間しか参加できないユニークな共同体に自動的に所属させてくれるような買い物体験を高く評価するのである。

◎潜在意識は、選ばれた人間になれたという優越感と所属欲求という、相互にバランスを取るのが難しい2つの欲求を同時に満たしてくれる体験を高く評価するようだ。

潜在意識にとって、選ばれた少数派になることと集団に所属することは矛盾しない。それどころか、両者は心地よい共存関係を結ぶことが可能だ。共同体を測定するニューロメトリクスとしては、注目、感情関与、記憶保持が使用される。

共同体は、地理的要因、ライフスタイル、年齢層、人種、趣味や関心、目標や何かに対する情熱など、様々なものをベースにして作られている。共同体には深いレベルで感情的ニーズを満たす効果があるので、私たちも当然、店舗環境を分析する際には、集団との一体感を表したり、特定の共同体に所属したりすることを示す具体的な要素を探すことにしている。それから、私たちはこれらの要素を分析して、共同体が消費者の心にどれだけ注目されているかを確認する。つまり、共同体の感情関与と記憶保持を測定するわけだ。次に、私たちは買い物体験と「一体感」「所属」「共同体」といった言葉の間にどれだけの共振作用が起きているかを分析することによって、共同体関連のテーマに対する深層潜在意識反応を測定する。

各種の刺激を分類する脳

店舗にいるあなたの脳は、常に大量の刺激にさらされており、それらは時間の経過とともにクラッターの度合いを増していく。あなた自身は、やがて店内の不協和音に慣れたように感じても、通路をぶらぶらと歩くあなたの脳内では、視覚、聴覚、嗅覚、触覚を通じて受け取るあらゆる刺激を同時に処理しようと、前頭前野が猛烈な勢いで発火し続けている。食品の味見をするようなことがあれば、味覚による刺激でさえも同様に処理されることになる。

あなたの神経回路は目にも留まらぬ速さでデータを送ったり、交換し合ったりしながら、受け取った知覚情報を相互に関連づけようとする。そして、前頭前野はそれらすべてのプロセスの陣頭指揮に立ち、あらゆる情報の流れを整理し、優先順位を付け、過去の記憶を検索し、刺激の交響曲から統一された意味を引き出そうとするのだ。

通路をぶらつくあなたの頭の中では「マーチャンダイジングの音楽」が鳴り続けているが、そのメロディは常に変化し、テンポも音量も上下する。あなたの脳は視覚野からデータを受け取り、左右それぞれの目が見ている情報を処理して、ステレオスコープを通して見たような3次元映像に加工する。同時に、それを聴覚、嗅覚、触覚の中枢から流れ込んでくる大量のデータと同期させる。さらに、あなたの脳は耳、指先、鼻、そして口から流れ込んでくる情報についても同じ作業を行っている。

その間にも、あなたの脳は、呼吸したり、まばたきをしたり、何かを飲み込んだり、前に向かって歩いたり、顔の向きを変えたり、両目の焦点を合わせたりするなどの無数の動作を行うように指示を出しているのだ（そのほとんどは潜在意識の管轄範囲である）。

潜在意識の信号

薬局で歯磨き粉の入った箱がずらりと並んだ光景を見て、憂鬱な気分になったことはないだろうか。何しろ、ペーストかジェルか、歯を白くして虫歯を予防するタイプか、それともミントやウィンターグリーンの香りがするものか、真っ白なタイプかそれともストライプが入ったものかなど、選択肢は無数にある。あなたがそんな気分になるのは、理由がある。それは「反復の見落とし」と呼ばれ、神経学的に説明できる興味深い現象なのだ。

同じものを何度も繰り返し見せつけられると、たとえそれが良いものであっても、あなたの心は注意散漫になってしまうことがある。

つまり、あなたの製品が競合製品の隣に並べられた時、外見的な差別化が重要になるということだ。製品のサイズ、形状、そしてパッケージの類似性が高いカテゴリーにおいては、なおさらこの点に気を付ける必要がある。他の製品より目立つ方法を見つければ、必ず潜在意識の注目を集められるだろう。

「反復の見落とし」とは、視覚野から送り込まれてきた大量の似通った視覚的イメージを、前頭葉が処理する必要に迫られた時に起きる現象だ。歯磨き粉の例に戻ると、似たような色やロゴやテキストやイメージをあしらった箱型の歯磨き粉のパッケージを次から次へと「見せられ」、それが何列にもわたって繰り返された場合、脳の注意はどこかへ飛んでいってしまう。「いくら何でも多すぎるし、皆同じに見えるし、差別化できない。どこかに新しい要素はないのか」とあなたの脳は訴えているのだ。その結果、その部分に関する潜在意識の知覚はすっかりぼやけたものとなる。

人間は、物の違いを探して区別するように神経学的にプログラミングされている。私たちは、この世界で安全にかつ生産的に活動できるように、常に周囲の環境を理解するための材料を探している。そのため、脳が同じようなイメージを繰り返し見せられると——ある程度の違いはあっても——「反復の見落とし」が起こる。そうなると、脳はもはや、それぞれを独立した個別のイメージとして「見よう」とはしなくなる。単独か限られた数のイメージを見せられた場合とは、明らかに違う現象が起きるのだ。

もちろん、最終的には、脳は自分を取り戻し、何を見ているのかを認識する。そうでなければ、私たちはクレストやコルゲートなどの無数の歯磨き粉ブランドの前でぼーっと突っ立ったまま1日を終えることになるだろう。事の大小や、重要性のあるなしにかかわらず、こうした場合に指揮を取るのは前頭葉の役目だ。その指示に従って、私たちは陳列棚に手を伸ばし、選んだ歯磨き粉をひょいとつかんで買い物かごに放り込む。

これに対応するには、ディスプレイを奥と正面に交互に配置したり、高さの違うものを並べたりして、うまく買い物客の目先を変える必要があるだろう。そうすれば、これまで目に入ってこなかったものも見えるようになる。

さて、店内における製品選びのプロセスを切り盛りするのは、あなたの体のてっぺんにある1400グラム前後の物体、つまり、ニューロン、水、化学物質、それに電気信号で構成される脳である。その際、脳が最初に行うのは、潜在意識に貯蔵された各種の記憶を検索することだ。

あなたが前回この店に来た時には何を選択したか。あなたが好きなのはミント味か、それとも普通のタイプか。あなたの潜在意識は、ジェルの舌触りが好みか、それともペースト派か。パッケージの色の組み合わせには好感を持てたか。あなたの脳は、手に取ったブランドを選ぶようにあらかじめ何らかの刺激で誘導されていたか。

だが、陳列棚の間を歩くあなたの行動に影響を与えるのは記憶だけではない。

マーケティング・マグネット

ある賢明な消費財のメーカーが、人間の顔には脳を磁石のように引き寄せる力があることに気付いたらどうだろう。その企業は必ず、パッケージやマーチャンダイジング用のマテリアルに、親しげにほほ笑む人の顔を使っているはずだ。

ニューロマーケティングの威力はこんなところにも発揮されている。**神経学的に言って、人間の脳は人の顔に引き付けられるようにデザインされているのだ。**私たちは相手の顔を通じて、その人物が自分に何をもたらすか——危険、愛情、信頼、あるいは裏切りなのか——を予測しようとする。脳にとって、顔はほとんど例外なしに監視対象リストのトップにある。

これをマーケティングに生かすには、あらゆる場面で人の顔を目立たせる必要がある。そうすれば、あなたの訴えは消費者の脳のど真ん中に突き刺さり、注目と貴重な認知処理のリソースを引き出すことに成功するはずだ。

だが、陳列棚の上で人の顔を使って消費者の気を引く手法は、ニューロマーケティングの成果を生かしたテクニックの1つにすぎない。確かに効果的ではあるが、消費者の注目を集め、見落とされないように計らい、特定の製品をひいきにしてくれるように誘導するには、それ以外にも応用できる「商売のこつ」がある。

スーパーマーケットにNISがやって来た

消費者が製品を使用した際に最も楽しかった部分を神経学的アイコンシグネチャー（NIS）と呼ぶことはすでに説明した通りだが、このNISを店内で消費者の脳に思い出させるのは悪くないアイデアだ。まず、ショッピングカートをワインコーナーの方向に押している自分を想像してほしい（ほら、エンドディスプレイにぶつからないように気をつけて……。どうやら、このお店の人たちにはもっとニューロマーケティングについて勉強してもらった方がよさそうだ）。

この瞬間にあなたの脳では何が起きているだろう。すでに説明したように、脳内では何百億個ものニューロンが発火し、五感を通じて流れ込む大量のデータを処理しようと休みなく活動している。あなた自身の意識はこうした活動に気付いていないが、潜在意識はこれらの情報をすんなりと受け入れるだけでなく、すべてを整理しつつ、記憶に貯蔵されている過去のデータと照合しているのだ。

その間にも、脳はあなたの手足を一定のリズムに従って動かし、バランスを崩さずに前進歩行できるように指令を出し続けている。同時に、聴覚系に対して、野菜と果物のコーナーで特別セールのアナウンスがないか耳をすますように指示を出す。さらに、視覚系には、前方と横にある障害物に同時に気をつけるように促す。脳はこれ以外にも、缶、ボトル、ロゴ、色彩、サイン、棚、照明、手でつかんでいるカートの金属製ハンドルの冷たくて丸い感触、足元の床タイルを靴で踏む際の感触など、とてもここには書ききれないほど無数の知覚情報を処理しているのだ。

さて、脳は以前に見たことのある標的を探索し続けている。それは、クリーム色のラベルが付いた薄緑色のボトルだ。ところが、ワインコーナーに近づき、角を曲がって目的の通路に入ったあなたの潜在意識は、まったく予期せぬ相手に出会うことになる——それは、場違いとさえ思えるようなNISだ。

あなたが押しているカートの先端が、近くの棚に設置してある肉眼では見えない赤外線センサーに引っかかったとしよう。すると、突然、シャンパンボトルのふたを開ける「ポン!」という音が鳴り響き、その後すぐに「ドクドクドク」という、ワインかシャンパンをグラスに注ぐ音が聞こえてくる。

その時、あなたの脳はどうするか。間違いなく派手に反応するはずだ。実際に自分でボトルを持ち、ふたを開け、グラスに注ぎ、それらの音をすべて耳にしているのとまったく同じ反応を示すはずだ。その時突然、あなたの脳は自分が実際にワインを飲もうとしているのとほとんど同じ神経学的反応を起こし始める(ミラーニューロンの働きについては、第9章を参照)。

考えてみてほしい。この強力な聴覚的刺激にさらされた消費者の潜在意識で、説得力(購入意向)が高まらないはずがあるだろうか。次にスーパーに行った時、試しに、店内でNISを使うマーケティングについて想像してみてほしい。そこには、ありとあらゆるチャンスが広がっている。あらゆる種類のブランドや製品が、この手法で売り上げを伸ばせるはずだ。それぞれのブランドや製品に特徴的なNIS

はどんなものか、そしてＮＩＳがもたらす刺激が五感のどの部分で認識され、どの部分にアピールするかを考えてみよう。

あなたがワイン好きなら

ある売場での買い物体験が、親しみやすいのに刺激的で、心地よくて、それでいて意外性のある新たな体験に変化していたらどうだろう。買い物をしているあなたの脳は、潜在意識でその事実を認識し、満足感を覚える。すると、百億ものニューロンが発火して、その体験が印象深いものになるはずだ。

もちろん、ワインを飲まない消費者が、店内でワインを飲む時のＮＩＳを体験しても、購買行動には結びつかない。同じことはどんな製品にでも言える。人間は思考力を欠いた家畜とは違うのだ。だから、自分の基本的な希望や意思、深くしみ込んだ好みや偏見に反する誘惑には簡単に応じない。それほど簡単になびくには、脳はあまりにも強く、高度に発達しすぎている。ＮＩＳにも確かに大きなインパクトがあるが、そこまで強力ではない。

一方、ワイン好きの消費者が、スーパーの通路のど真ん中で、潜在意識が以前に経験済みのある刺激を通じ、１杯のカベルネかシャンパンがもたらす心地よさ、楽しさ、解放感、そして満足感を思い出したらどうなるか。

あなたはきっと、ニューロマーケティングの醍醐味を知ることになる。

潜在意識に対するサイネージの効果

近年、小売業界で起きた最も重要な変化の1つに、店内の各所でサイネージ（デジタルディスプレイ）、特にビデオディスプレイを多用するトレンドがある。店内ディスプレイが増えるに従い、消費財のマーケターと小売店は多くの疑問と課題に直面している。中でも最大の疑問は、ディスプレイの数をどこまで増やせば過剰になるかという点だ。また、効果を最大化する方法と、逆に最も非効率なやり方についても確認しておく必要がある。

神経学的調査を使えば、これらの疑問に対して、他の調査方法では決して得られない回答を提供できる。まず、ディスプレイの数をどこまで増やせば過剰になるかという質問から始めよう。実際には、すべての状況にフィットする唯一の正解は存在しない。その理由は、人間の脳が持つ特性にある。人間は膨大な量のデータを受け取って処理できる。生存のために、複数の知覚を同時に駆使し、常に周囲の環境に目を配っている必要があったため、ある意味で、現代のスーパーマーケットというジャングルに最適化されているとも言える。

だが、この能力にも限界がある。前頭葉は常に刺激として入力されるデータを監視し、何が重要で何がそうでないかを瞬時に判断し、不要なデータは次々に廃棄処分していく。そして、どれが興味深い情報で、どの情報に将来役に立つ可能性があるかを見分けて、必要なデータだけを記憶に保存していく。この潜在意識のメカニズムは自動的に機能する。この過程で、まったく同じか似たようなデータで視覚野の負荷が過剰になると、前に説明した「反復の見落とし」が起きる。視覚以外の知覚についても、潜在意識は注目、感情関与、記憶保持の割り振り先を決めて、不要な知覚情報は見落とすか、無視してしまう。

オレンジ色の海に浮かぶ陳列棚

ここに格好の例がある。欧州のある大手小売チェーンが、店内の視覚的環境が買い物客の態度と行動にどんな影響を与えているか調査してほしいと依頼してきた。そこで、ある晩、私たちは同社の店舗のうち1つを選んで、閉店時間後に乗り込んだ。そして、店内のすべてのサインや看板を8時間にわたって高精細度（HD）ビデオで撮影し、それをラボに持ち帰って徹底的に分析したのだ。

モニター上の映像を見れば、証拠は歴然としていた。店内にはサインや看板があふれ返っていた。店内で通常見られるブランディングやコーナー名を示す看板やサインの他にも、商品が置かれた個別の棚の上にもいちいちサインプレートが設置されていた。頭上にも季節のセールを告知するサインが複数ぶら下がっており、品質表示タグももちろんあらゆる場所にかかっていた。エンドディスプレイも床から目の高さまでびっしりと複数のサインでおおわれており、それ以外にも至るところにあった。

だが、このあふれんばかりのプロモーションの海の中で、とりわけ私たちの注目を引いたものが1つあった。「割引」と印刷されたオレンジ色のPOPが、通路に沿って陳列棚にべたべたと貼り付けられていたのだ。コーナーによっては、お買い得の値段を宣伝するこの広告メッセージが何十枚も貼り付けられていた。下の棚から上の棚まで、あるいは通路の端から端まで貼り付けられている場合もあったし、ほとんど切れ目なく貼られていて、棚の正面がすっかり隠れてしまっているケースさえあった。

これらのＰＯＰが消費者に与える効果は、実際に神経学的調査をしなくても予測できた。私たちは、これまでに何度も小売店で調査を繰り返してきたため、この種の価格メッセージの氾濫がどういう神経学的インパクトをもたらすかは経験からわかっていた。

オレンジ色の奔流に飲み込まれた消費者の脳は、その時点で、この宣伝メッセージの不協和音を解読するために、それ以上の認知処理のリソースを費やすことを拒否する。あまりにも積極的すぎるセールス攻勢は、消費者の潜在意識に「そっぽを向かせる」という逆効果を生んでしまうのだ。

また、脳が「セール／割引」のコンセプトを既存のブランドが持つイメージや価値と一致させようとすると、潜在意識は混乱に陥ってしまう。脳は、できる限り効率的に機能するようにできているので、常に変化しつつあるニーズの優先順位に合わせて、エネルギーを節約しようとする。そのため、認知処理のリソースも費用対効果が一番高い機能に振り分けられる。棚に付けられたＰＯＰの山を分類し、意味付けをしようという努力は、脳の常に変化する優先順位の中であっという間に位置を下げる。その結果、ある時点まで来ると、ＰＯＰの真横を歩いても、消費者がそれらにまったく気付かずに素通りすることも十分ありうるのだ。

かくれんぼ

私たちはこの他にも、店舗環境にいくつかの神経学的な障壁があることを発見した。たとえば、頻繁に遭遇したのが、何かが遮蔽《しゃへい》されているケースだ。「遮蔽」と言われる現象は、私たちがクライアント

図15.1――遮蔽

資料：Photo courtesy of Adsoftworld.com

にコンサルティングを行う際に説明する神経学的ベストプラクティスの1つだ。スーパーヒーロー・コミックのせりふを借りれば、それは「悪にも正義にもなりうる」ということになる。

簡単に言うと、遮蔽は、ある物体がもう1つの物体を部分的に隠している状態を言う（図15・1参照）。この図で示した状況では、遮蔽はエンドディスプレイの上にあるサインの1つに起きていた。棚の上の商品がサインプレートの一部を隠すような形で積み重ねられていたのだ。多くの場合、サインは価値ある情報――セール商品の値段、「1つ買えば、1つ無料」、キャッシュバックなど――を買い物客に提供しているため、この事例は重要な意味を持っていた。本章をここまで読んだ方は、優れた買い物体験において情報がいかに大きな役割を担っているかを理解していただけていると思う。

一方で、すでに述べたように、**神経学的観点からすると、遮蔽には実際に脳の関心を引く効果がある。**それは、ある意味で、単純化された視覚的パズルのようなものであり、脳は簡単なパズル、とりわけ視覚的なパズルを解くのが大好きだからだ。

たとえばファミリーレストランやファストフードのメニューボードなど、ある種のサインの場合、商品の一部を別の商品の後ろに隠すことによってメッセージの貴重なスペースを節約できるだけでなく、脳の関心を引くことができる。イメージの隠された部分を見ようとして、視線がサインの上にとどまる時間が少しだけ長くなるかもしれない。その際、私たちは謎を明かそうとした自分の努力をほめることで、ちょっとした神経学的な報酬を得る。

だが、それ以外の場合――たとえば、私たちが撮影したビデオに映っていたような状況――では遮蔽はかえって害をなす可能性が高い。脳があまりにも大きすぎる難題に直面すると、潜在意識は問題解決の努力を放棄し、それ以上、貴重な神経学的なリソースの配分を拒否する可能性があるからだ。

潜在意識にとっては、ファストフード店のメニューボードで部分的に隠されているのがどんな商品か、かなり高い確率で推測することが可能だ。だが、異なる状況では、脳は、一部が遮蔽されたメッセージ(特に数字が含まれている場合)の内容を解読できない可能性もある。そうした場合、脳は解読作業にそれ以上のエネルギーを費やすことをいとも簡単に放棄する。こうして、店側が多大なコストと時間をかけて作成したサインは無駄になってしまうというわけだ。

どっちを向いてもビデオだらけ

今さら言うまでもないが、現代社会にはビデオ映像があふれている。それはもはや日常生活の一部だ。また、すでに言及したように、小売店においてもビデオの存在感は増しつつある。今や、ショッピングカート、商品陳列棚、エスカレーター、レジなど、店内の至るところにモニターが設置されている。そこで起きる疑問は、この空間でこの媒体を使えばどれだけの効果を期待できるかということだ。また、マーケターがビデオマーケティングへの投資効果を最大化するために利用できる神経学的ベストプラクティスにはどんなものがあるだろうか。

ここでは、まず全体的なアドバイスから始めて、次に具体例に進むことにしたい。神経学的な経験則から言うと、既存のテレビCMを店内のモニターで流すだけでは、一般的に考えられているほどの効果は期待できない。店内で流すビデオは独自に作成し、確実に購買行動と消費を刺激する内容にすべきだ。

一般家庭のリビングと違って、店舗環境はすでに潜在意識を刺激する情報で飽和状態になっている。消費者の体は常に移動中だし、五感も開きっぱなし（自宅でテレビを見るだけでも、視覚と聴覚が刺激されるのは確かだが）で、外部からは複数のルートを通じて感覚情報が流れ込み（他の買い物客、店内放送、カートがきしんで立てるキーキー音など）、注意を引こうと競い合っている。最終的には、脳が「予算」を切り盛りしながら、認識処理のリソースの割り振りが行われる。

テレビCMには普通、何らかの筋書きがあって、複数の人物が登場するケースが多い。そうした広告は、視聴者が注意力のすべてかその大半を広告の内容に集中し続けるという前提（あるいは希望的観測）で企画され、作成されている。多くの場合、視聴者が特定のシーンを見たり、あるいは登場人物が話す特定のせりふを聞いたりしなければ、広告の目的そのものが達成されないことになる。

店舗環境には、テレビCMにとって最悪の条件がそろっている。消費者は1ヵ所にとどまっているわけではなく、常に移動中だ。注意も同時に複数の方向に引き付けられている。しかも、店内には見知らぬ他人がいて、自宅で家族だけと過ごしているわけではないので、社会的環境にも制約される状況だ。

この厄介な環境に適応するために、店内で発信するビデオメッセージは、テレビCMとは発想から実行まで根本的に違ったやり方で進める必要がある。

重要なのは視覚的連続性よりも、視覚的なコンテンツそのものだ。これが何を意味するかというと、映像が前提とする全体的なフレームワークにこだわるより、個別のシーンに焦点を当てるべきだということだ。買い物客の目に入るのは、ビデオのほんの一部にすぎない可能性が大きい。ビデオをループさせれば、店内を移動するうちにもっと多くの内容を目にしてもらえるかもしれないが、基本的に単独のシーンを通じてメッセージを発信するしかないという姿勢でコンテンツ作りに臨むのがベストだ。

脳は、価値があると認めたイメージやコンテンツに注意力と記憶容量のリソースを配分し、ある範囲までは記憶に残す。つまり、典型的な広告の作成と違って、可能な限り個別のシーンだけでも十分なインパクトがあり、記憶に残りやすく、それ自体で完結した内容にする必要があるということだ。

そこでまず重要なのは、人の描写を優先すべきだということ。前述したように、脳は、基本的に人間の顔に引き付けられる。私たちは同類を探し求め、彼らと行動を共にしたいと願う生き物なのだ。私たちには、同じ種の仲間を見つけたいという欲求がある。激しく混乱し、混雑した状態の店舗環境で、潜在意識は常に負荷をかけられているため、慣れ親しんだ、安心感を与える人間の顔のイメージを見せられると、それが精神的な拠り所となるのだ。

言葉による表現は無駄になる。単語か、もしくはきわめて短い簡潔なフレーズを使わない限り、店内で流すビデオに言葉を使った表現を用いても無駄になる可能性が大きい。そもそも、自宅と違って、買い物客が店内でビデオを見る可能性自体がかなり低いのである。神経学的観点からすると、言葉による表現をそれ以外の情報(視覚情報か音声情報か、その両方)と組み合わせない限り、それ自体で、脳に貴重な認識処理のリソースを配分させるのは無理な相談だろう。

音楽には影響力がある。脳が視覚的な刺激を優先していることは確かだが、決して音声情報もないがしろにはしていない。実際に、刺激にあふれた店舗環境でも脳の注目を引きつける音楽や音響効果の影響力には、自宅環境と比べても、高い優先度が付与されている。そのため、このカテゴリーに限っては例外的に、消費者がどこかで耳にしたことのある旋律や、テレビCMで「ブランド化」された音響効果を転用することで相乗効果が期待できる。

店内で神経学的調査を実施する

ここで、4万6800という数字について考えてみよう。この数字は、スーパーマーケットでの買い物について分析する際に、きわめて興味深く、重要な役割を演じる。

実は、これは、2つのちょっとだけ違う数字を私が議論のために組み合わせたものなのである。以下が、その2つだ。

●全米各地のすべてのスーパーマーケットの面積の中央値――4万6755平方フィート。
●全米各地のすべてのスーパーマーケットに置かれている商品の平均的な数――4万6852個。

まさに膨大なスペースに、膨大な数の商品が置かれている。4万6852個もの商品に囲まれ、4万6755平方フィートもの空間を歩きながら、消費者は一体、何を考え、何を見て、何に注意を引かれ、何に感情的に引き付けられ、そして何を思い出しているのか、聞いてみたらどうなるだろうか。もう、私の言いたいことはわかるだろう。

つまり、消費者がそんな質問に正確に答えるのは不可能だということだ。私にだって不可能だし、誰にだって不可能だ。それでも、スーパーという名の商業の大聖堂において、私たちにはやるべき仕事がある。新しい製品のコンセプト、パッケージデザイン、マーケティング・キャンペーン、ディスプレイ、棚代などに費やされたコストは売り上げによって取り戻さねばならない。

消費者が何にどのように反応しているのか、何としても突き止める必要があるのはそのためだ。その答えに5471億ドル（米スーパーマーケット業界全体の年間売上高）の将来がかかっているからである。

解決策は、神経学的調査にある。脳は、これらすべての質問に回答してくれる――リアルタイムで、しかも、きわめて正確に。脳が実際の買い物体験にどう反応するか、測定する方法は2つある。

店内でEEGを行う

EEGをベースにした神経学的調査の利点の1つは、装備を容易に携帯／可動できることだ。だから、スーパーのパスタコーナーに行っても、研究所内でするのとほぼ同じように、脳波活動を測定できる。

被験者には、普通の買い物客と同じように、陳列棚の間の通路をぶらぶらと歩きながら買い物をしてもらう。その間、EEGセンサーを通じて、脳の複数の領域における脳波活動を1秒に2000回の頻度で測定していく。データは後で処理と分析を行うために、携帯ハードディスクドライブに記録される。

それと同時に、アイトラッキング装置を使って被験者がどこを見ているか、その視線が焦点を結ぶ先を追い、その結果と脳波測定データを1ミリ秒単位で同期させる。

一方、何らかの理由で、買い物客の神経学的反応を店舗環境の外で測定する必要が生じたらどうだろう。また、複数の通路を何度も通過する必要があって時間を食う調査の場合、その手間を省く方法はないのか。あるいは、あるクライアントが買い物体験の一部に変更を加える予定で、消費者の反応をあらかじめ確認しておきたいと考えたが、本物の買い物客が本物の店舗内で買い物をしているところを調査するには、論外なほど膨大な時間とコストが必要になるという場合はどうか。

そんな時のために、次のような素晴らしい代替手段がある。

ビデオ・リアリスティック・テクノロジー

被験者が実際に、本物の店舗に一歩も足を踏み入れなくても、本物そっくりの買い物体験を再現できるところまでデジタルテクノロジーは進歩している。

ビデオ・リアリスティックと呼ばれる方法論を用いると、被験者は仮想の通路を仮想のショッピングカートを押しながら歩き、仮想の棚に並ぶ仮想の製品の品定めをすることができる。だが、このテクノロジーの凄さはこれだけにとどまらない。

被験者は、立ち止まって製品を手に取り、あらゆる角度からそれを吟味した後で、棚に戻すことができる。高精細度（ＨＤ）ビデオのコーデックによって、被験者はラベル上に小さく印字されている文字を読んだり、パッケージの鮮やかな色彩に目を見張ったり、アップルジュースのボトルから笑いかける幼児の顔を見たりすることが可能になる。

つまり、本物の店内にいなくても、本物と同じ買い物体験を完全に再現できるというわけだ。そのため、脳も基本的に本物の売場にいるのと同じ反応を示す。神経学的観点からすると、被験者が受け取る刺激もほとんど変わらない。通路は本物そっくりだし、陳列棚には商品がびっしり並べられており、パッケージもきわめてリアルに見える。しかも、すべて本物と同じスケールでできているし、店内には他の買い物客まで登場する。残念ながら、１つだけ例外があって、触覚だけは同じように再現できない。たとえば、被験者はパッケージの重さを感じることはできないが、市場調査の大半のケースではこの例外は重大な欠陥にはならない。

ビデオ・リアリスティック・テクノロジーの利点の１つは、その柔軟性にある。キーボードを何度か叩くだけで、店舗環境を一変させることが可能なのだ。パッケージに関しても、動かしたり、別の物に替えたりするなど、好きなように変更できる。ディスプレイを変更したり、サインの位置をずらしたりすることも可能だ。ビデオ・リアリスティックのこうした特徴は大きな魅力で、多くのマーケターが、その実用的価値に気付きつつある。

解決策――癒やし系のデザインで顧客の心をなごませる

ここで、この章の冒頭の話に戻ろう。

当社のクライアントのひとつであるクッキーとケーキのミックス粉のメーカーが、製品配置の見直しを検討していたため、私たちはいくつか異なるデザインのエンドディスプレイをテストした。対象は、昔からある四角い形のディスプレイから、最新の丸みを帯びたタイプまで様々だ。

私たちがとりわけ注目したのは、それぞれのタイプが示した感情関与のスコアだった。結局、アットホームで自然なイメージを強調したデザインを盛り込んだ丸いタイプへの反応が一番良かった。クライアントは、制作費やスペースにあまりコストをかけずに、２つの特定の製品をアットホームなキッチンで一緒に陳列できるようなレイアウトを希望していた。作戦は大成功だった。エンドディスプレイに陳列した製品の売り上げが伸びたばかりか、その波及効果でカテゴリー全体の売り上げが上昇した。

３Ｄマトリックス

３Ｄマトリックスは、私たちのラボで完成したばかりの新技術である。映画『アバター』の大ヒットによって、３Ｄ映像の技術は日を追うごとに日常的な消費者体験の一部となりつつあり、市場調査の分野でも取り入れざるをえない状況が生まれている。被験者は、眼鏡やタッチグラブと呼ばれる特殊な手袋を装着することで、初歩的な仮想現実を体験できる。

未来の買い物体験

神経学的調査を使って、小売業界や店内マーケティングの将来を占うことは可能だろうか。脳に関してこれまで明らかになったことや、脳がどう機能するか、何が好きで何か嫌いかといった知識を応用すれば、ある程度の方向性を示すことは難しくない。

脳には目新しさを喜ぶ性質がある。人間には新しい物事を探し求める傾向が組み込まれているのだ。そこで今後は、売場環境においても、デザイン、照明、音声、素材の手触りなどに新しい工夫を加え、商品の見せ方にも革新的な手法が取り入れられるだろう。たとえば、脳は直線を嫌うことがわかっている。そこで、発想力のある小売業者は、鋭角や直線よりも丸みや曲線を強調したデザインで店内をリニューアルするのではないだろうか。

脳は人工的な手触りより、自然な手触りを好む。将来的には技術の進歩によって、本物の有機素材と見分けがつかないほど優れた合成素材を製造することが可能になるだろう。

脳は視覚に高い優先度を付与している。つまり、将来的には店内でビデオ映像などの動画が活用されるケースが今よりもさらに増えるはずだ。

私自身は、マーケターや小売業者の間で神経学的調査に関する知識が普及し、彼らがその可能性を理解すれば、神経学的アイコンシグネチャー（NIS）をはじめとするニューロマーケティング的手法の価値に気付き、活用してくれるはずだと考えている。

脳が店舗環境にどんな反応を示し、その知識をどう活用すればより効果的な買い物体験を実現できるか——この点に関する小売業者の知識が深まるに従い、未来のショッピングは消費者にとってますます楽しい体験となり、マーケターにより大きな利益をもたらす可能性が増えるだろう。

この章で学んだこと

1 脳は鋭い角を避ける。自然界で直角の形状をした物体を見ることはまれなので、その存在自体がいかに不自然かわかるだろう。

2 脳は、店内に入った途端に、太古にサバンナを歩いていた時と同じ狩猟採集モードに切り替わる。

3 人間の買い物体験は7つの要素で構成される——情報、環境、娯楽、教育、単純性、自己価値／社会価値、共同体。

第16章

脳と広告

この章で学べること

- **広告メッセージの効果増大に役立つ神経学的ベストプラクティスの具体例。**
- **広告効果を最大化するための基本となる神経科学の主要な4原則。**
- **プライミング（先行する刺激によって次の行動が影響されること）の重要性。**

広告有効性フレームワーク

広告に対する脳の反応を測定することは、広告代理店とクライアントに、いくつかの点で有益な情報をもたらす。広告有効性フレームワークは10の要素で構成されており、従来の広告調査の方法論で取得できる内容を超えた、独特の分析結果を提供できる。これらの10の要素とは何か、以下に順を追って説明しよう。

1秒単位のニューロメトリクス（注目、感情関与、記憶保持）反応

テレビCMについては、ニューロメトリクスの基本数値である注目、感情関与、記憶保持を秒単位で測定する。**この調査は、広告の効果的な部分とそうでない部分を特定し、どんな要素が欠けているのかを理解する役に立つ。**広告の中核的要素――注目、感情関与、記憶保持――のどの部分が強く、どの部分が欠けているかを診断しておけば、そのデータは、広告の質を改善し、ベストプラクティスを活用する際に大いに役立つ。こうした診断結果は他の方法論では入手不可能だ。

また、この方法を使えば、広告の最初の5秒間の神経学的総合効果を評価することによって、視聴者が興味を失ったり、無視したりするリスクがどれくらいあるか判断できる。広告の終わり方も同じくらい重要で、その理由は、ブランドロゴや製品に関するメッセージは広告の最後の部分で表示されることが多いからだ。神経学的に弱いエンディングは、ブランドロゴ、スローガン、企業価値の提案が記憶に残る可能性を弱めてしまう。

1秒ごとに反応を測定すれば、感情関与のピークとボトムを正確に見極めることが可能になる。ボトム（神経学的総合効果が最も低下するポイント）の時間が4秒以上ある広告は、視聴者の関心を失う可能性が高い。効果的な広告とそうでないものを数千本、慎重に分析した結果、成功した広告からはより自然なリズムで神経学的総合効果が測定された。効果的な広告を要素分析して、他の広告と比較すれば改善すべき点が明らかになる。この方法論は、特定の広告手法に肩入れするものではなく、効果的な広告には自然のリズムがあって、有能な広告代理店やブランディングチームはその事実をうまく活用できるはずだと

主張しているにすぎない。秒単位のスコアから注目、感情関与、記憶保持、神経学的総合効果の総計をはじきだせば、同じ広告の違ったバージョンを複数の次元から比較することも可能になる。

2 深層潜在意識反応

消費者に対する広告の提案内容、ブランドイメージ、価格帯、その他の属性や構成要素に対して、言葉で表現されない深層潜在意識反応を測定する。この神経学的調査によって、広告による感情と記憶への暗黙的なプライミング効果も測定可能になる。**この調査の枠組みは、暗黙的な測定方法を使って、神経学的シグネチャー（NIS）を300ミリ秒ごとかそれ以下の間隔で測定していくことだ。**

広告には複数の目的がある。消費者の購買意欲を刺激するような製品やブランドの属性を伝えるだけでなく、もっと一般的なブランド・エッセンスに関するメッセージを持っているのだ。このメッセージは、消費者の意識に認知されたり、その内容が明示的に記憶されたりすることはないかもしれないが、潜在意識に認知される可能性はある（されない場合もある）。

消費者の潜在意識において、どのメッセージが受け取られ、どれが受け取られなかったのかを知ることは重要だ。深層潜在意識反応による調査を行えば、消費者の心の中で何が記録され、登録されたのかを突き止め、その部分にマーカー（標識）を付けることができる。広告を見る前と見た後でブランド・エッセンスに対する被験者の深層潜在意識反応を測定すれば、どんな変化が生じたのかがわかる。これによって、広告がどのブランド要素を印象づける役に立ったかが判明するわけだ。

3　飽きられにくい広告と飽きられやすい広告

広告を繰り返し露出することで、その神経学的総合効果が維持されたり増大したりしているか（飽きられにくい広告）、それとも減少しているか（飽きられやすい広告）、ニューロメトリクスの測定によって分析する。**飽きられやすさの数値を測定すれば、広告主は、リーチ（広告を視聴した人の広がりを示す累積到達率）とフリークエンシー（視聴頻度）を上手に管理することで、出稿枠の購入の最適化が可能になる。**飽きられやすい広告はリーチ重視、飽きられにくい広告はフリークエンシー重視でいくのが望ましい。広告費の内訳で最大の比率を占めるのは出稿枠の購入なので、広告主にとってこれらの数値を得ることには大きなメリットがあるはずだ。

また、効果的だが飽きられやすさの数値が高い広告――つまり当初は高かった有効性が繰り返し視聴されるうちに急速に減少するタイプ――は、テレビCMで延べ視聴率（GRP）を通じてリーチを確保するより、インターネットを通じたバイラル（口コミ）マーケティングに向いている。

4　神経学的な広告の要約

ニューロフォーカス社が開発した神経学的要約アルゴリズムは、広告の神経学的に最も際立った部分を自動的に秒単位の断片として抜き出し、断片と断片の前後関係をうまくつなぎ合わせて、神経学的に最適化された要約版を作成する。私たちが開発したアルゴリズムによって、1本の30秒のテレビCMが8～10秒の要約版に圧縮される。

この最適化された要約版があれば、広告主は巨額のコストをかけたテレビCMを効率的でかつ効果的な方法でテレビ以外の動画媒体――インターネットやモバイル機器――にも応用できるだけでなく、長い広告を流せないこれらの媒体用に簡単に短縮版を提供できるようになる。多数の広告の神経学的要約版を制作した結果、私たちが注目したのは、効果的な広告は短縮版でも説得力のあるストーリーを語っているということだった。

これ以外にも、私たちは被験者の購買意欲が最大化した瞬間を抜き出して広告を圧縮した、説得力（購入意向）ベースの要約版を作成した。説得力（購入意向）のニューロメトリクスを使って要約した広告は、店頭や店内の通路のビデオディスプレイで流すのに適している場合が多い。同様に、新奇性をベースに短縮した広告は、携帯電話やインターネットに向いている。主要なニューロメトリクスを上手に使えば、異なるフィルターを通して、微妙にニュアンスの違う広告の要約版を作成し、様々な市場のニーズに応えられるようになる。

5 脳の頭頂（味覚／触覚／嗅覚）への刺激

実際に製品が消費されている様子を広告で見せている場合、私たちは味覚／触覚／嗅覚をつかさどる脳の領域への刺激を直接モニタリングする。すると、効果的な広告は単にストーリーを語って終わるだけではなく、広告に含まれるイメージとストーリーが実際に体験されている製品に関連した脳の領域を刺激していることが確認された。

何が脳を直接刺激しているかを特定できれば、食品や飲料のメーカーにとっては有益な情報になる。

広告を作る際にこの知識を活用すれば、消費者の興味を引くストーリーを展開する必要性と、脳の反応を直接引き起こす製品の機能や特徴を取り上げる必要性の間でうまくバランスを取れるようになる。

6 製品を手に取りたくなる傾向、即時消費の欲求、ミラーニューロン・システムの活性化

ミラーニューロン・システムの複雑な神経学的メカニズムを明らかにしたのは神経科学の成果だが、それはマーケティングや広告の分野ですぐに応用可能なシステムでもある（ミラーニューロンの説明については第9章を参照）。広告の中で、製品が手に取られたり、実際に消費されたりしている状況が映し出されている場合、私たちはまず、消費者の脳でミラーニューロンが活性化し、ビデオディスプレイ上の映像に鏡のように反応しているかどうかを確認する。

私たちはまた、ミラーニューロンの活動と製品の即時消費への欲求（あるいは、製品に手を伸ばしたくなる傾向）との間に興味深い相関性があることを突き止めた。この数値を使えば、広告を見た視聴者が実際にどれだけ製品を手に取ったり、即座に消費したりしたいと思うか、その影響力を測定できる。メーカーの悩みの種は、消費者は時折、せっかく買った製品を使用も消費もせずに「タンスの肥やし」にしてしまうことがある点だ。だが、消費者が広告を見ている間にどれだけその製品を実際に消費したくなるかを数値化できれば、それは別の意味で、広告の有効性を評価する重要な指標になりうる。

7　神経学的アイコンシグネチャーを埋め込む

神経学的アイコンシグネチャー（NIS）は、製品の消費体験において、脳が最も深く関与するユニークな瞬間を指す。NISは、総合的消費者体験（TCE）調査を通じて特定され、視聴者に製品の「顔と声」を覚えてもらえるような内容が広告全体に埋め込まれているかどうかを確認する作業に使われる。その際には、NISが広告に明示的、あるいは暗黙的に埋め込まれているかどうかが確認される。

NISが埋め込まれている広告は、大半の項目で高いスコアを記録し、そうでない広告と比べてかなり高いレベルの購買意欲を生じさせることがわかっている。あまりあからさまでないやり方で、広告にNISの視覚的・聴覚的な要素を埋め込む方法もいろいろある。特定の広告において、総体としてのNISの活性化が持つ意味を計算するには、個別のNIS要素の有効性を測定する必要がある。前述したように、明示的・暗黙的に活性化されたNISを含む広告は、神経学的総合効果のスコアが高く、NISを埋め込んでいない広告と比べてかなり高いレベルの購買意欲を生じさせることが判明している。

8　聴覚的一貫性と音楽／音声の有効性

私たちは、脳の全域にわたる活動を測定するため、広告における音楽とナレーションのそれぞれの有効性、あるいは両方を組み合わせた際の有効性を調査できる。音楽は、広告に感情的コンテキストを提供し、脳はそのコンテキストを使って広告の意味とメッセージを解釈し、理解する。音楽と音声は、広告の有効性において重要な要素であるにもかかわらず、従来の技術ではまともに測定すらできなかった。

私たちが開発した脳全体を対象とするアルゴリズムを使えば、この問題に効率的に対処できるだけでなく、広告の音楽と音声が引き起こす感情のレベルを測定して、重要な数値を弾き出すことができる。

このアルゴリズムが持つ特性は、ストーリーボード（絵コンテ）やアニマチック（動画の試作版）も含め、広告の制作過程のどの段階においても、広告に最適な音楽と音声を選ぶ役に立つ。さらに、音楽のアレンジの仕方で神経学的総合効果がどう変わるか分析することで、広告のしっくりこない部分を音楽の変更だけで改善できるか、それとも時間とコストをかけて調整したり修正したりする必要があるか、診断できるようになる。

9　キャラクター／スポークスパーソンの有効性

アイトラッキング分析と脳波測定のデータをうまく組み合わせることで、私たちは個別の広告や一連の広告キャンペーンのキャラクターやスポークスパーソンの有効性を分析することができる。**深層潜在意識反応調査と当社のキャラクター・コーディングの数値の両方を応用することで、私たちは効果的なキャラクターとそうでないキャラクターを特定し、その違いを生む理由を分析する。**その結果次第で、人物、動物、マンガのキャラクターなど広告に登場する特定のキャラクターが、それを軸にして広告キャンペーンを展開できるほど大きな神経学的インパクトを与えられるかどうかを判断する。

あるキャラクターが広告の有効性に大きく貢献した場合、同じキャラクターを別の新しい広告で採用すれば、広告ポートフォリオ全体にプラスになることも判明している。たとえば、生命保険会社のアフラックの広告に登場するアヒルや、携帯電話サービスのベライゾンの広告（訳注：米国内のみ）に登場して

「今度はよく聞こえるよね?」と携帯に話しかけている眼鏡をかけた男性などはその好例だ。

10 家庭以外の場所で接触する広告や店内広告のニューロメトリクス

これらの数値を使えば、看板などの屋外広告だけでなく、店内のディスプレイで流すのに適した広告の構成要素を特定することも可能になる。この構成要素とは、広告の中で説得力（購入意向）と新奇性で最も高いスコアを出した場面である。そして、購買意欲を刺激する場面の静止画像か動画をディスプレイに映し出すと、売り上げの大幅な増大につながることが判明している。購買意欲を大幅に高めた場面さえ特定できれば、自社製品を商品陳列棚の上でクラッター化した競合製品から差別化し、即座に経済的価値を生むことが可能になるのだ。

科学は芸術とビジネスに仕えるもの

最高のニューロマーケティングは、神経科学の最高の成果に基づいている。そのため、最も効果的な広告もまた、最高の神経学的原則にしっかりと根差したものになっている。

もちろん、これは多くの人にとってまったく意外な主張に思えるかもしれない。なぜ科学なのか。本当に科学を広告の最も創造的な部分に応用できるのか、と。広告代理店——そしてたぶん、一部のクライアント——からもすぐに困惑する声が聞こえてきそうだ。だが、本書で何度も繰り返しているように、脳には間違いなくはっきりとした好みがある。脳には好きなものと嫌いなものがあって、積極的に探し求めるものと見向きもしないものがあるのだ。この好き嫌いはかなりはっきりと表れる場合がある。私たちがそう断定できるのは、日常的にそれらを観察し、測定する仕事をしているからだ。

私たちは、脳が好きな要素と嫌いな要素をブランド、製品、パッケージ、店舗環境で特定してきたが、広告でも同様の要素を特定することに成功した。これだけ言えば、どの代理店のクリエイティブ担当者も目の色を変えるはずだが、ひとつだけお断りしておきたい点がある。それは、広告の制作を指示するのは、当社の仕事ではないということだ。もちろん、私たちは広告の仕事に最大の敬意を抱いている。なぜなら、その能力は人間の脳の最も優れた部分を表しているからだ。創造性の発揮は、種として高いレベルにまで進化した証拠でもある。

私たち自身、良質な広告のファンであると同時に、ビジネスを実際にサポートする芸術に対して称賛の念を禁じえない。良質な広告が消費者に与える効果を実際に測定し、日常的にレポートにまとめているので、その影響力が本物であることも自分の目で確かめている。ニューロマーケティングは、良質な広告を作る努力に敵対するものではない。まさに、その反対だ。この分野は、広告における次の大躍進において中心的役割を担おうとしているのだ。

広告のプロフェッショナルに対して常に言っているのは、神経学的調査を正しく行えば、最も効果的なメッセージを作成するための知識と洞察をもたらしてくれるということだ。この知識や洞察を実際に活用するのは、広告の制作を担当する才能にあふれた現場の人々の仕事である。その意味では、科学は芸術とビジネスに仕えているにすぎない、と私たちは考えている。広告の品質が改善されれば、どんな消費者にとってもプラスになる。消費者にとって意味があり、好感度が高く、興味深く、有益な情報を含み、娯楽性が高く、記憶に残りやすく、つまり意欲を高める内容になっていれば、それは確かに広告にとって改善と言えるだろう。

科学と広告の創造性が相互排他的関係にあるという誤解があったとしても、その誤解は以上の説明で解けたことを願っている。私が次に紹介したいのは、動き、新奇性、誤り、そしてあいまいさの効用である。これらについて知れば、あなたは人間の心の深層に隠された新たな秘密の扉を開けることになる。

動き、新奇性、誤り、あいまいさ

成功のための処方箋として、いきなりこの4つを提示されても当惑してしまうだろう。どんな観点から見ても、何らかのパターンがあるようには見えないし、4つの単語の間に明白な関連性があるようにも思えない。にもかかわらず、**これらの4つの単語は、最も効果的な広告やその他のタイプのメッセージが基礎を置く基本的プラットフォームを形成しているのだ。**私がこれほど自信たっぷりに断言できる理由は、脳に直接聞いたからにほかならない。

世界各地の神経科学の研究所で行われた調査によって、脳の機能だけでなく、脳が注目し、高く評価する刺激にはどんな特徴があるかについての理解も深まった。そのうち最も重要な要素が、動き、新奇性、誤り、あいまいさの4つなのである。

動き

私たちの脳は、「動き」を最優先事項として探し求め、識別し、処理し、評価するようにできている。視聴者の潜在意識は、広告の中で動いている要素に即座に引き付けられ、そこに集中する。それに比べて、静止したイメージへの注目度ははるかに低い。

私たちの遠い祖先がアフリカのサハラ砂漠以南で過ごした日々以来、人間は常に周囲の環境に適応して生活してきた。動作を感知する能力は生存能力に直結していた。それは、獲物が気付くより先に相手の動きを捕捉する能力だ。そして、命取りになる前に、敵の動作を察知し、相手の行動が無害か、安全を脅かすものか、素早く正確に判断する能力でもある。

人間は、視界に入った情報を解読し、どう反応すべきか判断するために、鋭い視覚系ときわめて鋭敏な神経学的回路を発達させた。もはや食べ物を探すために生命を危険にさらす必要がなくなった現代においても（テイクアウトの食事を買いに行くために、ラッシュ時の高速道路を突っ走る必要があるなら別だが）、私たちの脳はまだこれらの驚異的な能力を失っていない。

人間は視覚的な刺激に最大の注意を払うようにプログラミングされている。テレビＣＭが登場すると、それがほとんど即座に最も強力な宣伝手段となったのは、そんな単純な理由からだった。人間は何かをじっと見るようにできているのだ。つまり、テレビＣＭでは最も重要な情報は視覚的手段で伝達すべきで、音声だけに依存すべきではないということだ。

世界的なマーケティングの新戦力として、モバイル機器を媒体とするビデオ広告が急速に伸びている理由もそれで説明がつく。私たちがスマートフォンを手放せない理由の1つに、人間が根本的に欲求し、高く評価し、価値を認めている刺激――視覚的に描写された動き――を提供してくれるということがある。この種の刺激には、潜在意識で反応を呼び起こす力があるのだ。

ギリシア神話に登場する美少年のナルキッソスはある日、水面に映る自分自身の静的なイメージを見て、その輝くような美しさに恋に落ちたという。だが、もし彼がｉＰｈｏｎｅを持っていて、自分自身が動いている様子をビデオで見ることができたらどうだろう。その感情はさらに何倍にも増幅されたに違いない。

さて次に、このコンセプトの実用的な応用方法について考えてみよう。動きを利用して広告の効果を最大化するには、どうすればいいのだろうか。

時計の顔（ザ・クロック・フェイス）

神経科学とニューロマーケティングに関する知識が全身に行き渡るようになるまで、私にはこの「時計の文字盤」を意味する英語のフレーズ「ザ・クロック・フェイス（The Clock Face）」がいかに基本的な真実を伝えているか理解できなかった。だが、今ではその意味の奥深さがよくわかる。

人間の脳は、神経学的に時計回りの動きを好むようにできている。そこで、広告のストーリーボード（絵コンテ）やアニマチック（動画の試作版）を作成中なら――特に、それらに対する消費者の反応をテストする予定であれば――広告内の動きが時計回りに進むように構成を工夫すべきだ。あなたがカメラマンか

図16.1——スクリーンの周縁で行われる動きは脳の注意を引く

資料：NeuroFocus, Inc.

アートディレクターなら、常に円のような動きを意識して撮影すべきだろう。

つまり、広告内の人や物は、時計の文字盤の12、3、6、9に沿うようにしてスクリーン上で円状に動かす必要があるということだろうか。いや、実際にはそこまでする必要はない。テレビ広告で動きを演出する時、反時計回りの動きは避けて、時計回りになるように気を付ければいいというだけの話だ。完全な円を描く動きにする必要はない（もっとも、神経学的観点から言えば、それがベストの選択なのだが）。

閑話休題。「ザ・クロック・フェイス」という英語のフレーズでもう1つ、私が重要な意味を持つと考えたのは「フェイス」、つまり「顔」を意味する単語だ。これまでの章で説明してきたように、人間は他の人間の顔にどうしようもなく引き付けられてしまう傾向がある。この傾向もまた、私たちに神経学的に組み込まれている。

さて、ここからは具体的な話になる。

ニューロフォーカス社では、動きをスクリーン上でどう演出するかについてのガイドラインを広告主、広告代理店、エンターテインメント関連企業などに提供している。このガイドラインは、テレビ、パソコン、携帯電話、映画館、iPad、ビデオゲームをはじめ、どのようなタイプのスクリーンにも応用できる。私たちは複数のカテゴリーとスクリーンにおいて調査を行い、このガイドラインの有効性を確認している。

時計回りの動きは、反時計回りの動きよりも神経学的に優位に立てることはすでに説明した。次に知っておく必要があるのは、周縁で行われる動きもまた、神経学的な好感度が高いということだ（前ページ図16・1参照）。これについては、もっと詳しい説明が必要だろう。スクリーンの周縁から中央に向かって行われる動きは、中央から周縁に向かって行われる動きより優位性がある。脳には、特定の方向に向けて伝達される刺激を好む傾向がある。この傾向に合わせて広告内の動きを演出すれば、より大きな感情関与、記憶保持、説得力（購入意向）を獲得できる可能性が高くなるのだ。

新奇性

別の章ですでに説明したように、脳に関する研究では、次の驚くべき事実が明らかになっている。

◎脳は常に目新しいものを切望する。

これがマーケティング的に意味するところは、「新奇性」を強調することで、あなたは自動的に脳の優先順位に配慮していることをアピールできるということだ。そうすることで、あなたが発信するメッセージにも高い優先度が付与される可能性が増すことになる。

本書でこの考え方に繰り返し言及している理由は、それが現代の神経科学における基礎的理念の1つだからだ。それどころか、現代の広告が自然に新奇性を強調する方向に傾斜していったのも、ここに原因があるかもしれない。

◎私たち人間は、周囲の環境から新奇性を探し求めるようにできている。

これには2つの理由がある。第1に、周辺の環境に起きた変化を特定する能力は、私たちの生存能力そのものに大きく貢献した。第2に、**進化に伴い、目新しいものを発見する意欲を発達させることで、様々な進歩が可能になった。**たとえば、新たな食料源を発見したり、狩りに使える金属製の武器、製造や運搬に大変革をもたらした蒸気機関、高度な情報伝達の手段や形態といった新技術を開発したりするなど、その影響はあらゆる分野に及んだ。

私たちが何か新しい物事を発見し、それが心地よい体験であれば、脳は後日のために、そのデータを目立つ形で保存しておこうとする。脳はそれを報酬回路の形成という形で行う。これは、知覚を通じて獲得した新たな体験に反応して、脳が発達させた新しい神経回路だ。さて、この知識をより効果的な広告作りのためのガイドラインに応用するにはどうしたらいいだろう。

脳の注意を引くには、どんな方法でも構わないので、何か目新しいものがあると伝えるだけで十分だ。だから、まず注目させる。それが、広告が持つ究極のゴール――製品やサービスに関する認識を高め、試してみたいと思わせ、リピーターにさせ、ブランド・ロイヤルティを高める――を達成し、その他の中核的な目標の多くを果たす最初のステップになるのだ。

ポップアウト現象

ある物体が何らかの形で非常に目立ち、飛び出して（ポップアウトして）いるかのように知覚される現象を「ポップアウト現象」と呼ぶ。図16・2は、その好例で、これ以上の説明は不要だろう。あなたの目は、つまり、脳は、即座にこの風変わりなイメージに引き付けられてしまうはずだ。**ポップアウトは、新奇性の原理の応用例の一つで、その効果はずば抜けている。**

広告に、視覚的、あるいは聴覚的な手段によってポップアウトを組み込む方法はないか。色彩、独特の音声、コントラスト、小さい画像と大きい画像の対比などを使って実現できないか検討してみよう。創造性の豊かな人たちは、実際にこの神経学的な要素をうまく活用して、素晴らしい広告を生み出している（当社では、クライアントのための参考用資料として、そうした例をまとめたコレクションを用意したほどだ）。ポップアウトには脳の注意を引く力があり、それがニューロマーケティングにとって必要不可欠な要素であることは説明した通りだ。

以下は、ポップアウトの使用に関して、私たちの経験を元に確立した「神経学的ベストプラクティ

図16.2――脳はポップアウトが大好き

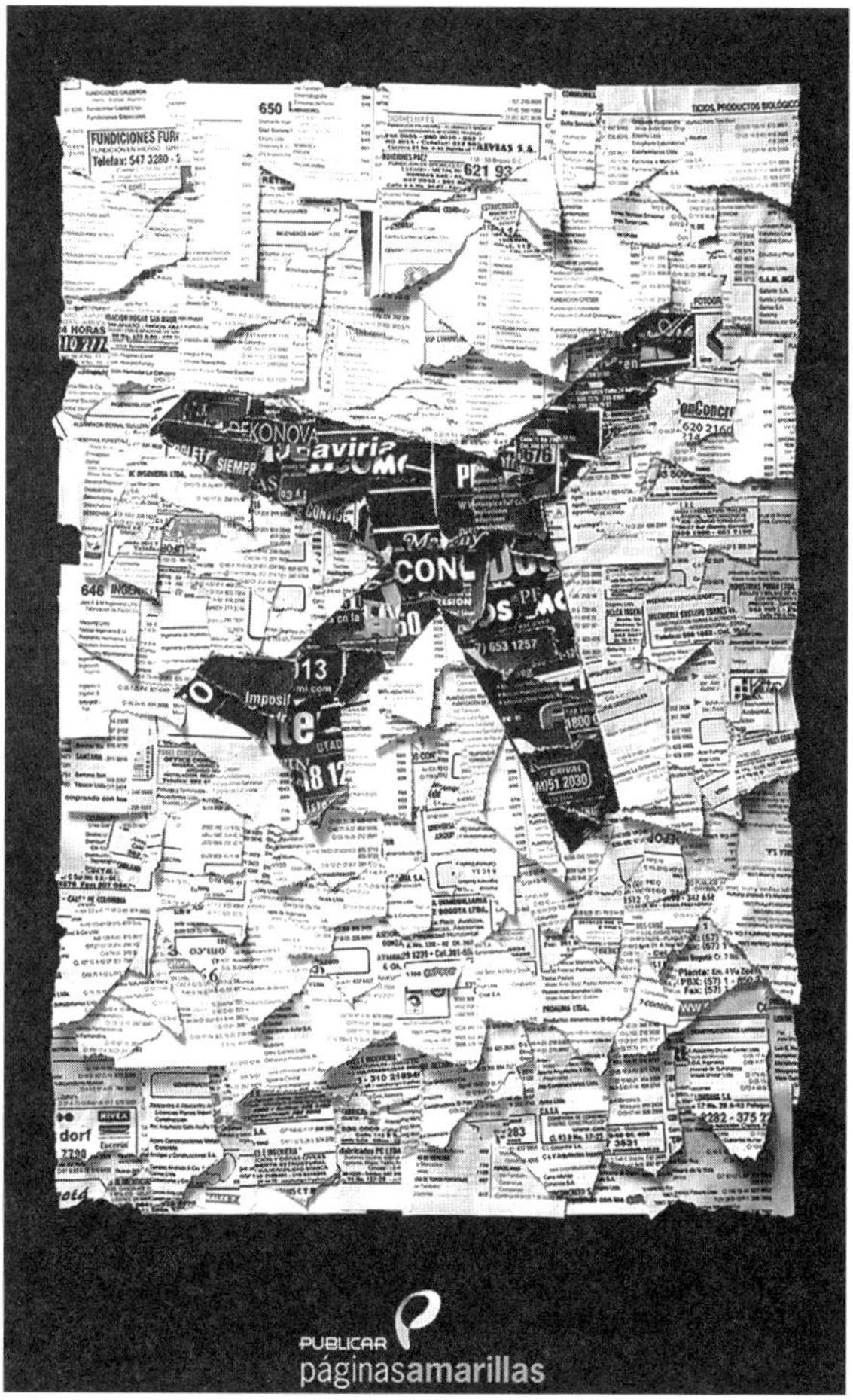

Photo courtesy of adsofttheworld.com

ス」の一部だ。

●ポップアウトは、視野のどの部分に登場してもかまわない。
●ポップアウトの数は、1つか2つに限定すべきだ。それ以上になると、脳を疲れさせて、すべて切り捨てられる結果になりかねない。
●画像によるポップアウトは、視野の左側に配置した方が有効である。
●言葉や数字を使ったポップアウトは、視野の右側に配置した方が有効である。

誤り

私がよりによって、広告に意図的に「誤り」の要素を盛り込むべきだと推奨するのはどうしてか。その理由は、脳の観点からすると、誤りは魅力的で、興味をそそり、たまらないほど人を引き付ける場合が多いからだ。つまり、効果的な広告を作成する際に獲得しようとして散々苦労する属性を、誤りは初めからすべて持っているということになる。

ここで、図16・3を見てほしい。私が言う「誤り」とはこういうことだ。

図16・3のイメージを見た瞬間、あなたの脳には急ブレーキがかかったはずだ。なぜなら、そのイメージでは、脳が「鳥」として認識する対象と「犬」として認識する対象の間に、明らかに著しいずれが生じているからだ。だが、脳は「犬鳥」などという生き物が存在しない——少なくとも、これまで遭

図16.3——意図的に「誤り」を広告に盛り込む

Photo courtesy of adsofttheworld.com

遇したことはない——ことを知っている。

その時点で、すでに脳の興味は引き付けられている。見たこともない何かが目の前にある。周囲の環境を理解するという継続的な任務を遂行するために、余分な認知処理のリソースを配分してそのイメージを解析しなくてはならない。

さて、ここでフォーカスグループや面接調査の参加者に図16・3のイメージについて質問したらどうなるだろう。せいぜい「おかしい」とか「変」という形容詞が返ってくるだけではないだろうか。それらの言葉は、潜在意識の反応を何とか言語化しようともがく顕在意識の努力の表れでもある。

◎潜在意識は、良いか悪いかの価値判断はまったく抜きに、それにとても興味をそそられる。

つまり、何らかの形で誤りを広告に盛り込む手段を工夫すれば、クラッター化した広告環境の中で、自分のメッセージだけを際立たせることが可能になる。ここから得られる教訓は、脳がかかわると「誤り」でさえも「正解」になりうるということだ。

あいまいさ

私たちの文化では、「あいまいさ」という言葉にはある種のネガティブな印象が付きまとう。私たちも、その言葉を意識する時には、煮え切らなくて、不明確で、なんとなく好ましくないという意味で使っている。だが、脳が持つ印象はまるで違う。

実際、脳にとってあいまいさには、いろいろな意味で抗しがたい魅力がある。その証拠に図16・4を見てほしい。

モナ・リザの肖像画は、何世紀にもわたり、他のどんな絵よりも多くの注目を集めてきた。私たちがそれに引き付けられずにはいられない魅力を感じていることは間違いない。この絵を見る者の脳裏には、次々と疑問が浮かんでくる。「この女性は一体誰なのか。何を考えているのか。顔に浮かんだあの表情は微笑なのか、それとも違うのか」。問題は、その理由である。一体なぜ、この肖像画だけが何世紀にもわたり、多くの異なる文化からこれほど多くの注目を集めてきたのか。その疑問に答えてくれたのは、またしても神経科学だった。要するに、その理由は、私たちがこの絵を容易に理解できないからだというのだ。

図16.4——モナ・リザは何を考えているのか。私たちはこの絵を見るたびに、その「あいまいさ」に抗しがたい魅力を感じる

Photo courtesy of WordPress.com

モナ・リザの表情は、あいまいさの古典的定義に当てはまるのではないだろうか。それは、生半可な説明や単純な分類の仕方では到底、歯が立たない。彼女のことは全部調べ尽くされたと苦し紛れに言いたくなるのは、これだけの年月を費やしてもそれがまったく実現できていないからにほかならない。

◎脳はパズルが大好きだ。

これがマーケティング的に意味するのは、多数のメッセージでクラッター化した環境においては、特有の魅力で潜在意識にアピールできる要素を活用すれば、クラッターから一歩抜き出て、脳の注意を引くことができるかもしれないということだ。

脳は、信号の巨大な並列プロセッサであり、明らかにその機能を果たすことだけを目的としている。その過程において、基本的な生命の維持から最も抽象的な理論の考察まで、あらゆる事象にかかわる信号を処理し、分析し、それらが何を意味するのかを明らかにすることもその機能の一部だ。脳は、答えを探し求めるようにできている。たとえば、モナ・リザの肖像画の前に立つと、脳はそれが伝えようとしているメッセージを計算しようとする。また、様々な刺激をより分けて、見覚えのあるパターンや道筋を見つけ出そうとする。

それらを探し出すことができない場合、前頭前皮質は脳の至るところにある配下の神経中枢に努力を増やすよう指令を出す。それでも何も出てこない場合、脳はこの目新しい情報を登録し、受け入れるためにシナプス結合を増加させ、新たな神経回路を作る。

◎脳は、この現象を理解するためにあらゆる手を尽くし、最終的には何らかの形で解決策を見いだすことになるだろう。

この徹底した追求には別のメリットが潜んでいる。それは、脳が刺激の再計算と再処理を行っている間、刺激をもたらす対象との接触時間が増え続けるということだ。モナ・リザの微笑（本当に微笑かどうかはあいまいだが）に集中している間にも、私たちは彼女を取り巻く環境、彼女が着ている服、絵画の中のその他の要素を認知している。

これと同様に、あいまいさの原則を一部の広告（すべてではない）に応用すれば、消費者の脳をモナ・リザの例で見たような形で、その広告に引き付けられるようにすることができる。そうすることで、あなたは自分が伝えたい広告メッセージがより効率的に、かつより完全な形で消費者の潜在意識に取り込まれる可能性を高めることになる。

あいまいさの効能を証明するには、もっと現代的な例を挙げることも可能だ。たとえば、世界各地のファッションの中心地でファッションショーに顔を出してみるといい。特に注目してほしいのは、観客席より高い位置にある細長いステージをぶらぶらと歩くモデルたちの表情である。彼女たちは笑ってもいなければ、顔をしかめているわけでもない――おしなべて意図的にあいまいな表情をしているのだ。

その結果、何が起きるかというと、観客は完全に心を奪われ、うっとりとした表情で座席から見上げることになる。観客たちはディオールの新作にくぎ付けになっているのか、それとも、脳がモデルたち

――とりわけ、その表情――に取りつかれたようになってしまっているだけなのか。

この分析をさらに一歩進めてみよう。テレビでファッションショーを見る機会があったら、自分の視線がどこに向かうか意識してみるといい。意外かもしれないが、あなたは自分が予想以上の時間をモデルたちの顔を見ることに費やしていると気付くはずだ。ここで思い出してほしいのは、私たちの脳は、他人の顔に特別な注意を払うようにできているということである。

似たような例は、化粧品のマーケティングでも見られる。一部の賢明な広告主は、活字媒体の広告であいまいな表情をしたモデルを使っている。ファッション誌をぱらぱらめくれば、この種の広告を何本か見つけられるかもしれないが、その数は限られているはずだ。その理由は、このカテゴリーにおける広告主の大半が、いまだに笑顔を浮かべた女性を使っているためである。脳の本当の好みを知れば、彼らもきっと考えを改め、この知識から恩恵を受けられるはずなのだが。

神経学的には、私たちを魅了し、注意を引くのは、モデルのあいまいな表情であることが判明している。もちろん、消費者はオートクチュールや化粧品そのものにも目を向けるに決まっている。本当のスターはそれらの製品なのだから。だが、私たちの脳はちょっとした「謎」に出会うと、ついそちらに注意の一部を向けてしまうものなのだ。

一方、脳が「謎」を好むことを知ったからと言って、やたらに脳に謎解きをさせて過度なストレスを与えないように注意する必要がある。次の素晴らしい広告キャンペーンにこの新しい知識を応用する際には、ぜひこの点に配慮して演出を工夫していただきたい。

点眼薬、広告メッセージの理解、視聴者

神経学的調査を使えば、広告の有効性について、かなり多くのことが明らかになる。

次に挙げるのは、実際にあった例だ。ある国際的な大手製薬会社が、自社ブランドの抗アレルギー点眼薬の広告にどれだけの効果があるか評価したいと考えていた。

問題――厄介なカテゴリー

問題は、従来の市場調査の方法では、このカテゴリーで有益で信頼のおける回答を得るのは難しいということだった。消費者に対して、点眼薬のような製品を使用した際に何を考え、どう感じて、何を記憶しているか聞くのは、きわめて厄介な作業なのだ。それらの反応から有益な洞察を抽出して、製品の広告に反映させるのはさらにハードルが高い。回答者はなるべく誠実に答えようとするだろうが、これまで説明したように、脳の基本的な構造と機能が彼らの反応を言葉で正確に表現することを妨げる。

事態を複雑にするもの――二者択一

ここで取り上げた広告は1日1回の使用ですむ点眼薬に関するもので、その点では1日に2回さす必要があった旧製品より優れている。しかし、この製薬会社は長年の経験から、新製品の特徴に関する広告メッセージを理解したかどうか、消費者に聞いても信頼のおける回答が戻ってくるとは限らないこと

を知っていた。

なぜなら、その質問をした時点で、すでに回答は意味を失っているからだ。新しい特徴を2つの選択肢から選ばせた場合、どちらを最初に見せるかによって回答に偏りが出てしまう。左のように、スクリーン上で見せる位置に差をつけないようにしても、それは変わらない。

1日に1回
1日に2回

どう見せるにせよ、どちらかを必ず最初にもってくる必要があるわけで、そのために被験者の記憶は混乱し、調査結果も台無しになってしまう。

解決策――秒単位の深層ダイブ

典型的なテレビCMの長さはたったの30秒だが、制作や放映にかかる費用は何百万ドルにも上る。だが、30秒間でコストに見合う成果を出すのは並大抵のことではない。以下は、クライアントが自社のCMについて知りたいと考えた項目だ。

- ●このテレビCMの全体的な有効性をどう評価するか。
- ●CMへの反応は性別によって異なるか。

●CMは説得力（購入意向）を向上させているか。
●「1日1回」のメッセージは視聴者に伝わっているか。それ以外のメッセージはどうか。
●視聴者の関心を引き、記憶に残りやすいのは、どの部分か。
●このCMはどれくらいの時間で飽きられたか。

私たちは、被験者の男女比を同率にし、それぞれにCMを3回ずつ見せた。なお、第2章で説明したように、被験者の数に関しては、従来の手法とは重要な違いがある。神経学的調査は認知プロセスのごく初期の段階で、潜在意識の深いレベルで測定を行うため、インタビュー調査で必要な人数の10分の1の人数でも科学的に十分に妥当な結果を得られる。

私たちは、「1日1回」「即効性」「悩み解決」といった製品のうたい文句や特性が、どの程度の強い印象を消費者の心に残したかを潜在意識の深いレベルで測定した。当社の調査では、EEGによる脳全体の神経学的調査、アイトラッキング分析、GSR（皮膚電気反応）測定を組み合わせ、膨大な量のデータを取得する。**通常、広告を対象としたこの種の調査で得られるのは50億データポイントほどだが、私たちは約400億データポイントものコンピューター処理能力を使ってこれを分析する。**その結果、驚くほど詳細な分析結果が得られるのだ。

これによって、私たちはクライアントに、テレビCMによる刺激で活性化された注目、感情関与、記憶保持の正確な数値だけでなく、神経学的総合効果に関する正確な情報を提供することが可能になった。私たちは取得したニューロメトリクスから男女別の数値を割り出した。アイトラッキング分析によって、広告のどのシーンで視聴者が視線の焦点をどこに合わせていたかを秒単位、ピクセル単位で突き止め、このデータから男女別の数値も特定した。

私たちはまた、神経学的要約の技術を使って、テレビCMの中で、被験者の潜在意識反応が最も高い数値を記録したシーンを分離し、浮かび上がらせた（最も効果的だった部分をさらに詳細に分析するために、ここでも男女別の数値を算出した）。この情報を活用すれば、神経学的に最も効果的だった場面や要素を残したまま、CMを短く編集して、テレビより短い動画が使われるインターネットやモバイル端末で利用できるようになる。また、同じ情報を使えば、CMの効果的な場面を抜き出して写真を必要とする活字媒体や屋外広告などの別の媒体で利用することも可能なはずだ。

飽きられやすさの要素に関しては、対象となったテレビCMは平均的なCMより明らかに優れている（つまり、飽きられにくい）ことが判明した。広告の有効性に関して行った当社独自の調査によれば、典型的なCMの場合、視聴者は同じ広告を3〜5回見せられると「飽きて」くることがわかっている。

調査結果を踏まえて、私たちはクライアントに対して6つの提案を行った。その中には、テレビCMの神経学的な有効性をさらに改善したり、男女両方の消費者から得られるニューロメトリクスの数値を上げるために広告のコピーを変えたり、リーチとフリークエンシーの観点から出稿枠の購入を最適化する提案が含まれていた。

巨額の広告予算がかかっているケースや、今回のように競争が激しいカテゴリーに重要な新製品を参入させる場合、EEGによる脳全体の神経学的調査を行えば、特定の広告にどの程度の効果が期待できて、どういう改善策を実行すれば有効性を高められるかについて、詳細な知識と洞察が得られる。

プライミングは存在するか

この数年間、広告とマーケティングの分野であれこれ検討されてきたテーマの1つに「プライミング」がある。議論の対象となったのは、実際にそんな現象が存在するのか、本当にあるなら一体どのように機能するのか、の2点だった。

広告業界やテレビ業界の人間でない読者のために「プライミング」について簡単に説明すると、これは、テレビ番組の合間に流されるCMに対する視聴者の感じ方や反応に、番組そのものの内容や性質が影響を及ぼす度合いを意味する言葉だ。それとは反対に、視聴者の番組に対する見方や反応にCMが及ぼす影響の度合いもプライミングと呼ばれるが、こちらの影響度は比較的小さい。

私たちが知りたいことを業界用語の助けを借りずに表現すれば、こういうことになる。番組は視聴者に対する広告の有効性に影響を及ぼすのか。また、広告は番組に影響を及ぼすのか。もし、及ぼすのなら、その影響の度合いはどれくらいで、どんな状況でそれは起きるのか。

業界内では、この問題になかなか決着がつかなかった。というのも、広告と番組の効果は安定しておらず、どう影響し合ったかを分析することには固有の難しさがあるからだ。もちろん、視聴率を定量的に測定することは可能だし、それがわかれば、ある瞬間に何人くらいの視聴者が番組と広告を見ていたかも知ることができる。だが、それだけでは、視聴者の心に響くものがあったかどうかを確認することはできない。はたして彼らは、広告と番組の相互作用によって、ニューロメトリクス——注目、感情関与、記憶保持、説得力（購入意向）、新奇性、認知・理解――の数値が上下するほど、測定可能なレベルで影響を受けるのだろうか。

テレビの広告や番組を調査してくれと依頼してくるクライアントの大半は、この質問を口にする。つまり、このテーマがそれだけ重要な問題であり続けているということだ。

私たちの答えはこうだ。

◎プライミングは存在するだけでなく、誰が予想するよりもはるかに高い重要性を持っている。

プライミングを出稿計画や出稿枠の購入のプロセスにおける重要な要素の1つと認め、その重要性を格上げすれば、広告に対する注目、感情関与、記憶保持の数値が上昇し、その結果、説得力（購入意向）、新奇性、認知・理解を刺激する効果もある。そして、広告予算の投資収益率（ＲＯＩ）が改善されることも考えられる。

この問題に光を当てるために、再度、実際にあった例を紹介しよう。これは、リアリティ番組の人気が高まっている今、今日性という意味でも注目に値するケースだ。

神経学的な核心

番組供給事業者のA＆Eテレビジョン・ネットワークが依頼してきた調査は実に興味深かった。リアリティ番組の『インターベンション』（訳注：「介入」という意味）は、同社で一番人気のある番組の1つだ。

気骨のあるリアリズムと強い感情的反応を引き起こす内容が視聴者の興味を刺激し、熱心なファンがついただけでなく、批評家の称賛も勝ち取っていた。

番組の内容は、家族、友人、そして同僚らが、アルコール依存症や薬物依存をはじめとする様々な苦境に陥っている個人の生活に「介入」するというものだ。これらの悩める人たちは、まさに今、人生のどん底を経験しているか、そこに転落しつつある。誇張ではなく、誰かが救いの手を差し伸べない限り、命の保証さえできない状態にあるのだ。番組では、素人の出演者たちがこの状況に対応しようとする様子が映し出される。

一方、広告主の関心は、これほど強烈な内容の番組のスポンサーになったら、視聴者は自分のブランド／製品／サービスについてどう感じるかということにある。それによって、認知と理解、インパクト、有効性にプラスに働くか、それともマイナスに働くか。消費者は製品やサービスを試してみたり、また購入したくなったりするだろうか。自社のブランドは、広告を出すことで利益が得られるだろうか。

ここで瀬戸際に立たされているのは、広告の予算だけではない。プライミングは、ブランドイメージ、企業の評判、そしてそれ以外の重要な企業資産にも影響を及ぼす可能性がある。つまり、プライミングとその働きに関して本当の理解を得ることは、どの広告をどの番組で流すかを決める際に重要な役割を果たすということだ。私たちは、プライミングに関する答えを潜在意識の深いレベルから引き出すために、次のような調査を考案した。

まず、慎重に選抜された被験者に2つの番組を見せる。1つは、『インターベンション』のあるエピソード。もう1つは、別のネットワークで成功しているプライムタイム・ドラマで、登場人物の個人的な生活にフォーカスした劇的なストーリー展開を特徴としていた。両方とも、視聴者に強い感情関与を促し、熱心なファンがついていた。

私たちは、代表的な広告主のテレビCMを6本選択し、それらを1セットとして、それぞれの番組内に挿入した。選ばれたカテゴリーには、自動車、食品、保険、化粧品、小売、テレコミュニケーションが含まれていた。それぞれの番組内ではまったく同じCMが同じ順番で放映された。

調査結果は驚くほど明快で、有無を言わせぬものだった。**『インターベンション』のように感情を激しく揺さぶる番組で広告を流すことは、視聴者の印象に悪影響を与えるどころか、実際に視聴者の広告への感情関与を高める効果があることが神経学的調査によって判明したのだ。**

以下に、調査結果から一部抜粋する。

- 神経学的総合効果に関しては、6本のCMのうち3本は、もう1つの番組より『インターベンション』でかなり高い数値を記録した。あとの3本の数値は、両方の番組でほとんど変わらなかった。
- ニューロメトリクスの1つである感情関与に関しては、『インターベンション』は6つのCMすべてにおいてもう1つの番組より高い数値を記録した。

調査結果によれば、被験者は『インターベンション』を見ている間、ずっと高レベルの感情関与を維持していた。この高レベルの感情関与のおかげで、番組の終わりで広告を流した場合でも、神経学的総合効果が低下することはなかった。

この調査から学べる最も重要なポイントは、広告に対するプライミングは明確に存在するし、数値化できるということだ。**高いレベルの感情関与を促す番組で広告を流すことはきわめて有益であることが証明されたのだ。**

同期しなければ、売り上げも伸びない

神経学的調査を使って、広告の有効性を高める方法は他にあるだろうか。神経科学の成果の中で、既存の（そして将来の）広告主の多くに役立つ情報があるとすれば、それは神経学的症候群の1つである「視覚と聴覚の同調性」に関する知識だろう。

ある大手自動車メーカーが、毎年恒例のモデル末期在庫一掃キャンペーンの広告で、アニメの主人公をキャラクターとして採用した。キャンペーン期間中、このキャラクターは何本かある広告のすべてで中心に据えられ、それぞれの広告の終わりで必ず覚えやすいキャッチフレーズを口にする。この男性のキャラクターは、素材として親しみやすく、一般人男性的な意味で魅力があり、自動車メーカーにアニメと製品の実写映像を組み合わせる機会を提供してくれた。

唯一の問題は、脳がこのキャラクターに違和感を抱いたことだった。

その原因は、彼の口の動きがいつも音声と同期が取れていなかったからだ。人間の脳は構造的に、誰かが話した内容とそれをどのように話したか——耳に入ってくる音声と唇や舌の動き——を常に一致させるようにできている。この連続性に亀裂が入り、脳が2つの関連した刺激——聞いたことと見たこと

――の間に食い違いが生じていることに気付くと、神経科学者の言う「ミスマッチ陰性電位」が発生する。30秒で製品を売り込むことが使命の広告にとって、これはまったく良い兆しとは言えない。

人間の脳は、聴覚皮質と視覚皮質に入力された刺激を同時に受け取って分析し、その情報が潜在意識によって予期された刺激と一致しているかどうか確認する。脳はそのために、常に時間外労働を強いられているようなものだ。ごく普通の会話では、それらの情報は一致しているため、世界は正常に機能していると脳は判断する。その反対に、不一致が見つかった場合、脳は「ミスマッチ陰性電位」に直面する。要するに、目の前の状況を理解するために貴重な認知処理のリソースを消費しているというのに、脳は不一致に混乱して、主要なメッセージから注意をそらされてしまうのだ。

次にテレビを見る時、ネット保険やホテルの予約サイトなどのアニメを使ったCMを注意深く観察してみるといい。口の動きと音声が一致していない映像を使ったCMがきっと見つかるはずだ。その種の広告は、巷《ちまた》にあふれていて問題となっている（「ミスマッチ陰性電位」を生じさせるのに、さほど目立った食い違いは必要ない）。そんな例を見つけたら、その広告を見ている自分の脳で何が起きているか意識してみよう。皮質間の調整を得意とする前頭前皮質は、問題解決にいつもより多くの労力をかけている。だが数十万ドルもの予算を使って、メッセージを放映した広告主は、CM自体に有効性を弱める固有の欠点があることに気付いてさえいない。

この機会に、「感覚統合」と呼ばれる重要な神経学的症候群についても紹介しておこう。これは、今説明した「視覚と聴覚の同調性」とも直接関連している。

神経科学の研究によって従来の見方が覆され、脳の聴覚皮質と視覚皮質の間には、知覚プロセスの初期段階で相互作用が起きていることが明らかになった。つまり、この点は特に重要だが、**1つの感覚は別の感覚に対してプライミングを発揮できる**ということだ。ここで言う「初期段階」とは、時間にしてどれくらい前を意味するのか。1つの感覚ともう1つの感覚が潜在意識で統合するのにかかる時間は実に200ミリ秒以下だ。複数の感覚がぴったり同期された体験は、足し算ではなく、掛け算的にその効果を増幅する。

最近の研究によれば、聴覚と視覚の間の同調性が緻密であればあるほど、両者の統合に要する時間も短縮される可能性があるという。こうした迅速で緻密な「感覚統合」はマーケターに「乗数効果」という特典を与える。世界で最も傑出した神経科学者の1人で、ニューロフォーカス社の最高科学顧問でもあるロバート・T・ナイト博士は、感覚統合の価値について次のように説明している。

「あるCMの聴覚的要素がXで、視覚的要素もXなら、それらの間に同調性がない場合は、基本的には多くても2Xの結果しか得られない。だが、同調性が成立している場合は、乗数効果によって、3Xかそれ以上の結果を達成できる。これが感覚統合の力であり、ここ数年にわたって行ってきた脳の測定では、両方のケースが確認されている」

神経科学におけるもう1人の第一人者で、ニューロフォーカス社でも社内エキスパートとして活動しているマイケル・スミス博士は、このテーマに関して、もう1つの重要なポイントを指摘している。「感覚統合による乗数効果は、この瞬間の視覚情報に基づいて、脳にこれから入力される聴覚情報を予測させたり、その反対に事前の聴覚情報に基づいて視覚情報を予測させたりする。私たちの知覚体験は、これによって確実に強化されている。私たちは、知覚した世界が自分の経験や期待と一致するように、目と耳から入ってくる2つの刺激情報の流れを統合する。つまり、視覚と聴覚の同調性が機能せず、生じたずれを調整するために脳に余計な負荷がかかった場合、感覚統合が起きないか、起きたとしても知覚プロセスの後期になる可能性が高い」

スミス博士は、もう1点、これと関連する別の指摘も行っている。ニューロマーケティングの知識と方法論を自社の製品やサービスに活用したいと考えているマーケターにとって、この指摘はとりわけ重要である。

「聴覚皮質と視覚皮質はどちらも、脳の側面と後部の領域にある。それらの部位に電極を装着して、脳波活動を直に測定しない限り、必要不可欠なデータは得られない。神経科学の研究施設がもっぱら全脳調査によるデータに基づいて研究を行っている理由もそこにある。脳は複雑に相互接続した神経回路の塊だ。脳の表面全体に装着したセンサーでその活動を記録しない限り、脳の重要な領域間で取り交わされる大量の脳波活動を観測することはほとんど不可能だ。それは、複数の感覚の統合による相乗効果を確認することすらできないことを意味する」

マーケターが覚えておく必要があるのは、全脳調査だけが、正確で信頼性があり、しかもすぐに応用可能な調査結果を出せるということだ。それは違うという人がいたら、あなたがすべきことは1つしかない。彼らに神経科学の専門家であるという資格を提示してもらい、それを慎重にチェックすべきだ。なぜなら、少なくとも博士号を取得したほどの神経科学者であれば、全脳調査以下の水準で決して満足するはずがないからだ。

ここで、従来の調査方法では観測できなかった情報を神経学的調査が捕捉した例を1つ紹介しておこう。これは実際にあった話である。

あるクライアントから、食器用洗剤の広告2本を競合の広告と比較する調査をしてほしいという依頼があった。興味深いことに、同社の広告の内容は、2本ともほとんど同一だった。唯一の違いは、一方の広告では、ある場面で「お見せしているイメージは合成されたものです」という字幕が表示される点だった。その場面は現れてから2、3秒で消えてしまうので、従来の手法で調査するのは困難だった。2本の広告の違いはほとんど見分けがつかないほど小さかったので、被験者の記憶に頼った調査方法の対象としては不向きだったからだ。

調査の結果、2本の広告は神経学的総合効果の数値で拮抗していることがわかった。ところが、説得力（購入意向）を詳細に分析してみると、字幕のない広告の方が、ある広告に比べて、かなり高い数値を記録していることがわかった。これは、クライアントが字幕のない広告を放映した方が、消費者が製品を買ってくれる可能性が高いことを意味している。秒単位で取った「曲線グラフ」で神経学的総合効果の数値が低下した瞬間を確認したところ、興味深いことに、両方の広告の神経学的総合効果は、例の字幕が表示された場面に来るまではまったく同じ数値を示していた。だが、字幕が表示された途端に、数値が低下した。そこで私たちは字幕のない広告を採用するように提言し、それに従ったクライアントは、8週間もたたないうちに市場シェアを増大させた。

これは、実際の市場で神経学的調査の実力を証明するまたとない機会となった。どんなに小さいものでも、特定の広告要素を分離し、その効果を評価する。それによって、ニューロメトリクスを使って市場でのパフォーマンス向上に役立つ具体的な提言をすることが可能なことを再度証明してみせたのだ。

これ以外に、神経学的調査が広告にとってプラスになる面はあるだろうか。たとえば、広告制作のプロセスを容易にするというのもその1つだろう。

●広告のコンセプトに対する潜在意識の反応は、神経学的調査で正確に測定することが可能だ。そして、そのデータを基に制作プロセスを合理化すれば、かなりのコストと時間が節約できる。わざわざ違った内容の広告を複数用意しなくても、初期の段階でどのコンセプトが効果的か判断することが可能になるからだ。脳は最も早い段階で、どのコンセプトを選ぶか明快な回答を示す。この最も基本的かつ本質的なレベルで、コンセプトが消費者に受け入れられるという保証を得られれば、広告制作チームは自分たちの戦略の基本骨格が神経学的に妥当であるという自信を持って、広告の立案と制作に集中できるはずだ。

●同様に、広告案を調査すれば、その効果に関して明快で正確な結果が得られる。神経学的調査なら、提案された広告に対して被験者が言葉で表現した回答ではなく、彼らの潜在意識レベルにおける反応をリアルタイムで知ることができる。また、その際に記録された脳波活動のデータを見れば、詳細な情報と数値が得られるはずだ。

●ストーリーボード（絵コンテ）、アニマチック（動画の試作版）、リポマチック（他のCMなどから素材を借りて作った試作版）、それに粗つなぎ（ラフな編集フィルム）を調査して神経学的反応を調べれば、どの具体的な要素が最も効果的か明快な結果が得られるので、さらに効果的に企画・制作プロセスを進められるようになる。

●完成した広告をテストすることで、広告キャンペーンの目標と照らし合わせて神経学的総合効果を評価することも可能だし、別の媒体向けに作り直すなら、神経学的に最適なのはどの要素かについても確認できる。また、神経学的要約を応用すれば、最も重要な場面を分離して、もっと短いビデオを必要とする媒体向けに元の広告を効率的にかつ効果的に再利用できる。

●プライミングの研究を行って、番組が広告の神経学的総合効果に与える影響、そして広告が番組に与える影響の両方を測定することができる。

新製品の市場導入やブランド拡張の際には、広告の神経学的総合効果だけを測定するために神経学的調査を行うことも可能だし、あるいは、製品デザイン、パッケージ、店舗環境に関連した脳波活動の測定と合わせてデータを総合的に分析することもできる。複数の調査を同時に行うこの手法は、別々の構成要素がどのように連携するか、そして個別の要素の神経学的総合効果と広告全体の神経学的総合効果を改善する具体的な方策はあるかについて、包括的な見方をマーケターに提供してくれる。

また、神経学的調査は、マルチメディアを使ったキャンペーン（インタラクティブなキャンペーンも含む）がどんな成果を出すかについて、重要な知識と洞察を提供してくれる可能性がある。さらに、広告のコンセプトと具体的な表現の要素が異なる媒体に実装された時の有効性についても測定できる。

さらに、神経学的調査は、スポークスパーソン、音楽、グラフィック、特殊効果、アニメと実写の比較、その他の広告や制作プロセスにおいて検討が必要だが、通常はなかなか判断しにくい要素についても、有効性を測定できる。

広告主と広告代理店にとっては、神経学的調査をある程度の期間、継続的に実施すれば、最も効果的な個別の広告とそれらの具体的な構成要素のデータベースを構築することが可能になる。既存のブランドや新製品やブランド拡張のための新キャンペーンが企画段階にある時、このライブラリーは、過去の成功事例とそれらを実現するために実際に使われた具体的な神経学的ベストプラクティスについての貴重な情報資源となる可能性がある。ここに含まれている情報を活用すれば、かなりのコストと時間が節約されるはずだ。

紙媒体の広告——学んだフレームワークを応用する

ロゴとシンボル

- ●ロゴとシンボルは、主として視野の中心に配置する。
- ●オプションとして、少し斜めになったロゴやその他のシンボルは、視野の左側に配置する。
- ●合計で2つより多くのロゴやシンボルを載せない。

紙媒体の広告／ウェブサイト

●画像は左側に、テキストは右側に配置する。
●人物の画像を使って、読者の感情関与を促す。
●レイアウトを工夫し、読者が円を描くように／時計回りに視線を動かして広告を見るように促す。
●目立つ視覚的要素を2つか3つ配置して、神経学的インパクトを最大化する。
●読者の注意を引き付けるユニークな書体を使って、注目と新奇性の要素を強化する。
●あいまいなイメージと、長くても4秒以内に解けるパズルを盛り込む。

ページの分割

●イメージを何分割かする場合（たとえば異なる人物の顔によって）、最大でも3分割にとどめておく。
●分割したページの間にスペースを設ける。
●ページを水平ではなく、垂直に切り分け、各要素は縦に並べて配置する。

ブランド、製品、パッケージ、店舗環境に関するベストプラクティスは別の章で詳しく取り上げたが、これらも一部のケースでは広告に応用できるはずだ。ここまで読んだ読者はすでにおわかりのように、本書の中心的テーマの1つは、脳は本来、買い物をするようにできているという、ごく単純ではあるが、きわめて重要なコンセプトを理解していただくことにある。

もっとはっきり言えば、脳は買い物をしたがっており、それゆえ「買いたくなる脳」なのである。これまでマーケティングと広告を支配していた古い考え方を捨て、神経科学の知識を受け入れて、広告制作の方法を革新するべき時期に来ているということだ。

もちろん、あなたの究極の目的は製品やサービスを売ることにある。だが、新たな知識を身に付けたあなたは、もはや消費者の頭の中にいる敵対者の心配をする必要はない。それどころか、そこで待っているのは、あなたのメッセージを快く受け入れ、反応するようにプライミングされた脳という素晴らしい味方である。

本書を書いた目的の1つは、皆さんが脳にとって最も魅力的な——興味深くて、注目を集め、興味を引き付け、同期されていて、あいまいで、感情関与を促し、一瞬戸惑うような謎を提示し、説得力に富み、記憶に残る——広告を制作し、効果的にメッセージを伝えられるようにお手伝いすることだ。皆さんがそれを実現すれば、私たちの誰もが消費者として利益を享受することになるからだ。

この章で学んだこと

●神経学的調査を利用すれば、従来の手法では取得不可能だった調査データをあらゆる広告媒体に関して得られること、そしてその原理に関しても説明した。この中には、特定の広告の個別の構成要素に関する細部にわたるデータも含まれる。
●実際に、脳波活動を測定することで広告の有効性を向上させた企業がすでに存在する。
●広告の神経学的な有効性を最大化するために、すぐに応用できる一連のベストプラクティス。

第17章 脳とスクリーンとソーシャルメディア

この章で学べること

コンテンツや広告メッセージを従来のテレビで見るのと、インターネットや各種のモバイル端末で見るのとでは、消費者の潜在意識の反応に重大な違いが生じること。
テレビ、インターネット、モバイル端末という3媒体で、人間の顔が同じように重要な役割を果たしていること。
これら3つの媒体で、ビデオを使った広告の有効性を最大化する方法。
神経学的に最も効果的なコンテンツをソーシャルメディア向けに作成する方法。

ニューロマーケティングは、過去10万年も変化していない脳という器官を対象としているにもかかわらず、それがごく最近（時には数ヵ月前）登場したばかりの技術にどう反応するかを測定している。その意味では、きわめて興味深い新旧の二項対立を特徴とした分野と言っていい。

私たちが研究対象としている技術的トレンドの1つが「3スクリーン現象」――従来のテレビ、インターネット、各種のモバイル端末の3つ――である。「現象」という言葉は安易に使われすぎるきらいがあるが、この場合にはぴったり当てはまる。3つの媒体はどれも、現代に生きる私たちが経験したことのない、驚くべき成長規模を示しているからだ。しかも、本書(原書)の発刊時期には、3スクリーン現象が「15スクリーン現象」とも言える段階に進化したという分析も登場し、さらなる成長を遂げようとしている。

テレビは媒体としてすでに成熟期を迎えたと主張する人々に対しては、数字をもって反論したい。本書では大量の統計データを引用することは敢えて避けてきたが、このカテゴリーでは言葉より数字をもって語らしめるのがよさそうだ。

◎成人における3スクリーン全体の視聴時間は、1日におよそ8・5時間。43~54歳の層では9・5時間にはね上がる。テレビの視聴時間は3スクリーン上のビデオコンテンツ視聴時間全体の98%を占めている。

つまり、「従来型」の媒体であるテレビが、異なるスクリーンのメディアに取って代わられようとしているという主張は、誤解を招くおそれがある。今は、パイ全体が大きくなりつつあるのだ。私がよく使うせりふに「脳は大食漢」というものがあるが、パイがいくら大きくなっても、平然と平らげてしまうはずだ。

図17.1──「3スクリーン」の呼称はすでに時代遅れだ

Photo courtesy of Dreamstime.com

もちろん、**至るところでスクリーン上のメッセージを目にするようになった現在、「3スクリーン」という呼称そのものがすでに時代遅れになりつつある（図17・1参照）**。小売店に置かれたビデオモニター、座席の背もたれ部分にテレビモニターがはめ込まれたSUV、タクシー、飛行機などはもはや珍しくない。病院や薬局、あるいはガソリンスタンドの待合室でもビデオ映像が流されているし、バーやサッカースタジアムや野球場をはじめとするスポーツ会場でもスクリーンからは逃れられない。

だが、脳はこれら動画コンテンツをすべて同じように処理しているのだろうか。

機能的には、脳はどんな媒体からでも、ビデオによる刺激をまったく同じように受け取っているはずだ。しかし、ニューロマーケティングの分野ではよくあることだが、それは物事の一面にすぎない。ジャンボトロンのような巨大スクリーンから手の平に収まるほど小さい携帯電話用モニターまで、様々なフォーマットのビデオに潜在意識がどう反応するか、私たちは神経科学を通じて多くの知識を得た。問題は、それがマーケティング的にどんな意味を持つかだ。

通信手段の多様化と拡大、とりわけモバイル通信によるビデオ視聴時間の増大に伴い、マーケターにとって各種媒体間の違いはこれまでになく重要な意味を持ち始めている。マーケターは、神経学的効果と有効性を最大化するために、動画視聴に使われる多様な媒体へのアプローチをきちんと差別化していかなくてはならない。

神経科学は、すでにこの具体的なニーズに対応するために複数のツールを開発済みだ。たとえば、現時点ですでに、私たちは神経学的要約という独自の技術を使って、ある形式で作られたビデオを異なるフォーマットでも有効に機能するように作り変えることができる。

要約コーデック（ビデオを圧縮するためのプログラム）を使えば、広告などから神経学的に最も効果的なシーンを特定し、分離し、再編集することも可能だ。典型的なケースでは、30秒のテレビCMから10〜12秒の短縮版を作る。これによって、多額の制作費を使って作られたビデオの短縮版を、インターネットやモバイル端末などで流すことが可能になる。これは、それらの媒体では通常、短時間のビデオしか配信されないためだ（実際に、これらの媒体では長いビデオの神経学的総合効果はかなり低い）。既存の広告を有効活用すれば、かなりのコストと時間が節約できるはずだが、マーケターにとっての最大のメリットは、短縮版の神経学的効果が最大化されていることが最初から保証されている点だろう（図17・2参照）。

図17.2——モバイル端末のスクリーンは、他の媒体のスクリーンとは脳への働きかけ方が違う

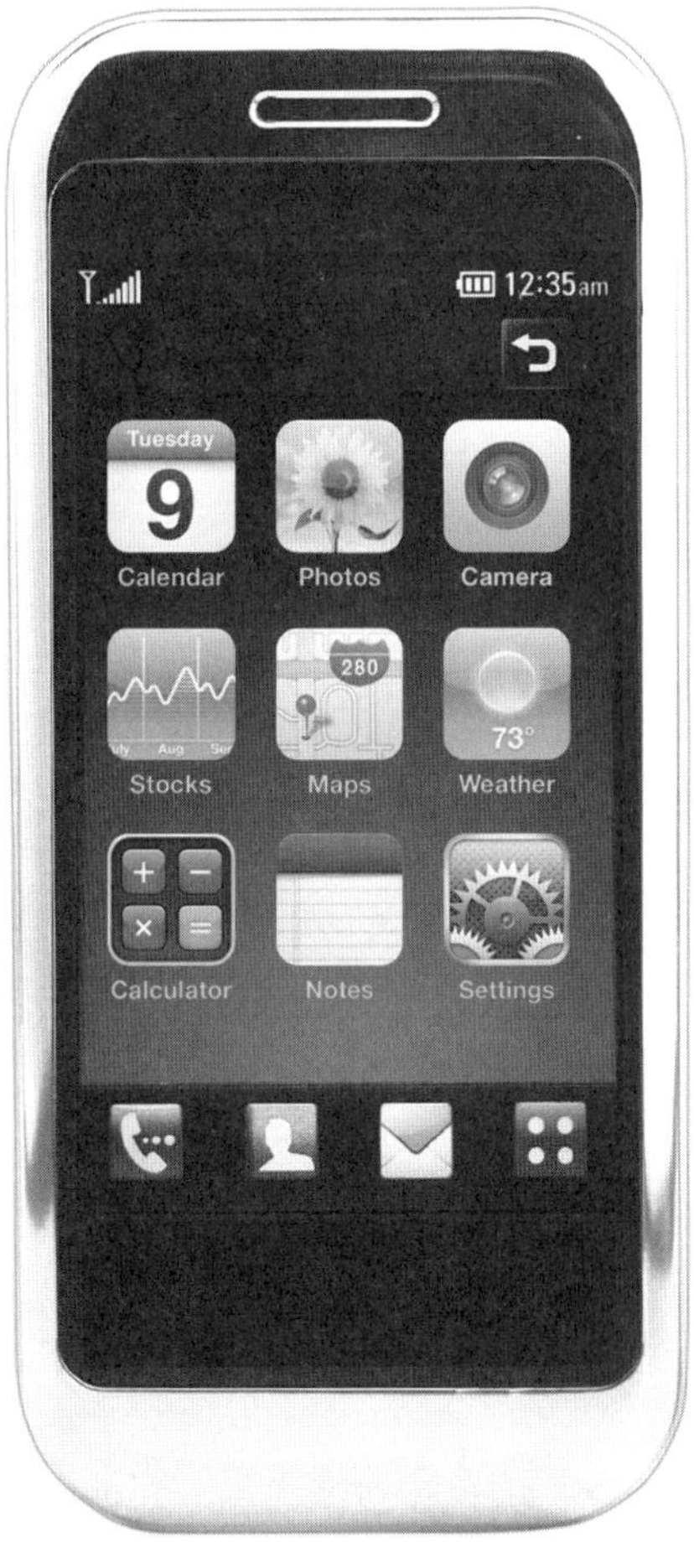

Photo by NeuroFocus, Inc.

媒体の壁が消えたらコンテンツは一つですむか

トレンドというものは――とりわけテクノロジーの世界では――いつの間にか独り歩きしてしまうところがある。たとえば、テクノロジーの発展、メーカーによるマーケティング、消費行動という３つの要素が火をつけ、かなり前から取り沙汰されているトレンドの１つに、ネットで配信されたコンテンツがテレビに移行してリビングで視聴できるようになるというものがある。この現象についてはあまりにも多くが語られ、予測されてきたため、今のところ、大規模な動きは起きていないにもかかわらず、近いうちに実現するに違いないという空気が世間にある。

異なるスクリーン間の互換性が強化されるにつれ、それらの間の壁も次第に取り払われていくだろう。テレビがネットに接続されれば、あなたはソファに腰掛けたまま、ワイヤレスのノートＰＣやスマートフォンやｉＰａｄを使うのと同じくらいやすやすと、50インチ超の高精細液晶テレビからあらゆるサイトにアクセスできるようになる。ネットにアクセス可能な新型テレビがすでに展示場や家庭に浸透し始めている現在、それは現実となりつつある。

だが、そこにはマーケターにとって１つの隠されたリスクが存在する。脳の観点から見ても、それはかなり大きなリスクと言っていい。

もしマーケターが、１つだけビデオコンテンツを作成して、同じメッセージをすべての媒体に流せば、スクリーンのフォーマットの違いにかかわらず同等のインパクトを与えられると思っていたら大間違いである。

◎私たちの調査によれば、脳は特定のタイプのコンテンツに対しては、スクリーンの大きさを変えただけでまったく違う反応を示した。

人の顔ほど重要なものはない

他章で説明したように、脳は人の顔に注意を払うようにできている。私たちが持つ他人の感情や意図を見分ける能力は、主として脳の顔認識能力の上に成り立っている。しかし、「3スクリーン」のそれぞれの媒体で展開されるマーケティング・キャンペーンで、いずれの場合も人の顔が中核を成すのはどうしてなのか。実は、それには単純な理由がある。他人の感情や意図に関する情報を得るには、彼らの顔の表情を読み解く能力が必要だという理由である。

これはマーケティング的に何を意味するのか。他人が言葉を介さずに伝えようとしているメッセージを読み取るには、相手の姿がはっきり見える必要がある。また、脳はそのメッセージを受け取り、分析し、反応できるように、敏感に対応しなくてはならない。さらに、相手の目を正面から見て（人間は、目に「白目」に当たる強膜がある唯一の動物だ）、口の形を観察し、顔の表情全体から相手の機嫌や意図を素早く見て取る必要がある。

しかし、これくらいは自分のリビングの静かで寛いだ雰囲気の中で、高精細の薄型大画面テレビを見ながらでも簡単にやれることだ。また、少し精度は落ちるかもしれないが、同じことは自分のデスクトップPCやノートPCでもできないことはない。細部で見落とす部分もあるかもしれないが、画面に映された顔の表情は大体見て取れるはずだ。

一方、モバイル端末の場合、顔の細かい表情まで見分けるのは難しい。相手が目で何を伝えようとしているのか、判断するだけの正確で信頼のおける情報が取得できるとは思えない。相手の表情が伝えようとしているメッセージを完全に読み取るには、脳にとって画面上の顔があまりにも小さすぎるのだ。

「それで」とあなたは今、考えているかもしれない。「要するに何を言いたいのか。携帯電話は顔の表情を読み取るのに適さない。それはわかった。だから、どうだというのか」

マーケターにとって重要なのは、相手に注目させ、感情関与させ、記憶に残るようなメッセージを発信したいということだし、消費者にとって重要なのは、できることならそういうメッセージを受け取りたいということだ。

顔からは感情が読み取れる。だが、顔がまともに見えない状況では、それに注意を払いようがない。注意を払わなければ、感情関与など起こりようがない。感情関与がなければ、相手のことも、相手が伝えようとしているメッセージも記憶に残るはずがない。

マーケターにとってこれが意味するのは、私たちの調査が明らかにした次の2点と同じだ。

●脳がその目的を果たすには、顔は大きなスクリーン上に表示されるのがベストだ。つまり、感情が重要な役割を果たすメッセージは、大画面ディスプレイのフォーマットに最も適している。視聴者に感情的な反応を起こさせることが主眼のメッセージの場合、大型ディスプレイを備えた機器を対象とすべきだ。

●事実に語らせるタイプのメッセージの場合は、小型ディスプレイを対象とするのがいい。事実を強調した広告が大画面で不評になるとは限らないが、消費者にとっては小型機器の方がデータをより速く、より簡単に取り出したり、受け取ったりできるので、そうした広告に適しているのだ。

別の言い方をすれば、携帯機器のスクリーンで感情的に訴えるコンテンツを効果的に伝えようというのは無理があるし、大型スクリーンの方が有利だということだ。また、その反対に、事実を伝えるタイプのメッセージに大画面を利用しても不都合な点はないかもしれないが、消費者が携帯機器やモバイル端末を使う目的を考えると、後者の方が確実にニーズにマッチしている。携帯端末では、短い視聴時間の間に一気にデータ（つまり、事実）を取得したり発信したりすることが多いからだ。

視聴傾向の数字を見れば、このマッチングの重要性と緊急性はさらに明白になる。米調査専門委員会（CRE）が委託し、ボール州立大学（インディアナ州）が実施した最近の調査により、次のような説得力のあるデータが明らかになった（なお、CREは、ニューロフォーカス社が属するニールセンとそのクライアントが設立した）。

●18～24歳のアメリカ人は、1日に9つの異なるスクリーンメディアをそれぞれ10分間以上視聴する。

●対照的に、65歳以上のアメリカの高齢者は、1日に5つのスクリーンメディアを10分間以上視聴する。

この情報を以下と組み合わせてみよう。

●米疾病予防管理センター（CDC）の調査によると、18〜29歳のアメリカ人の40％は、固定電話ではなく携帯電話だけを使用している。

●インターネット視聴を調査するコムスコアの発表によると、最近1年以内にアメリカ国内でニュースその他の情報にモバイル端末からアクセスした個人の数は200％上昇したという。また、このうちの35％は毎日この行動を繰り返しており、この現象の拡大傾向はきわめて明確になりつつあると指摘している。

つまり、アメリカは急速にモバイル端末を中心に活動する社会になりつつあるということだ。それが究極的に意味するところは、私たちが将来、異なる場所できわめて多くの異なるフォーマットのスクリーンに囲まれて生活するようになるということだ。そこで、賢明なマーケターはこの環境に対応するために、消費者がそれぞれのスクリーンで最も好意的な反応を示す広告を作れるようにしようと努力するはずだ。

それはまた、私たちの脳が求め、必要とし、期待することでもある。

3スクリーン間の差異

3スクリーンの世界に関して、私たちが行った綿密な調査の結果をもう1つだけ紹介しておこう。この場合、従来の3スクリーンは、テレビ、インターネット（デスクトップPCとノートPCで閲覧することを前提としている）、そしてモバイル端末（携帯電話とその他の小型携帯ディスプレイ機器）の3カテゴリーとして定義されてきたことを念頭に置いてほしい。

神経学的総合効果――動的でペースの速い展開、バナー風の広告、そして女性にフォーカスした内容の広告は、インターネットの方が高いパフォーマンスを期待できる。

注目――モバイル端末上で展開された広告の大半では、注目の数値が最も高かった。これは、モバイル端末ではスクリーンが小さいので、メッセージを読み取るために注意を集中する必要があって、自発的な注目が高まるためだ。

感情関与――テレビの大画面は、CM内の人間的要素や詳細部分まで細かく映し出すので、最も高い感情関与の数値を出すことに貢献する。だが、速いペースで切り替わるイメージを使用している場合は、インターネットの方が感情関与の数値は高まるはずだ。一方、モバイル端末ではスクリーンが小さいため、人の顔やその他の感情に働きかける主要な広告要素を明確に表現することが難しい。そのため、どうしても感情関与は低めに抑えられてしまう。

記憶保持――モバイルとインターネットの環境は、調査の対象になった広告の大半で記憶保持を大幅に高める効果があったことが確認されている。これは、小さなスクリーンを見る際に自発的に注意を集中する必要があることから生じた利点だ。

説得力（購入意向）――テレビとモバイル端末で使われるスクリーンは、視聴者の気が散る心配をせずにビデオに注意を集中させられるため、説得力（購入意向）を高めるという点で優れている。

新奇性――新奇性の数値が最も高かったのはモバイル端末で、新製品の導入を宣伝する広告に最適だ。

ソーシャルメディア

ソーシャル基本ソフト（OS）

今、大衆向けマーケティングの測定基準は、4億人のフェイスブック利用者によって書き換えられようとしているのだろうか。冬季五輪のスポンサーになったある大手企業についてニューロフォーカス社が行った調査によれば、フェイスブックだけではなく、他のソーシャルメディアの利用者も同じ方向を目指していることを強く示唆する結果が出た。つまり、私たちが世界的な「ソーシャル基本ソフト（OS）」と定義するそれが、マーケティングそのものを大きく作り変えようとしているのだ。私たちは、脳波の測定と分析を通じて、この現象が複数のプラットフォームで消費者の潜在意識に与えている影響を数値化しようと試みている。

従来のマーケティングにおいては、ハードウエア（3つのスクリーン）と流通経路に焦点が当てられていたが、そこには世界レベルでマーケティングに変革をもたらしているより大きな現象への視点が欠けていた。企業はもはやこうした「たこつぼ」的アプローチへの執着を捨て、新たな「ソーシャルOS」に注意を移した方がはるかに賢明だ。**もはやメディア（媒体）はメッセージではない。消費者が持つブランドに対するイメージは、コンテキストに左右される部分が大きい。**

この種の調査では初の試みとして、ニューロフォーカス社は、「人生の旅」というテレビCMに対する消費者の反応を測定するために神経学的調査を行った。これは、国際的なクレジットカード会社のＶｉｓａ（ビザ）が、２０１０年冬季五輪を中心に展開したマルチメディア・キャンペーン「ゴー・ワールド」の一環として制作した広告である。その際に、私たちはＶｉｓａのネット上のマーケティング・プラットフォームとして立ち上げられた新しい特設サイトとフェイスブック・ページに広告を掲載し、視聴者の潜在意識反応を測定した。同時に、五輪期間中にテレビで放映されたＣＭに対する反応も調査した（この調査は、ニューロフォーカス社の独自の研究目的のために実施され、Ｖｉｓａやその関連企業、またはその他の団体によって委託されたものではない）。

神経学的調査で明確になったのは、ソーシャルメディアがマーケティングのコミュニケーション・プラットフォームとして発揮しうる強力なパワーだった。以下にこの調査の最も重要な成果を紹介しておこう。

●広告が最も高い神経学的総合効果の数値を示した媒体（特に女性に対して）――フェイスブック。
●広告が最も高い説得力（購入意向）の数値を示した媒体――フェイスブックとテレビ。
●広告のメッセージが最も強力に伝えられた媒体――インターネット・プラットフォーム。特にフェイスブックが他のウェブサイトより優れた効果を示した。
●最も高い注目を達成した媒体――インターネット。
●Ｖｉｓａのブランドイメージが最も強化された媒体――テレビ。

この調査は、大規模な世界的消費者マーケティング・キャンペーンの有効性が、現在最も重要な複数のコミュニケーション・プラットフォームにおいて神経学的に測定された初めてのケースである。調査結果は、ソーシャルメディアがいかに現代社会に浸透し、強力な影響力を持っているかを明らかにした。だが、ソーシャルメディアはもはや、それを配信する媒体によって定義することはできない。フェイスブックはすでに高精細大画面テレビ、ｉＰｈｏｎｅ、ノートＰＣ、デスクトップＰＣ、それにｉＰａｄからも閲覧することが可能だ。

マーケティング・コミュニケーションへの投資を最適化したいと考えている企業にとって、世界的な「ソーシャルＯＳ」という存在は大きな戦略的意味を持っている。これまで、ソーシャルメディアにはマーケティング・ミックスで果たせる特別な役割があるという主張には、科学的確実性が欠けていた。だが、私たちは、この重要な質問への回答を得るために、ＥＥＧによる神経学的調査を行った。現在、これ以上に正確で信頼のおける測定方法は存在しない。それに頼って意思決定を行うクライアントがいるのもそのためだ。

ソーシャルメディアを日常生活や活動の一部として組み込むユーザーや企業が増えるに従い、ニューロマーケティングの原理も間違いなくこの急速に成長する分野でより重要な役割を果たすことになるだろう。もっとはっきり言ってしまえば、神経学的観点から見て、私たちが現在持っている脳の仕組みに関する知識を応用するのに、ソーシャルネットワークほど理想的なカテゴリーはない。

人の顔を前面に

私たちが直接意識することはなくても、多くの人がフェイスブック、マイスペース、ツイッターといったソーシャルメディアに引き付けられるのは、人の顔がアップロードされていることが多いからだ。人間は、神経学的に人の顔に引き付けられてしまうようにできている。あなたがマーケターなら、これを利用しない手はない。つまり、これらのサイトでメッセージを発信する際には、必ず人の顔を中心的要素として盛り込む必要があるということだ。

フィルタリングをどうすり抜けるか

ソーシャルメディアの最前線、そしてモバイル機器による通信全般で確実に機能している主要な神経学的原理の1つに、「フィルタリング（情報選別）」というものがある。これは、前頭前皮質が脳の他の領域を代表して、リアルタイムで継続的に起動し、調整しているプロセスだ。五感のすべてを通じて、毎日、毎秒、あらゆる状況であらゆる方向から送り込まれてくる刺激情報をすべて数え上げてみれば、潜在意識にいかに膨大な負荷がかかっているか、その一端が垣間見えるだろう。

フィルタリングとは、受け取る刺激情報を取捨選択するプロセスで、一種の綱渡り的作業である。その過酷さは空港管制官以上で、シカゴのオヘアやロンドンのヒースローといった大空港のピーク時でさえ子供の遊びに見えるほどだ。

脳は送り込まれてくる刺激情報を選別して、何が必要不可欠で何がそうでないか、また何を優先して何を無視したり捨てたりしてもかまわないかを判断していく。マルチチャンネル、マルチデバイス、マルチタスクが当たり前となった日常生活で、増える一方の情報を脳はフル回転で処理していく。もし脳が大量のデータを仕分けせずに垂れ流しにするようなことがあれば、私たちはその情報量に圧倒され、たちまち神経学的に立ち往生してしまうだろう。そうなると、生死を分けるような重大問題と、昼食は何にするかといった些細な悩みが同列で扱われる。要するに、私たちは完全な麻痺状態に陥ってしまうわけだ。

たとえば、あなたがリビングでソファに腰掛け、薄型テレビを見ながらツイッターをしているとしよう。あなたはすぐに、そばにあるノートPCかデスクトップPCの前に移動し、興味深い情報をウェブから引き出そうとする。その間、あなたの潜在意識はあなたの行動と、五感を通じて送り込まれてくる刺激情報のすべてを観察し続けている。何メガバイトもの大量のデータをミリ秒単位で取捨選択し、あなたの注目に値する情報かどうか瞬時に判断を下していく。

このマルチスクリーン、マルチメッセージの世界において、マーケターが直面する最大の課題は、潜在意識がかけているフィルタリングをどうすり抜けるかというものだ。以下に、ソーシャルメディアを利用したマーケティングに応用できそうな神経学的ベストプラクティスをいくつか紹介しておこう。

注意を引くなら可能な限り早急に

あなたのメッセージが脳の注意を引き付けるためのチャンスは時間的にほんのわずかだ。時間内に目的が達成できなければ、無視されるか消されてしまう。そうならないためにも、潜在意識の注意を引くような優れた内容のメッセージは絶対に欠かせない。この目的を果たすためには次のような仕掛けが役に立つかもしれない。

- コピーに「動き」を表す言葉を使う。脳は、控え目な表現や受け身の表現よりも、動的な表現を重視する。
- パズルを使って脳を喜ばせる。脳は、簡単ですぐに解けるパズルに引かれる。できれば言葉を使ったパズルよりも、目で見て解くパズルの方が好ましい。
- 質問をする。自分もかかわりを持つ形で、地域社会に関連したテーマについて質問をすると、主に女性の視聴者の注意を引きやすい。
- 男性の視聴者に対しては、即座に返答するように要請する。直接的に「行動せよ」と訴えた方が潜在意識に回答するきっかけを与えられる。

なるべく単純化する

脳にとっては、メッセージがなるべく受け取ったり理解したりしやすい内容になっていることが望ましい。ソーシャルメディアの世界では、マーケティングのメッセージの量を増やしても必ずしも良い結果を生むとは限らない。

均一性を維持する

異なるウェブサイトは異なるフォーマットを採用しているため、メッセージの伝え方も根本的に変えた方がいいと誤解してしまうマーケターがいる。たとえば、フェイスブックに掲載した内容をそのままツイッターに無理やり詰め込むのは、スペース上の問題もあって好ましくない。だが、企業やブランドが情報発信している各種のソーシャルメディアのプラットフォームにおいては、肝心な部分の類似性や均一性をできるだけ維持すべきだ。一番重要なコピー（前述の「動き」を表す言葉に関する説明を参照）、一番重要な視覚情報（顔）、そしてそれ以外の主要な要素を中心に統一性を図るのがいいだろう。

脳は慣れ親しんだ状況を探し求める。そして、常に大量の情報に埋もれて圧倒されそうになりながら、そこから何らかのつながりや関連性を見つけ出そうとする。そのため、識別しやすい目印を配置しておけば、脳はそのつながりに気付き、潜在意識があなたの広告に注目と記憶保持という究極の報酬を与えてくれる可能性が広がるはずだ。

脳を「喜ばせる」方法

広告に色彩、音声、型破りで目立つコピー、シンボルなどの独自色を盛り込み、差別化を図れば、脳の注意を引けるかもしれない。その場合、異なるソーシャルメディアにおいても、プラットフォームの条件が許す限り、一貫して同じ広告を使うようにすれば、視聴者の脳は周囲の環境に慣れ親しんだ要素を見つけたいという欲求とニーズを満たされて「喜ぶ」はずだ。

「3スクリーン」から学んだ教訓に従う

感情に訴える広告の効果を最大化するためには、脳にコンテキストを与える必要がある。これは、この種の広告が、従来のテレビのように比較的大型で長めのフォーマットに適している最大の理由の1つだ。その用途からして、ソーシャルメディア・プラットフォームは小型スクリーンで視聴されることが多く、長尺の広告はなじまない。ポイントは、従来のメディアと違って多くの刺激を与えることに適さないソーシャルメディア・プラットフォームで、いかにしてユーザーの本能に訴え、瞬時に感情的な反応を引き起こすかだ。

広告内で使われている「動詞」から、より本能的な反応を引き起こしやすいものを選んでさらに手直しをするというのも1つの方法だ。たとえば、「勝つ」「稼ぐ」「学ぶ」「儲ける」などの動詞は、潜在意識を刺激して注意を引くのにぴったりだ。

この章で学んだこと

●感情に訴える広告は、従来のテレビに適している。
●モバイルとインターネットのプラットフォームは、事実に訴えるタイプの広告に適している。
●人の顔は根源的に重要だが、小型スクリーンでは本来の有効性を発揮できない。
●モバイル・プラットフォームは、特に新製品の市場導入を伝える広告に適している。
●ソーシャルメディアでは、パズルや質問で脳を楽しませるとうまくいく。

第18章 未来へのビジョン

人間の脳ほど魅力的で興味深いテーマはない。本書の狙いは、その人間の脳が何に魅了され、何に興味を引かれるのかをひとつの視点から徹底的に追求することだ。

何が脳を引き付け、感情関与を高め、喜ばせ、説得し、実際に買うという行動に導くのか。本書をここまで読み進めてくれた読者は、自分自身や、クライアント、そして消費者の脳について新たな見識を得られたことを願っている。

今日のグローバル経済において、消費者は日常的に膨大な量のマーケティング・メッセージと接触し、無数の購買機会に遭遇している。彼らは今年も、合計で何兆ドルにも上る買い物をすることによって、あなたのブランド、製品、パッケージ、メッセージ、あるいは店舗環境の「出来不出来」に評価を下すことになるだろう。だが、心配はご無用だ。**もし、あなたのメッセージが確たる意図と妥当性と明確さを兼ね備えてさえいれば、消費者は必ず聞く耳を持っているのだから。**

必要なのは、消費者の本当のニーズや欲求を正確に把握するために、本書で紹介した神経科学の成果に基づく原理を利用することだ。もはや、当て推量と大差がない方法や、言葉で表面的な印象を語らせるだけの調査手法に頼ってはならない。

製品のプロモーションや広告に最先端の神経科学の知識を活用すれば、マーケターと消費者の間に新たなパートナーシップが成立すると私は考えている。そんな新時代の幕開けを彩るのは、消費者の欲求と合致した広告、製品、パッケージ、そして店舗環境であるはずだ。広告は人を引き付けるコンテンツで構成されているはずだし、製品、パッケージ、店舗環境は、消費者が言葉にする前から心の奥で抱えている本当のニーズや欲求に応えるようにデザインされているはずだ。また、それらを担当するのは、脳について詳細な知識を持ち、その構造や仕組みを理解し、尊重できる人間でなければならない。

本書で概略を説明した戦略が成功する理由は、脳が好きなことや、賢い選択や決定を行うために必要とすることに重点を置き、それらを「脳にとって最も親しみやすい」形で提示しているからだ。私たちは、ニューロマーケティングのベストプラクティスから導き出された新たな洞察を、ぜひあなたの企業のマーケティングや製品開発に活用していただきたいと考えている。そして、これらの原理や成功例に基づき、新たな創造性の時代を一緒に切り開いていくことを提案したい。

ミッションを再確認

第1章で約束したように、本書では「買いたくなる脳」がどう機能するか――脳は何に魅力を感じ、どうやって好き嫌いを決め、そして、どのようなプロセスで最終的には「受け身のショッピング脳」から、「主体的な買い物する脳」へと重要な変身を遂げるのか――について学んできた。

ある章では、太古の昔に私たちの祖先が過ごした1日を振り返り、人間の脳は過去10万年間にほとんど変化していないにもかかわらず、私たちを取り巻く環境は大きく変わってしまったことを確認した。

この新しい組み合わせ——現代社会に生きる原始的な脳——が登場したのは、人類史上初めてのことであり、私たちにきわめて大きな課題と機会を突き付けている。

嵐の後の晴天

実のところ、私たちが脳について知っている事実の大部分は、ここ数年の発見に基づいたものだ。そして、さらに驚くべきことに、今日わかっている事実もまだ、脳という巨大な氷山の一角にすぎない。私たちは新たな知識のうねりに乗せられ、その巨大な力に運ばれようとしている。脳に関する新知識、そしてそれを得るために使われている新技術は、私たちの想像を超える規模で発展を続けている。

これは歴史上、きわめてまれな現象だ。様々な事象が重なり合って、突如として新たな展望が目の前に開ける。それは、ある意味で嵐の後に晴天が訪れる現象と似ていないこともない。それが収束する時に水平線に現れるのは、透き通るほどの明確な未来像とゾクゾクするほど新鮮なアイデア、それにそれらを実行する手段である。

たとえば、天文学と星を使った伝統的な航海術が、何ヵ月もどこにも寄港しなくても乗員や乗客が生活できる艦船の建造技術と組み合わさった時、人類は地球が平らではなく丸いことを発見した。また、蒸気と電気を一般大衆のために利用することが可能になった時、かつての農耕社会から都市が生まれ、産業化時代が到来した。1953年に、ジェームズ・ワトソンとフランシス・クリックがDNAの立体構造である二重らせんを発見すると、それをきっかけにヒトゲノム（人間の全遺伝子情報）に関する数多くの発見が行われ、今日まで続く医療革命の発端となった。同時に、アメリカで7900万人のベビーブーマーが一斉に成年に達すると、幼年期、青年期、そして人生のすべてのライフステージの再定義を余儀なくされた。その過程で、この世代は1つの戦争を終結させ、世界を変えることに成功した。

今日、私たちは、リアルタイムで脳全体の活動を観測する能力とその結果から意味を抽出するコンピューター解析能力を組み合わせることで、より効果的で確実に結果を出せるマーケティングを実現できるようになった。その結果、私たちもまた、消費者に関する本質的理解という「晴天」に遭遇した。嵐の後に訪れた明るく澄み切った青空の向こうには、マーケティングの未来像が見渡せた。

ここで最後に、世界全体、そしてまだ成長過程にある私たちの専門分野において今後何が期待できるのか、簡単に触れておこう。

不可避なイノベーション

将来的には、神経科学がもたらす洞察は、生活のあらゆる側面に影響力を及ぼすことになるだろう。目覚まし時計は、私たちのレム睡眠とノンレム睡眠のサイクルに合わせて鳴り響くようになる。エクササイズマシンは、健康な体作りのために速足で歩く方法をコーチし、私たちの尻を叩く。通勤途中の車内で、自家用車は私たちの気分を見極め、それに合わせて音楽、情報、電話による会話などを提供する。

エンターテインメント業界の人々は、神経科学を使って誰もが喜ぶコンテンツの制作に乗り出す。シェフたちは、楽しく新鮮な料理で意表を突き、私たちの舌を驚かせてくれるだろうし、ミュージシャンたちは、脳の反応に基づいてメロディを微調整するだろう。教育者たちは、学習する脳の意表を突き、喜ばせるような教科書やインタラクティブな教材を用意するはずだし、ビデオゲームのデザイナーは、ユーザー個人個人の脳の遊び方に最適化したゲームの作り方を学ぶだろう。脳のフィットネスは体のフィットネスと同じくらい大切な問題と見なされるようになり、脳が必要とする情報や刺激を与えるのは、体が必要とする栄養素を与えるのと同じくらい重視されるようになる。

メーカー、広告主、そして小売業者の中で生き残れるのは、深層心理の最も深いレベルで消費者を知ろうとする努力を怠らない者だけだ。時代遅れの考え方にしがみつく（あるいは、消費者を無名の統計データのようにしか扱わない）人たちは、急速に競争から脱落し、消えていく運命にある。

生き残る企業の研究チームは、このイノベーションが不可避であることを認め、最先端の神経科学の成果を製品開発にすんなりと組み込んでいくはずだ。今後は、「コンジョイント分析（消費者が最も好む製品仕様などの組み合わせを明らかにする分析）」のような従来の統計的手法とニューロマーケティングの連携プレーが当たり前になるだろう。製品、価格、プロモーションなどで競合と差別化を図るマーケティング・ミックスの手法は、ニューロマーケティングの変数や指標とよくなじむはずだ。インタビュー調査も、言葉で伝えられる情報と神経学的な識見を融合させることで、消費者の好みやトレンドについて、より信頼性の高い指標を提供できるようになる。

実際に、こうした傾向はすでにかなり浸透しつつある。現在、一部の大学ではニューロマーケティングをＭＢＡプログラムに取り入れ、脳のデータを重視する新世代のマーケターを養成する試みに取り組み始めている。広告代理店もクリエイティブチームを強化する目的でニューロマーケターの採用を始めており、大学の心理学部では認知神経科学のブームが起きて受講者が急増している。世界各地で神経科学の研究施設が設立され、その規模も大きくなって実業界にかかわるより多くの要素を研究対象としている。

ニューロマーケティングはもはやグローバルな現象となり、バイラル（口コミ）マーケティングだけでなく、トライブ（商品が提案するライフスタイルを選択する消費者集団）を通じて行うトライバル・マーケティングにも取り入れられ、世界の津々浦々にまで新しい知識の恩恵をもたらしている。

この素晴らしい惑星を共有するすべての脳にとって幸いなことに、神経科学の革命は、誰がどんな製品をどんな理由で買うのかを知る手段を提供するだけでなく、はるかに広範な累積効果をもたらした。これは決して思い上がりではなく、合理的な楽観主義に基づいて言うのだが、今日の技術発展はすべての人間の生活をある程度までは改善してくれるはずだし、一部の人たちの生活に関しては、今日想像できる範囲を超えて飛躍的に改善されるはずだ。たとえば、今後2、3年の間に、神経科学は重度の身体障害がある人々に従来よりもはるかに優れた治療法を提供できるようになるだろう。以下に、その例をいくつか挙げておこう。

●全身が麻痺しているが、意識は保たれているため、自分が脳の中に閉じ込められているような状態の「ロックドイン症候群」の患者に、パソコンのキーボードを見るという単純な作業を通じて、自分の考えや気持ちを伝えられるようにする。

●ロボット工学を応用して、全身麻痺患者の脳内から送られる微小な信号に反応して動く装置を開発し、患者が初めて自分の力で好きな場所へ移動できるようにする。
●視神経と信号のやり取りができる人工網膜を開発し、全盲の人でも視力が回復できるようになる。
●脊髄損傷患者から神経信号を受け取って、義肢に伝える手段を開発することにより、それを上手に操作して歩いたり、座ったり、立ったりするなど、普通に活動できるようにする。
●アルツハイマー病、パーキンソン病、ADHD（注意欠陥・多動性障害）、自閉症、脳性麻痺、うつ病、不安神経症、線維筋痛症、神経障害性疼痛、双極性障害、躁病、統合失調症、そして睡眠障害などを含む様々な障害に関する理解と効果的な治療法を提供できるようになる。

これ以外に、以下に関しても期待してよさそうだ。

●PDA（携帯情報端末）で自分の体をスキャンして健康をチェックし、異変があった場合でも手遅れにならないうちに驚くべきスピードで対応できるようになる。
●子供の教育方法に関してコペルニクス的転換が起きる。21世紀の神経科学の知識を巧みに取り入れて活用することで、脳の関心を引き、快感を与える教育方法が実現し、学習熱心な脳に感情関与させ、注意を引き付け、そして記憶を高めることが可能になる。これは大人の学習方法についても同様だ。
●住人の認識能力、感情、そして肉体の健康にプラスの効果があり、創造的思考を促すような建築デザインが可能になる。

最後に、紀元前200年に聖仙バラタが書いたとされる古代インドの演劇理論書『ナーティヤ・シャーストラ』から次の言葉を引用しておこう。

両手がおもむくところへ、目はすでにおもむいている。
目がおもむくところへ、心はすでに飛んでいる。
心が飛んだところへ、気持ちはすでにおもむいている。
気持ちがあるところへ、人生もまたおもむくだろう。

ニューロマーケティングの秘密は、私が生まれるよりはるか以前に、聖仙バラタによってすでに解き明かされていたようである。

謝辞

本書の執筆、そしてニューロマーケティングという新分野の創設に際しては、多くの方々のご協力を仰いだ。

ニューロフォーカス社のすべてのクライアントの皆様には、未知の研究分野に挑戦する機会を与えていただいた。また、世界各地のニューロフォーカス社社員の卓越した頭脳と信じられないほどのハードワークがなければこうした洞察を引き出すことは不可能だっただろう。特に、ライターのジュリー・ペンフォールドとトム・ロビンスの2人は、言葉の魔術によってニューロマーケティングの考え方を的確な文章表現に置き換え、生き生きとした物語に仕立て上げてくれた。

ロバート・T・ナイト博士には、人間の脳の神秘を明らかにし、神経科学をビジネスの世界で応用する道を切り開くというパイオニア的役割を担っていただいた。

ラムとデイブはこれらのアイデアを実現するための技術的なインフラ環境を整備してくれた。キャロライン・ワイネット、ラス・ダナム、アンドルー・ポールマン、ディーパク・ヴァルマ、ホアキム・カルヴェネス、スティーブ・ミラー、スティーブ・ゲンコとは本書の構成とアイデアの元となった実りある議論を重ねた。ミハエル・レビンソンとカルティック・カシナタンはデータの収集と分析において並はずれた技量を発揮してくれた。ジャック・レスターは、私が本書を執筆している期間中、職場の業務を代行してくれた。ロナン・ギャドットとフェリペ・ハラミージョには、ニューロフォーカスを世界各地に紹介する手助けをしてもらった。オクサナ・テイコルツは素晴らしいカバーデザインを手掛けてくれた。ニューロフォーカスのマーケティング部門は、本書の原稿を私のパソコンから引き出し、実際に本にしてくれた。アジット・ナズレ、レイ・レーン、ジョン・ドーアの3人は、ニューロフォーカスを何としても華々しい成功に導くという私の決意を一層強めてくれた。アル・グーラとジム・ジョンソンは、ニューロマーケティングという分野そのものがまだ存在しない時期から私を支え続けてくれた。

ニューロフォーカス研究顧問たちには、私たちのすべての研究や事業のまさに根幹にかかわる部分で卓越した貢献をしていただいた。

ニールセンのデイブ・カルフーン、トム・マストレリ、ジョン・バーバンク、イツハク・フィッシャー、シンディ・シン、デイブ・ハークネス、スーザン・ホワイティング、デイブ・トーマス、フランク・スタリアーノの各氏は素晴らしいパートナーとして支えてくれた。

ジャヤー・クマール、アン・ムーカージー、パム・フォーバス、ミシェル・アダムス、クリスティーン・カルヴェネス、ジャック・マークワート、スティーブ・スプリングフィールド、クレイグ・ワイネット、リカルド・ウングリア、エフライン・ロサリオ、ベッツィー・カズナー、スタン・スタヌナタン、デイビッド・ポルトラック、メル・バーニング、フランク・クーパー、アラン・ワーツェル、ホルスト・スティップ、ペーター・ライムバハ、ヨン・マンデル、クリス・モロニー、ヨン・パク、ダーモット・ボーデン、グァヌ・ナム、グレゴリー・リー、ビュント・ユン、パトリシア・ロクサス、ロバート・アテンシオ、ラモン・ポーティラ、リック・スミスの各氏、そして米広告調査協会とジャック・ワクシュラグからは、アイデアとインスピレーションをいただいた。

■索引

【ハ行】

【マ行】

【ラ行】

【ワ行】

【A-Z ／数字】

■情報ソースと参考文献

関心のある読者のために、本書で扱った様々なトピックに関する情報ソースと参考文献を以下に記した。本書は高い専門知識を持つ科学者以外の人を対象としているため、専門的な情報ソースは最小限に抑えた（ウェブサイトの情報は原書刊行時のもの）。

第1章　脳の「説得」は1兆ドルの難題

脳で意識をつかさどる領域と潜在意識をつかさどる領域の情報処理能力の間に大きな差があることに関しては、次の本に詳しく書かれている。Timothy D. Wilson, *Strangers to Ourselves: Discovering the Adaptive Unconscious* (Cambridge MA: Belknap Press of Harvard University Press, 2002), 24.（『自分を知り、自分を変える——適応的無意識の心理学』村田光二訳、新曜社、2005年）

第2章　ニューロマーケティングの技術

EEGデータの収集の基本に関しては、最小限必要な電極数やアーティファクト（まばたき、眼球運動などが原因で起きる脳波以外の「ノイズ」）除去などを含め、神経科学に関する大学院レベルの学習プログラムでカバーされている。きわめて良質の情報ソースとしては、以下の2冊がある。Paul L. Nunez and Ramesh Srinivasan, *Electrical Fields in the Brain: The Neurophysics of EEG* (Oxford: Oxford University Press, 2006); and David Regan, *Human Brain Electrophysiology: Evoked Potentials and Evoked Magnetic Fields in Science and Medicine* (New York: Elsevier, 1989).

「ある事象にどう反応したかを質問された被験者の脳は、回答する際に本来記録してあったデータを書き換えてしまう」(026ページ)。広告の世界で見られるこの現象に関しては、次の論文でわかりやすい例が紹介されている。Kathryn Braun et al., “Make My Memory: How Advertising Can Change Our Memories of the Past,” *Psychology and Marketing* 19, no. 1 (January 2002):1-23.

EEG調査の被験者数に関して最も重要なのは、予想される結果に統計的に意味のある差を生じさせるために必要なデータポイントの数を計算することだ。その方法については、ほとんどの統計学の教科書に書かれているが、よく使われているものに次の本がある。Jacob Cohen, *Statistical Power Analysis for the Behavioral Sciences*

(New York: Academic Press, 2nd Edition, 1988).

消費者反応の測定方法としてのfMRIの欠点に関しては、ブログ「Mind Hacks」の次のエントリが参考になる。"The fMRI Smackdown Cometh," June 26, 2008 (http://mindhacks.com/2008/06/the-fmri-smackdown-cometh/).

バイオメトリクスの長所と限界については、膨大な量の文献が存在するが、入門書としてお薦めするのはJohn L. Andreassi, *Psychophysiology: Human Behavior and Physiological Response*, 5th ed. (Mahwah, NJ: Lawrence Erlbaum, 2007).(『心理生理学――ヒトの行動と生理的反応』辻敬一郎訳、ナカニシヤ出版、1985年、原本は改訂前の版)

第3章　**消費者の脳は10万年前と同じ**

「実のところ、私たちの脳は代謝面だけを考えると運用コストが最も高い器官だ。体全体の3%の重さしかないのに、消費エネルギーの最大20%を食ってしまうのだから」(038ページ)。これについては以下を参照。Este Armstrong, "Relative Brain Size and Metabolism in Mammals," *Science* 220, no. 4603 (June 17, 1983), 1302-1304.

進化、利他主義、血縁選択説に関してはRichard Dawkins, *The Selfish Gene* (Oxford: Oxford University Press, 1976).(『利己的な遺伝子<増補新装版>』日高敏隆、岸由二、羽田節子、垂水雄二訳、紀伊國屋書店、2006年)

Lee Alan Dugatkin, *The Altruism Equation* (Princeton: Princeton University Press, 2006).

欺瞞に関しては"Deception http://www.sunypress.edu/p-158-deception.aspx" December 1985.

William A. Searcy and S. Nowicki, *The Evolution of Communication: Reliability and Deception in Signaling Systems* (Princeton: Princeton University Press, 2005).

人類が進化の過程で遺伝子の多様性を失った「ボトルネック」の時代に関しては以下を参照。Richard Dawkins, *The Ancestor's Tale: A Pilgrimage to the Dawn of Life* (Boston: Houghton-Mifflin, 2004), 416.(『祖先の物語――ドーキンスの生命史』上・下巻、垂水雄二訳、小学館、2006年)

第4章　**脳科学入門**

脳の構造に関しては次の本に詳しい。Malcolm Carpenter and Jerome Sutin, *Human Neuroanatomy*, 7th ed. (London: Williams & Wilkins, 1976).(『カーペンター　神経

解剖学』第8版、近藤尚武、千葉胤道訳、西村書店、1995年)

第5章　買いたくなる脳と五感の関係

みずみずしく美しい文体で書かれた五感に関する概説については Diane Ackerman, *A Natural History of the Senses* (New York: Vintage, 1991). (『「感覚」の博物誌』岩崎徹、原田大介訳、河出書房新社、1996年)

体が知覚体験をどう「地図」に描くかに関する概説。Sandra Blakeslee and Matthew Blakeslee, *The Body Has a Mind of Its Own* (New York: Random House, 2007). (『脳の中の身体地図——ボディ・マップのおかげで、たいていのことがうまくいくわけ』小松淳子訳、インターシフト、2009年)

肉体的外見の効果に関しては以下を参照。Ray Bull and Nichola Rumsey, *The Social Psychology of Facial Appearance* (New York: Springer-Verlag, 1988). (『人間にとって顔とは何か——心理学からみた容貌の影響』仁平義明監訳、講談社、1995年) ; Kate Lorenz, “Do Pretty People Earn More?” CNN.com, July 11, 2006; and Helene Cavior, Steven Hayes and Norman Cavior, “Physical Attractiveness of Female Offenders,” *Criminal Justice and Behavior* 1 (1974): 321-331.

食物への渇望を神経生物学的見地から研究した本としては C.E. Fairburn and P.J. Cooper, *Identical Twins and Food Cravings* (Toronto: University of Toronto Press, 1982).

犬の驚異的な嗅覚に関しては Hywell Williams and Andres Pembroke, “Sniffer Dogs in the Melanoma Clinic,” *The Lancet* (April 1, 1989).

第6章　高齢脳が買い物をする時

アルツハイマー病に関する最新の統計について “Alzheimer's Disease,” *New York Times*, Thursday, February 4, 2010.

老齢化の進んだ脳の肯定的な側面に関して Roberto Cabeze et al., “Aging Gracefully: Compensatory Brain Activity in High-Performing Older Adults,” *NeuroImage* 17 (2002): 1394-1402.

Gaolang Gong et al., “Age- and Gender-Related Differences in the Cortical Anatomical Network,” *The Journal of Neuroscience* 29, no. 50 (2009): 15684-15693.

Dixon Gunning et al., “Age-Related Differences in Brain Activation during

Emotional Face Processing," *Neurobiology of Aging* 24 (2003): 285-295.

Elizabeth Kensinger and Daniel Schacter, "Young and Old Brains Differ in Encoding Positive Information," http://mitpress.org/cgi/content/20/7/1161.

Elizabeth Kensinger and Daniel Schacter, *Neural Procesess Supporting Younger and Older Adults' Emotional Memories* (Boston: MIT Press, 2008).

M. Mather et al., "Amygdala Responses to Emotionally Valenced Differences in Brain Activation during Emotional Face Processing," *Psychology Science* 15 (2004): 259-263.

Sara Reisand-Long, "Older Brain Really May Be a Wiser Brain," *New York Times*, May 20, 2008.

Patricia A. Reuter and Cindy Lustig, "Brain Aging: Reorganizing Discoveries about the Aging Mind," *Current Opinion in Neurobiology* 15 (2005): 245-251.

Barbara Staunch, "How to Train the Aging Brain," *New York Times*, December 29, 2009.

Williams et al., "The Mellow Years? Neural Basis of Improving Emotional Stability over Age," *The Journal of Neuroscience* 26, no. 24 (June 14, 2006): 6422-6430.

第7章　**女性脳が買い物をする時**

女性脳に関する最も信頼のおける解説は Louann Brizendine, *The Female Brain* (New York: Broadway Times, 2006). (『女は人生で三度、生まれ変わる――脳の変化でみる女の一生』吉田利子訳、草思社、2008年)

現代の職場における女性脳に関する詳細な解説については Helen Fisher, *The First Sex: The Natural Talents of Women and How They Are Changing the World* (New York: Ballantine Books, 1999). (『女の直感が男社会を覆す』上・下巻、吉田利子訳、草思社、2000年)

出産して母親になると女性脳の機能が高まることに関しては Katherine Ellison, *The Mommy Brain: How Motherhood Makes Us Smarter* (New York: Basic Books, 2005). (『なぜ女は出産すると賢くなるのか――女脳と母性の科学』西田美緒子訳、ソフトバンククリエイティブ、2005年)

若い女性の自尊心に関してもっと深く知りたい場合は次の論文を読むといい。

Robert Josephs, et al., "Gender and Self-Esteem," *Journal of Perspectives of Social Psychology* 63, no. 3 (1993): 391-402.

女性の経済的影響力に関しては Michael Silverstein and Kate Sayre, "The Female Economy," *Harvard Business Review* (September, 2009), 46-53; and Marissa Miley and Ann Mack, "The Rise of the Real Mom," *Advertising Age*, White Paper (November 16, 2009).

男性と女性の話し方の違いに関して Deborah Tannen, *You Just Don't Understand: Women and Men in Conversations* (New York: William Morrow, 1990).(『わかりあえない理由――男と女が傷つけあわないための口のきき方10章』田丸美寿々、金子一雄訳、講談社、1992年)

脳卒中に襲われた女性の神経解剖学者が女性の視点で女性脳に関して語ったこんな本もある。Jill Bolte Taylor, *My Stroke of Insight* (New York: Penguin Books, 2006).(『奇跡の脳』竹内薫訳、新潮社、2009年)

第8章　**母親脳が買い物をする時**

母親脳に関する最新の研究成果についての素晴らしい概説は次の本にある。Katherine Ellison, *The Mommy Brain: How Motherhood Makes Us Smarter* (New York: Basic Books, 2005).(『なぜ女は出産すると賢くなるのか――女脳と母性の科学』西田美緒子訳、ソフトバンククリエイティブ、2005年)

現代社会において母親であることの社会学的な意味に関しては Sarah Hrdy, *Mother Nature: Maternal Instincts and How They Shape the Human Brain* (New York: Ballantine Books, 1999).(『マザー・ネイチャー――「母親」はいかにヒトを進化させたか』上・下巻、塩原通緒訳、早川書房、2005年)

出産して母親になると起きる変化に関する画期的な研究については次の論文を参照のこと。Craig H. Kinsley and Kelly Lambert, "The Maternal Brain," *Scientific American* 294, no. 11 (January 2006): 72-79.

睡眠不足に関して詳しく知りたい場合は James B. Maas, *Power Sleep: The Revolutionary Program that Prepares Your Mind for Peak Performance* (New York: Harper Perennial, 1998).(『パワー・スリープ　快眠力――この「眠りかた」で体と脳に奇跡が起きる!』井上昌次郎訳、三笠書房、1999年)

マイケル・マーゼニックとは、母親脳の可塑性に関して、長時間にわたり意見交換を行った。

母親脳ができる過程で、脳の構造そのものに起きる変化に関しては Michael Numan and Thomas Insel, *The Neurobiology of Parental Behavior* (New York: Springer, 2003).

母親脳で新しいニューロンが形成されるプロセスについて詳しく知るには T. Shingo et al., "Pregnancy-Stimulated Neurogenesis in the Adult Female Forebrain Mediated by Prolactin," *Science* 299 (January 3, 2003): 5003.

母親になることで脳に起きるその他の変化に関しては次の論文も参考になる。C. Xerri et al., "Alterations of the Cortical Representation of the Rat Ventrum Induced by Nursing Behavior," *Journal of Neuroscience* 14, no. 3 (March 1994).

第9章　**共感脳が買い物をする時**

ミラーニューロンに関する画期的な研究について、最も信頼のおける情報ソースを2つ紹介しておこう。Marco Iacoboni, *Mirroring People: The New Science of How We Connect with Others* (New York: Farrar, Straus & Giroux, 2008).（『ミラーニューロンの発見——「物まね細胞」が明かす驚きの脳科学』塩原通緒訳、早川書房、2009年）; and Giacomo Rizzolatti and Laura Craighero, "The Mirror Neuron System," *Annual Review of Neuroscience* 27 (June 2004): 169-192.

第10章　**ニューロマーケティングの数値と測定法**

この章で取り上げられている数値と測定方法は、ニューロフォーカス社によって開発された。私たちは膨大な量の学術的成果に基づき、これらをテストして、ビジネスや消費者調査のクライアントの特殊なニーズに合うように適合させた。私たちが活用した基礎的研究の一部は、影響力の大きい以下の研究や文献で言及されている。

まず、注目に関しては Jin Fan, Michael I. Posner et al., "The Relation of Brain Oscillations to Attentional Networks," *The Journal of Neuroscience* 27, no. 23 (June 6, 2007), 6197-6206.

感情関与に関しては James A. Coan and John J. B. Allen, "Frontal EEG Asymmetry as a Moderator and Mediator of Emotion," *Biological Psychology* 67 (2004): 7-49.

記憶保持に関して Wolfgang Klimesch, "EEG Alpha and Theta Oscillations Reflect Cognitive and Memory Performance: A Review and Analysis," *Brain*

Research Reviews 29 (1999): 169-195.

説得力（購入意向）に関して John Cacioppo and Richard Petty, "The Elaboration Likelihood Model: The Role of Affect and Affect-Laden Information Processing in Persuasion," in Patrica Cafferata and Alice Tybout, editors, *Cognitive and Affective Responses to Advertising* (Lexington, MA: Lexington Books, 1989).

新奇性に関しては Robert T. Knight, "Contribution of Human Hippocampal Region to Novelty Detection," *Nature* 383, no. 19 (September 1996): 256-259.

認知・理解に関して Sabine Weiss and Horst Mueller, "The Contribution of EEG Coherence to the Investigation of Language," *Brain and Language* 85 (2003): 325-343.

第11章　**消費ロードマップ**

「消費ロードマップ」は、ニューロフォーカス社が特許を持つフレームワークの1つで、神経科学の数値をブランド、製品の選択、広告、店内での買い物、製品の使用法、そして購買後の行動に対する消費者反応の全領域と統合するために開発された。

第12章　**脳とブランド**

ブランド・エッセンス・フレームワーク（BEF）は、ニューロフォーカス社が特許を持つツールの1つで、市場に存在するブランドの主要な要素や次元を正確に記述するために開発された。

脳とブランドの関係については、興味深い文献が数多く存在する。このテーマに関する標準的な研究には以下のようなものがある。Tim Ambler et al., "Brands on the Brain: Neuro-Images of Advertising," *Business Strategy Review* 11, no. 3 (2000): 17-30; Samuel McClure et al., "Neural Correlates of Behavioral Preference for Culturally Familiar Drinks," *Neuron* 44 (October 14, 2004): 379-387; Chris Janiszewski, "Preattentive Mere Exposure Effects," *Journal of Consumer Research* 20, no. 3 (December 1993); ABI/INFORM Global, p.376; Michael Schaefer and Michael Rotte, "Favorite Brands as Cultural Objects Modulate Reward Circuit," *Brain Imaging* 18, no. 2 (January 22, 2007); and Hilke Plassmann et al., "What Can Advertisers Learn from Neuroscience?" *International Journal of Advertising* 26, no. 2 (2007): 151-175.

第13章　**脳と製品**

ニューロフォーカス社が特許を持つツールの1つに、総合的消費者体験（TCE）による方法がある。消費者体験とは、消費者が製品やサービスの利用体験から得られる効果や満足感などの心理的な価値だ。TCEは、被験者の言葉による回答だけを使ったり、それを併用したりするのではなく、神経学的測定だけに限定して、製品を利用した際の様々な知覚経験を比較し、総合的に分析するために開発された。以下に、知覚経験を測定する脳イメージング技術の基礎的研究の例をいくつか紹介しておこう。

味覚に関して J. O'Doherty et al., "Representation of Pleasant and Aversive Taste in the Human Brain," *The Journal of Neurophysiology* 85, no. 3 (March 2001): 1315-1321.

嗅覚に関しては Tyler S. Lorig, "The Application of Electroencephalographic Techniques to the Study of Human Olfaction: A Review and Tutorial," *International Journal of Psychophysiology* 36 (2000): 91-104.

聴覚（音や音楽）に関して Eckart Altenmüller , "Hits to the Left, Flops to the Right: Different Emotions during Listening to Music Are Reflected in Cortical Lateralisation Patterns," *Neuropsychologia* 40 (2002): 2242-2256; and Margaret M. Bradley and Peter J. Lang, "Affective Reactions to Acoustic Stimuli," *Psychophysiology* 37 (2000): 204-215.

新製品有効性フレームワークは、ニューロフォーカス社が特許を持つツールの1つで、言葉で表現された新製品のコンセプトに対する神経学的反応を評価するために開発された。この手法は、書かれた言葉と話された言葉への認知・感情的反応について調べた豊富な文献に基づいている。この分野での基礎的研究の一部は、次の論文で要約されている。Marta Kutas and Kara D. Federmeier, "Electrophysiology Reveals Semantic Memory Use in Language Comprehension," *Trends in Cognitive Sciences* 4 no. 12 (December 2000). 言語障害の研究から派生した技術が多い点に関しては、以下の論文が参考になる。Dennis L. Molfese et al., "The Use of Brain Electrophysiology Techniques to Study Language," *Learning Disability Quarterly* 24 (Summer 2001).

新製品や新しいコンセプトを評価するために使われる神経科学の重要なツールに「期待違反」反応と呼ばれる認知反応がある。これは、経験の一連のステップにお

いて、その流れに「マッチ」しない項目を発見した場合に、脳が期待を「リセット」する自動プロセスのことだ。消費者の価格感度を測定するためにこの反応を応用した例が、次の論文で取り上げられている。William J. Gehring and Adrian R. Willoughby, "The Medial Frontal Cortex and the Rapid Processing of Monetary Gains and Losses," *Science* 295, no. 22 (March 2002).

第14章　**脳とパッケージ**

パッケージ有効性フレームワーク(PEF)は、ニューロフォーカス社が特許を持つツールの1つで、異なるパッケージの仕方の有効性とインパクトを測定するために開発された。ある物体が何らかの形で非常に目立ち、飛び出して(ポップアウトして)いるかのように知覚される現象を「ポップアウト現象」と呼ぶ。このポップアウト現象は、パッケージの評価に不可欠な要素で、神経科学の文献では「ボトムアップの注目」と呼ばれ、数多くの研究で調査対象とされてきた。1980年代から90年代にかけて、この分野で先駆的な研究を行ったのは、アン・トレイスマンと彼女の同僚たちだった。入門的知識を得るには次の論文が役に立つ。Michael S. Ambinder and Daniel J. Simons, "Attention Capture: The Interplay of Expectations, Attention, and Awareness," Chapter 12 in Laurent Itti et al., editors, *Neurobiology of Attention* (Burlington, MA: Academic Press, 2005).

第15章　**脳と店舗環境**

「脳は、直線や鋭い縁が嫌いなので、可能な限り鋭い線や角が生じないように売場の配置を工夫すると、脳にとってより快適な買い物体験が実現できる」(296ページ)。これに関してはMoshe Bar and Maital Neta, "Humans Prefer Curved Visual Objects," *Psychological Science* 17, no. 8 (2006): 645-648.

買い物体験フレームワークは、ニューロフォーカス社が特許を持つツールの1つで、買い物と店舗環境への神経学的反応を測定するために開発された。この章では、買い物体験の異なる次元への潜在意識反応についての見解が各所で述べられている。こうした見解は、ニューロフォーカス社がクライアント企業のために、リアル環境とネット上の両方の買い物環境で行った調査に基づいている。

第16章　**脳と広告**

広告有効性フレームワークは、ニューロフォーカス社が特許を持つツールの1つで、広告メッセージへの脳の反応を評価するために開発された。この章では、動き、新奇性、誤り、あいまいさが広告の有効性に与える影響について各所で見解が述べられている。こうした見解は、ニューロフォーカス社がクライアント企業のために大量の広告を分析した結果に基づいている。これらの調査結果を根底で支えている神経科学と認知心理学に関心のある読者は、まず以下に記した論文に目を通すことから始めるのがいいだろう。

動きに対する注意度に関して Charles L. Folk and Roger W. Remington, "The Structure of Attentional Control: Contingent Attentional Capture by Apparent Motion, Abrupt Onset, and Color," *Journal of Experimental Psychology: Human Perception and Performance* 20, no. 2 (April 1994): 317-329; and Steven L. Franconeri and Daniel J. Simons, "Moving and Looming Stimuli Capture Attention," *Perception & Psychophysics* 65, no. 7 (2003): 999-1010.

新奇性に関して Mark M. Kishiyama and Andrew P. Yonelinas, "Novelty Effects on Recollection and Familiarity in Recognition Memory," *Memory & Cognition* 31, no. 7 (2003): 1045-1051.

注意を集める対象に関する概説は以下を参照。Daniel J. Simons, "Attentional Capture and Inattentional Blindness," *Trends in Cognitive Science* 4, no. 4 (April 2000).

第17章　**脳とスクリーンとソーシャルメディア**

この章で報告されている結果は、ニューロフォーカス社が、ある欧州の広告会社のために行った極秘研究プロジェクトから引き出されたものだ。同社からの依頼内容は、異なるメディアや異なるスクリーンサイズのために広告をデザインする場合、どの要素を強調すべきか知りたいというものだった。

第18章　**未来へのビジョン**

バラタ聖仙によって書かれたとされる古代インドの演劇理論書『ナーティヤ・シャーストラ』には、演劇、舞踏、音楽といった様々なインド芸能の表現方法とその原則について詳しく記してある。バラタ聖仙は、古代において脳に関する考察を行っ

た先人の1人だ。彼は8つのラサ（感情的な状態）——愛、笑い、怒り、慈悲、嫌悪、恐怖、勇気、驚き——のあらましを説明し、インドの舞踏、音楽、演劇における異なる雰囲気を分類してみせた。

著者

A・K・プラディープ［Dr. A. K. Pradeep］

米カリフォルニア州バークレーに本社を置く世界有数のニューロマーケティング会社、ニューロフォーカス社（NeuroFocus, Inc.）の創設者、CEO。神経科学（脳科学）をマーケティングや広告、パッケージ、製品開発などに導入する「ニューロマーケティング」を開拓した研究者であり、同社のクライアントにはCBS、マイクロソフト、グーグル、ペイパル、シティバンクなどのグローバル企業が名を連ねる。カリフォルニア大学バークレー校、MIT、ハーバード大学、ヘブライ大学における神経科学やマーケティング領域での研究成果を活用。2011年、ニールセンが同社を買収。

訳者

仲 達志［なか・たつし］

1954年東京生まれ。ニューズウィーク日本版の創刊プロジェクトに編集者として参加。副編集長を務めた後、マイクロソフトのポータルサイト「MSN」でウェブマガジンの創設などに携わる。マネージングエディターを経て、現在フリー。訳書に『父さんのsh*t発言、つぶやきます――毒舌オヤジとぼくとツイッター』がある。

監訳者

ニールセン ジャパン［Nielsen Japan］

100ヶ国以上でビジネスを展開する世界有数の情報・調査企業、ニールセンの日本法人。様々なマーケティング情報を洗練された分析手法を用いてクライアントに提供している。日本におけるニューロフォーカス社の事業展開も担う。本書の監訳は以下の3名が担当した。

シンディ／ユン ヒー・シン［愼 恩熹］

職務執行者

1995年入社。以来、韓国での製品グループ全般に携わり、幅広い業務経験と専門知識を得る。クライント向けのソリューションやIPG（Industry Practice Group）ビジネスの推進に寄与。2007年にニールセン韓国のマネージングディレクターに就任し、2008年からはニールセン ジャパンの職務執行者を兼務。日本ビジネスの継続的な成長を牽引している。ユタ州立大学でリサーチ評価方法論を専攻し、心理学の博士号を取得。

出塚輝毅

リージョナルディレクター（アジア太平洋インド中近東アフリカ及び中国）

1997年入社。日系・外資系企業の消費財に関するリサーチサービスを担当後、2007年より、日系企業に対する海外事業展開でのマーケティングリサーチ、コンサルテーションに従事。主に新規国・地域展開、新製品展開、グローバルブランディング・コミュニケーションに関するサービスを扱う。2008年のニューロフォーカス社の日本事業立ち上げに参画。ESOMAR（ヨーロッパ世論・市場調査協会）会員。

ダニエル・セヴシック

**クライアント・サービス・エグゼクティブ／
ニューロフォーカス・スペシャリスト
コンシューマーリサーチ**

2007年入社。以来、エンターテイメント、パーソナルケア、金融、消費財業界での様々な定性調査、定量調査、ニューロマーケティング・プロジェクトに従事。2008年、ニューロフォーカス社の日本事業立ち上げに参画し、現在はニューロフォーカス・プロジェクトの日本側の調整責任者を務める。

マーケターの知《し》らない「95%」
消費者《しょうひしゃ》の「買《か》いたい!」を作《つく》り出《だ》す実践脳《じっせんのう》科《か》学《がく》

2011年8月10日　初　　版
2011年9月 6 日　初版第2刷

著　者　**A・K・プラディープ**
監訳者　**ニールセン ジャパン**
訳　者　**仲 達志**

発行者　**五百井健至**

発行所　**株式会社阪急コミュニケーションズ**
〒153-8541 東京都目黒区目黒1丁目24番12号
電話　03-5436-5721(販売)　03-5436-5735(編集)
振替　00110-4-131334

印刷・製本　**図書印刷株式会社**

Printed in Japan
ISBN978-4-484-11110-0